法華経・全28章講義

その教えのすべてと信仰の心得

身延山大学学長
浜島典彦

大法輪閣

す。

日蓮大聖人棲神の霊地・身延山の守塔沙門として、同門の各聖のみならず、信仰の篤き諸氏とともに精読し、日蓮大聖人のご精神を今日に蘇らせる信行の日々を培うことを念ずる次第であります。

平成二十四年四月八日　釈尊御降誕の聖日

総本山身延山久遠寺法主

内野　日総

目次

妙法蓮華經如来壽量品第十六偈

自我得佛来　所經諸劫數　無量百千萬　億載阿僧祇

常説法教化　無數億衆生　令入於佛道　爾来無量劫

為度衆生故　方便現涅槃　而實不滅度　常住此説法

我常住於此　以諸神通力　令顛倒衆生　雖近而不見

衆見我滅度　廣供養舎利　咸皆懐戀慕　而生渇仰心

◎装幀……福田 和雄（FUKUDA DESIGN）

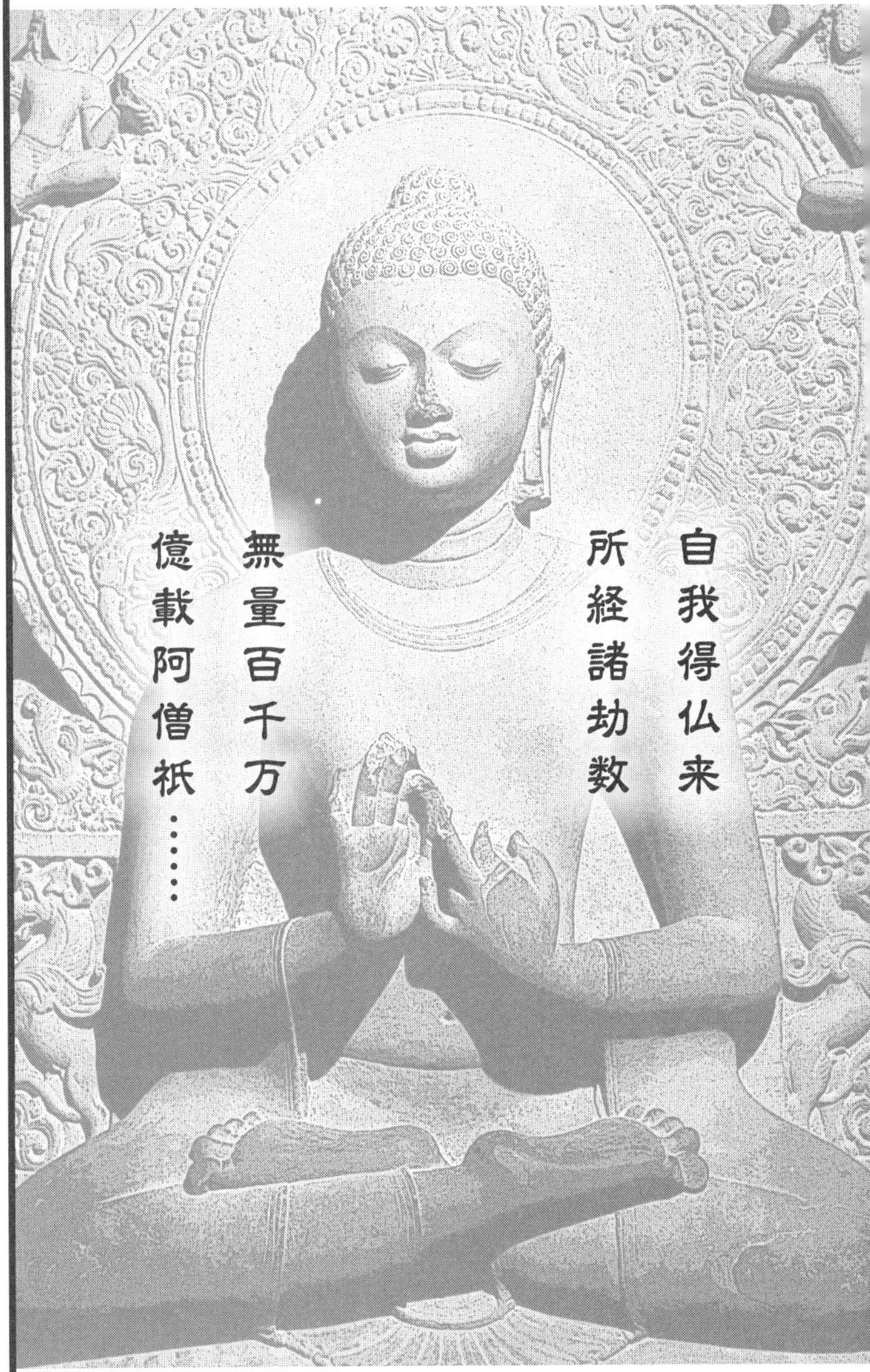
自我得仏来
所経諸劫数
無量百千万
億載阿僧祇……

法華経・全28章講義

――その教えのすべてと信仰の心得

南無妙法蓮華経

法華経の本編に入る前に

◆法華経とは何か

古《いにしえ》より、法華経《ほけきょう》は仏教経典の王と称され、法華経中にも「諸経中王」（薬王菩薩本事品《やくおうぼさつほんじほん》第二十三）と説かれております。

西暦五三八年、教科書的には日本へ百済《くだら》の聖《せい》明王《めいおう》が大和朝廷《やまとちょうてい》に経典や仏像などを贈って仏教を伝えた（『上宮聖徳法王帝説《じょうぐうしょうとくほうおうていせつ》』）ということになっています。ところが、その前後から仏教はもっとダイナミックに、人の交流、仏教のありとあらゆる文化・芸術・医学、そして土木技術をも伴ってわが国へとやってきたということが近年わかってきました。その頃、あるいは間もなくして私たちが読経《どきょう》する法華経も伝えられました。

写経《しゃきょう》といいますと、今日では、般若心経《はんにゃしんぎょう》と思っている方が多いようでありますが、歴史的にいいますと、写経された経典の中で最も多いのが法華経であります。

法華経は古来より日本の人々の心にとけこみ、親しまれ、『源氏物語』『枕草子《まくらのそうし》』『日本霊異記《りょういき》』などに登場し、伝教大師最澄《でんぎょうだいしさいちょう》・道《どう》元禅師《げんぜんじ》・白隠《はくいん》禅師などの信心の経典として大切に扱われてきたのです。

法華経は　若き娘の乱れ髪
結《ゆ》うに結われず　解《と》くに解かれず
（詠《よ》み人《びと》知らず）

法華経を説くことは非常に難しい、表現することの難しきは若い娘さんの乱れ髪のようだ、深遠な教法であるが故に、「いう（言う→結う）にいわれず、とく（説く→解く）にとかれず」という掛詞《かけことば》でもって詠《うた》われたのでありましょう。

確かに、法華経自らも幾度《いくど》も幾度も「難信難《なんしんなん》解《げ》」と綴《つづ》っています。このたび、筆者としてこの「難信難解」を如何《いか》にして説いていくか、できるだけわかりやすくをモットーに、法華経の教法に聴き、日蓮聖人《にちれんしょうにん》の心、御遺文《ごいぶん》に触れながら筆を進めていく次第であります。

なお、本文中に掲載します法華経の文は、原則的に、『法華経』上・中・下（岩波文庫　坂本幸男・岩本裕訳注　昭和三十七年七月十六日初版）を引用させていただいたり、参考とさせていただいたりしました（ただし、筆者自身による訳文などもあわせて掲載しております）。

◆お釈迦さまと法華経

さて、法華経の序品《じょほん》第一の冒頭に、

「如是我聞《にょぜがもん》　一時仏住《いちじぶつじゅう》　王舎城《おうしゃじょう》　耆闍崛《ぎしゃくっ》山中《せんちゅう》…」（かくの如《ごと》くわれ聞けり。一時《あるとき》、仏は王舎城の耆闍崛山の中に住したまい…）

とあります。

法華経は二十八の章（品《ほん》）から成っていますが、第一章の冒頭は多くの経典がそうであるように、「如是我聞」ではじまります。十大弟子であり、常にお釈迦さまに侍《じ》した阿難《あなん》の聴き語りというかたちで説かれていくのです。
　ここでお釈迦さまの出自《しゅつじ》について、ちょっと触れてみましょう。お釈迦さまはサクヤ国（釈迦国、千葉県ぐらいの大きさといわれています）の王子として、紀元前五世紀半《なか》ば頃（ＢＣ四六三またはＢＣ四六六）、この世に生を享《う》けます。

【お釈迦さまの家系図】

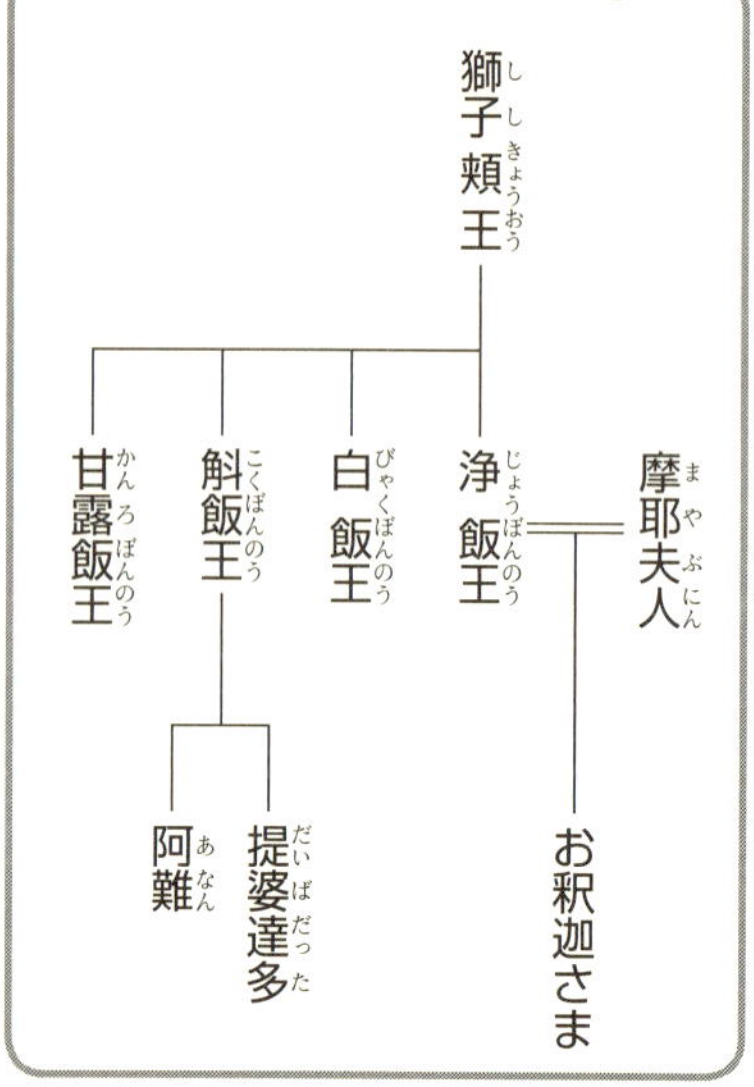

父は浄飯王《じょうぼんのう》、母は摩耶夫人《まやぶにん》、そして叔父《おじ》たちがいました（左上図参照）。
　図からわかりますように三人の叔父さんがいました。私は時々このことに触れる時、冗談でもう一人叔父さんがいたら「バカ飯《ボン》王」ではなかったのか、というのですが…。読者の皆さん！　何かお気づきでしょうか。そうなのです。お釈迦さまのお父さんをはじめ、叔父さんの名には必ず「飯」という字が付いているのです。
　もちろん、インドの言葉を中国語に漢訳する時に用いられたのですが、故あって「飯」の字に訳されたと考えられるのです。つまり、「飯」、お米が好きな人々、農耕民族の証《あかし》として付けられたであろうと察せられるのです。
西暦七世紀頃、インドを訪れた玄奘三蔵《げんじょうさんぞう》は

サクヤ国（この頃サクヤ国は存在しない）があった地を見て、著書『大唐西域記《だいとうさいいきき》』の中で、次のように綴っています。

「土地はやや肥沃《ひよく》で稼穡《かしょく》は適した時に蒔《ま》く。気序《きじょ》はあやまつことなく、風俗は和《わ》暢《ちょう》なり」

お釈迦さま（インド・サールナート博物館）

農耕民族で、誠に穏やかな人々であったことが窺《うかが》えるのです。仏教はそのような環境から生まれたのです。

お釈迦さまが生誕して一週間後、母・摩耶夫人は亡くなってしまいます。インドも日本の風習と同じように、臨月《りんげつ》を迎えると実家に帰りお産をしたといわれています。その風習をうけて摩耶夫人も実家に戻ろうとしたのですが、その道中で産気づき、お釈迦さまをルンビニー園で産み落としたのです。しかし、母は産後の肥立ちが悪く亡くなってしまうのです。このことからお釈迦さまは、早産で難産であったことが想像されます。

仏教が「死」を大前提とし、大自然と共にある教法を説いているのは、お釈迦さまの出自、とりまく環境からきているのでありましょう。

私はしばしばインドを訪れ、王舎城を見、耆闍崛山《ぎしゃくっせん》（霊鷲山《りょうじゅせん》）にも登詣《とうけい》いたしました。数万年前、火山であった山がカルデラとなり、外輪山《がいりんざん》が自然の城壁となって王舎城の街々を護ったのです。お釈迦さまご在世《ざいせ》時には都として栄華を誇った王舎城の今は、荒れ果て灌木《かんぼく》が林立《りんりつ》する野となっていました。「夏草や　兵《つわもの》どもが　夢のあと」と芭蕉《ばしょう》が詠んだ句が頭をよぎってしまいました。今を去る二千五百年の昔、この地から街を見下ろしてお釈迦さまが法華経を説かれたと思うと、万感胸にせまるものがありました。

さて、「如是我聞」であるが故に、江戸時代に「大乗非仏説《だいじょうひぶっせつ》」を唱えた儒学者がいます。『出定後語《しゅつじょうごご》』を著《あらわ》して仏教を批判した富永仲基《とみながなかもと》（一七一五〜四六）という人です。「法華経をはじめ、大乗経典は全てお釈迦さまが直接説いたものではない」と主張しました。

確かに、彼がいうように大乗経典は直接お釈迦さまが説いたものではありません。大乗経典は紀元前後から後の世にかけて編纂《へんさん》されたといわれています。しかし、見方を変えるなら、お釈迦さまの説かれたお言葉を数世紀かけて精査《せいさ》・集約したのが大乗経典、お釈迦さまの精神が脈々と活《い》き、血肉《けつにく》が在《まし》ますのが大乗経典といえるのではないでしょうか。

日蓮聖人が三十八歳の時、『立正安国論《りっしょうあんこくろん》』を鎌倉幕府に建白《けんぱく》される一年前、その草案の書ともいわれる『守護国家論《しゅごこっかろん》』という大著を認《したた》められました。そこには次のように説かれています。

「この文《もん》を見るに、法華経は釈迦牟尼仏《しゃかむにぶつ》な

り。法華《ほっけ》を信ぜざる人の前には釈迦牟尼仏入滅《にゅうめつ》を取り、この経を信ずる者の前には滅後たりといえども仏の在世なり」（『守護国家論』昭和定本日蓮聖人遺文一二三頁。以下、昭和定本日蓮聖人遺文を「定遺」と略す）

法華経を受持《じゅじ》・読《どく》・誦《じゅ》・解説《げせつ》・書写《しょしゃ》する人はお釈迦さまを見ることができると説かれています。つまり法華経がお釈迦さまであり、法華経を信じる人はお釈迦さまを実感するとされたのです。法華経にお釈迦さまが常に活《い》き、全身があり、私たちに語りかけていると、日蓮聖人は訴えられているのです。

◆羅什三蔵の名訳「妙法蓮華経」

さて、中国へ仏教が伝わり（仏教の中国公伝《こうでん》は西暦六七年）、時が下《くだ》り、さまざまな経典がインドや西域《さいいき》諸国からどっとおしよせてきました。そして、それらの経典を中国の言葉へと訳さなければならない事態となりました。

これを訳経《やっきょう》といいますが、訳経に携《たずさ》わった指導者を「三蔵」と呼んでその業績を称《たた》えました。元来、三蔵（蔵とは籠《かご》とか容器の意）とは経《きょう》蔵《ぞう》・律《りつ》蔵・論《ろん》蔵のことで、仏教聖典のお蔵《くら》、つまり総称をいいました。それが、この三蔵に精通した人や三蔵を翻訳した人を殊《こと》に「三蔵法師」というようになるのです。皆さんの多くは、三蔵法師というと、玄奘さん（六〇〇〜六六四）のことを思い浮かべるでしょう。玄奘三蔵は西暦六二九年、中国からインドへ渡って求道《ぐどう》の旅、ナーランダ大学をはじめとして本場の仏教を学び、法相《ほっそう》・唯識《ゆいしき》の教えなどを中国へ持ち帰った方です（西暦六四五年）。そして、その求道旅行を『大唐西域記』としてまとめました。

この『大唐西域記』をモチーフにして、十六世紀半ば、明代の小説家・呉承恩《ごしょうおん》によって『西遊記《さいゆうき》』が出て人々に広く愛読され、玄奘三蔵の名は日本にまで届いたのです。

別《わ》けても、登場する人物の名には、ある仏教の重要な言葉が秘められているのです。ご存知ですか？

・孫悟空《そんごくう》――空＝**智慧**
・猪八戒《ちょはっかい》――戒＝**戒律**
・沙悟浄《さごじょう》――定＝**禅定**

そうなのです。戒《かい》・定《じょう》・慧《え》の「三学《さんがく》」を表し、玄奘三蔵は三学と共に旅をしたということになるのです。実に旨《うま》いネーミングではありませんか。玄奘三蔵の他にも、数多くの僧が仏法を求めてインドにわたり、あるいはインド・西域から中国へとやってきました。その途中、亡き人になった僧も幾多《いくた》存在するに違いありません。見果てぬ夢と終わってしまった僧もいるでありましょう。シルクロード、タクラマカン砂漠、ヒンズークシの険しい山々で息途絶《とだ》えた僧たちに、私はどうしても想いを馳《は》せてしまうのです。

西域やインドから中国へ来て、さまざまな経典を訳した三蔵は多く存在します。その代表的な方は何といっても、鳩摩羅什《くまらじゅう》三蔵（三四四〜四一三）でありましょう。妙法蓮華経《みょうほうれんげきょう》（法華経）をはじめ、維摩経《ゆいまきょう》、阿弥陀経《あみだきょう》、勝鬘経《しょうまんぎょう》など著名な経典を訳出《やくしゅつ》しました。

法華経は、**「六訳三存《ろくやくさんぞん》」**（六つの訳があり、その中で現存するのは三つの訳という意味）で、

・**妙法蓮華経**（鳩摩羅什訳）

・正《しょう》法華経（竺法護《じくほうご》訳）
・添品《てんぽん》妙法蓮華経（闍那崛多《じゃなくった》・達磨笈多《だつまぎゅうた》共訳）

が現存していますが、一番の名訳が妙法蓮華経といわれています。何故、羅什訳が名訳といわれるのでしょうか。それは羅什三蔵の経歴にあるといっていいのです。

羅什三蔵の父はインドの人で、国家に仕える役をしていましたが、ある時、亀茲国《きじこく》（クチャ、中央アジアの国、地名のみ現存）に赴き、国王の妹を娶《めと》り羅什三蔵をもうけたのです。

羅什三蔵は七歳で出家、九歳から近隣諸国で大小乗の仏教を学んでその奥義を取得し、その名声は瞬《また》く間に中国にまで及んだといいます。

当時、中国は幾つもの国に分かれ、その一つ前秦《ぜんしん》の符堅《ふけん》は羅什三蔵の才を伝え聴き、家臣・呂光《ろこう》に命じ、兵をもって迎えようとします。呂光は亀茲国を滅ぼし、羅什三蔵を捕らえて帰国しようとしますが、前秦が滅んでしまうのです。呂光は後涼《ごりょう》（現在の甘粛省《かんしゅくしょう》あたり）を建て、羅什三蔵は十年余りの滞在を余儀《よぎ》なくされてしまいます。実はこのことがよかったのです。

その後、中央で後秦《ごしん》が興《おこ》り、第二代姚興《ようこう》は羅什三蔵が後涼にいることを知り、後涼を討って長安《ちょうあん》に招くのです。時に弘治《こうち》三年（西暦四〇一年）十二月二十日、羅什三蔵五十八歳でありました。姚興は羅什三蔵のために長安大寺《ちょうあんだいじ》を建《こん》立《りゅう》し、訳経が始まったのです。

「羅什三蔵　長安に来たる」の報は中国全土に伝わり、学徳を慕《した》って人々が集まりました。妙法蓮華経の訳経事業には、なんと二千人が携わったといいます。その訳は、適切にして正確、流暢《りゅうちょう》、そして中国の人々にわかりやすいものでした。

この評価は、羅什三蔵の才能もさることながら、後涼での十年余りの生活、中国の言葉、習慣や風俗を身体で学んだことのたまものなのです。

日蓮聖人は羅什三蔵の偉業を高く評価し、次のように記されています。

「死し給《たま》ふ後、焼《やき》たてまつりしかば、不浄の身は皆《みな》灰となりぬ。御舌《おんしたばかり》計り火中に青《しょう》蓮華《れんげはえ》生て其《その》上にあり。五色《ごしき》の光明《こうみょう》を放ちて夜は昼のごとく、昼は日輪《にちりん》の御光をうばい給ひき」(『撰時抄《せんじしょう》』定遺一〇二三頁)

羅什三蔵は生前、不妄語《ふもうご》(嘘をつかない、誤訳はしない)の誓いを立て、彼の死後、自身の言葉通り、灰の中に青蓮華の花が咲き、その上に五色の光を放つ舌があったというのです。

◆天台大師の「科段」とは

羅什三蔵に代表される翻訳は、時の王、仏教を篤《あつ》く信仰した為政者《いせいしゃ》の保護によって厖大《ぼうだい》な数となり、八万法蔵《はちまんほうぞう》といわれる経典が存在するようになります。

そうなると交通整理が必要となります。南北《なんぼく》朝《ちょう》時代(西暦五〜六世紀頃)になりますと、揚《よう》子江《すこう》を挟《はさ》んだ江南《こうなん》に三人、江北《こうほく》に七人の「南三《なんさん》北七《ほくしち》」といわれる人たちが、経典の内容からその優劣やお釈迦さまの説かれた順序を、「私はこのように考える」と主張したのです。

この「南三北七」の主張に対し、異義を唱え、法華経が最勝《さいしょう》で深遠な教えであると訴えられた方が、隋《ずい》代に世に出られた天台大師《てんだいだいし》智顗《ちぎ》(五三八〜五九七)であります。天台大師がご存命の頃は、ちょうど日本に仏教が伝わり、聖《しょう》徳太子《とくたいし》（五七四〜六二二）が活躍されはじめた時代になります。聖徳太子もまた法華経を最勝と位置づけられた方です。つまり、ほぼ時を同じくして、中国では天台大師、日本では聖徳太子が、法華経を優れた経典とされているのです。

さて、日蓮聖人は天台大師について、

「天台大師は釈迦に信順《しんじゅん》し、法華経を助けて震旦《しんたん》に敷揚《ふよう》し」（『顕仏未来記《けんぶつみらいき》』定遺七四三頁）

と述べられ、法華経信仰系譜を歴史的事実から見た外相承《げそうじょう》＝「三国四師《さんごくしし》」、

・インド ＝ お釈迦さま
・中　国 ＝ 天台大師
・日　本 ＝ 伝教大師・日蓮聖人

のお一人として、大いに敬われたのです。

天台大師は『摩訶止観《まかしかん》』『法華玄義《げんぎ》』『法華文《もん》句《ぐ》』といわれる大作を著し、中国天台宗を開かれました。これらの著作は皆、羅什三蔵訳・妙法蓮華経の解釈なのです。殊に『法華文句』は、他人にいいがかりをつける文句ではなく、妙法蓮華経の文文句句《もんもんくく》の解釈書なのです。

その序品《じょほん》の注釈には、法華経全体を把握するため、あるいは法華経八巻二十八品のそれぞれの品々《ほんぼん》（各章）の置かれた役割、位置づけをするため、「科段《かだん》」というものを設けられたのです。それは「二経六段《にきょうろくだん》」という分け方がとられています。

二経六段という科段の分け方は、天台大師の独創的なものでありました。法華経二十八品（法華経を構成する二十八の章）を、二経、つまり「迹門《しゃくもん》」（法華経の前半の十四品）と「本門《ほんもん》」（法

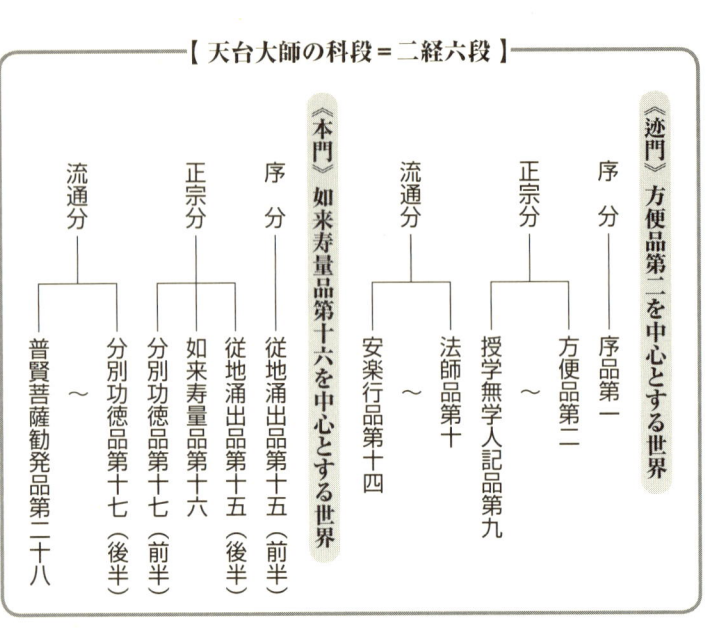

【天台大師の科段＝二経六段】

《迹門》方便品第二を中心とする世界

- 序分 ― 序品第一
- 正宗分 ― 方便品第二 ～ 授学無学人記品第九
- 流通分 ― 法師品第十 ～ 安楽行品第十四

《本門》如来寿量品第十六を中心とする世界

- 序分 ― 従地涌出品第十五（前半）
- 正宗分 ― 従地涌出品第十五（後半）・如来寿量品第十六・分別功徳品第十七（前半）
- 流通分 ― 分別功徳品第十七（後半） ～ 普賢菩薩勧発品第二十八

華経の後半の十四品）に分け、さらにそれぞれを「三段」（序分《じょぶん》・正宗分《しょうしゅうぶん》・流通分《るづうぶん》）に分け、合計六段としたのです（上図参照）。

三段のうち「序分」とは、そのお経が説かれることになった由縁《ゆえん》が明かされる部分のことです。「正宗分」とは、お経の本論、メインの教えの部分のことです。「流通分」とは、そのお経の利益《りやく》を明らかにし、多くに人に弘《ひろ》まって読まれていくことを促《うなが》す部分のことです。

さて、法華経の序品第一から安楽行品《あんらくぎょうほん》第十四までの十四品を迹門といいます。その迹門の特色は、方便品《ほうべんぽん》第二から授学無学人記品《じゅがくむがくにんきほん》第九までの八品《はっぽん》で説かれる「二乗作仏《にじょうさぶつ》」であります。地獄界《じごくかい》から仏界《ぶっかい》までの十界《じっかい》のうち「永不成仏《ようふじょうぶつ》」（永久に仏となることができない）とされた二乗、声聞《しょうもん》乗と縁覚《えんがく》乗の成仏の保証がされるのです。全ての階層の方々が必ず成仏すると説かれているのです。さぞや、周りで聴いていた人たちは、お釈迦さまが今まで二乗は絶対に仏となれないと説かれてきましたので、びっくりしたに違いありません。迹門で、「全てのものは皆平等」ということが示されるのです。

では、本門、すなわち従地涌出品《じゅうじゆじゅっぽん》第十五から普賢菩薩勧発品《ふげんぼさつかんぼっぽん》第二十八までの十四品では、何が説かれるのでしょう。それは、如来寿量《にょらいじゅりょう》品《ほん》第十六を中心に説示される「久遠実成《くおんじつじょう》」（お釈迦さまの永遠なる生命）であります。日蓮宗総《そう》本山《ほんざん》・身延山《みのぶさん》久遠寺《くおんじ》の名はこれに由来します。

実は、他の経典にも仏の「久遠実成」が説かれています。例えば、金光明経《こんこうみょうきょう》の「如来寿量品第二」にも「久遠実成」が示されます。

では、法華経との違いはあるのでしょうか。あるのです。金光明経では、周りにいた菩薩方が、この仏さまは永遠なる生命を持っている方だと表明するのです。

それに対し、法華経如来寿量品第十六、皆さんご存知の「自我偈《じがげ》」の冒頭には、

「われ、仏を得てより来《このかた》　経《へ》たる所の諸《もろもろ》の劫数は無量百千万、億載阿僧祇なり」

と説かれます。そうなのです。お釈迦さま自らが「久遠実成」を示されているのであります。この「自ら」ということが、とても大事なことなのです。自らが永遠なる生命を持ち、自らが人々を救うという表明に他ならないのです。

前述いたしました天台大師の科段、二経六段、二経（迹門と本門）のそれぞれのメインテーマが「二乗作仏」と「久遠実成」であったことがおわかりになったと思います。

◆日蓮聖人とお題目

さて、日蓮聖人は天台大師の影響を受けながら、『観心本尊抄《かんじんほんぞんしょう》』（定遺七一三〜四頁）において、「四種三段《ししゅさんだん》」という科段を設けられ、妙法《みょうほう》五字《ごじ》（「妙法蓮華経」の五字の題目《だいもく》のこと）の最勝性を明らかにされるのです。四種三段とは、四種類の三段（序分・正宗分・流通分）に分ける科段のことです。

①一代三段《いちだいさんだん》＝お釈迦さまが生涯中に説かれた全ての経典を一経《いっきょう》と見て、それぞれを序分・正宗分・流通分に分ける。

・序　分…法華経以前に説かれた爾前経《にぜんきょう》
・正宗分…無量義経《むりょうぎきょう》・妙法蓮華経・観普賢経《かんふげんきょう》
・流通分…涅槃経《ねはんぎょう》

②一経三段＝法華経三部十巻を序分・正宗分・流通分に分ける。

・序　分…無量義経と序品
・正宗分…方便品より分別功徳品《ふんべつくどくほん》前半の十五品半
・流通分…分別功徳品後半より観普賢経までの十二品半

③二経六段＝前述（18頁）の二経六段に無量義経と観普賢経が入る。

④本法三段《ほんぽうさんだん》＝全てのお釈迦さまの教法を総括《そうかつ》して一経とし、その中心の教法を明かす。

・序　分…三世《さんぜ》・十方《じっぽう》に存在する全ての教法
・正宗分…末法の要法《ようほう》である妙法五字を文《もん》底《てい》に秘めた如来寿量品
・流通分…末法下種《まっぽうげしゅ》の本法《ほんぽう》

聖人独自の教相判釈《きょうそうはんじゃく》（どの部分が最も優れているかを判別すること）である四種類の三段においては、本法三段を最重視され、お釈迦さま一代の教法の心髄《しんずい》、末法救済の要法は、本法三段の正宗分、**「妙法五字＝〝妙法蓮華経〟の五字からなる経題」**（題目）であるとされるのです。

日蓮聖人（京都・本満寺）

私たちが唱えるお題目**「南無妙法蓮華経」**は、この妙法五字に「南無」（帰依《きえ》）するという意味です。

私は幼い頃から、日蓮宗の寺に生まれたということもあってか「南無妙法蓮華経」と自然に唱えていました。ところが、中学校一年生で得《とく》度《ど》・度牒《どちょう》を済ませ、中学二年生になって、日本史の授業で鎌倉時代の仏教について、先生が次のようなことをいったことにショックを受けてしまいました。

鎌倉期には、法然《ほうねん》・親鸞《しんらん》・栄西《えいさい》・道元《どうげん》・一遍《いっぺん》、そして日蓮など、民衆に目を向けた宗教家が出現した。浄土教では、「南無阿弥陀仏」と称《とな》える易行道《いぎょうどう》によって人々を救う教えを説き、日蓮はそれを批判し、対抗するために「南無妙法蓮華経」と唱えた、と日本史の先生が話したのです。その先生は人格円満。生徒から信頼される方（浄土真宗本願寺派のお坊さんだったのですが）でした。

疾風怒濤《しっぷうどとう》の中学時代、尊敬する先生からそのようなことをいわれ、お題目とはそんな安っぽいものかとガックリしてしまったのを鮮明に覚えています。それ以来、「何故、日蓮聖人はお題目に到達されたのか？」という疑問を持つようになり、その解決は三十近くになってからでした。

日蓮聖人の生涯は、お題目の布教に身命を賭《か》けられた人生そのものでした。そのお題目にどのようにして出遭《であ》ったのか、私にとって大きな謎だったのです。

聖人は十六歳で出家、その後、郷里・安房《あわ》を離れて鎌倉に向かい、さらに南都《なんと》（奈良）、高野山、そして比叡山へと遊学《ゆうがく》の旅をされます。清澄山《せいちょうざん》で学ぶ師が存在せず、その欲求を遠く京畿《けいき》に求められたのでした。

遊学の結果、聖人はある経典の、ある文句に出遭うのです。大きく身震いするような邂逅《かいこう》であったに違いありません。それは涅槃経の文句でした。

「依法不依人《えほうふえにん》」（法に依《よ》りて人に依らざれ）

この文句から、聖人はお題目始唱《ししょう》とともに、自らの名を「日蓮」と改められたのです。

日…如日月光明《にょにちがつこうみょう》（如来神力品《じんりきほん》）
蓮…不染世間法《ふぜんせけんぽう》　如蓮華在水《にょれんげざいすい》（従地涌出品）

法華経の経文にもとづき、太陽の如く世間の闇を照らし、世間の汚れに染まらない純粋な心を持つことを表明される名として「日蓮」を選ばれたのでした。

ちなみに、日蓮聖人と同じ鎌倉期の宗教者・親鸞聖人は、経典ではなく、尊敬する人の名を自身の名としました。

親…世親《せしん》（四〇〇〜四八〇頃　インドの大仏教学者、数々の経典を解釈したり論じたりした僧、『倶舎論《くしゃろん》』などを著す）

鸞…曇鸞《どんらん》（四七六〜五四二　中国浄土宗の大成者、『往生論註《おうじょうろんちゅう》』などを著す）

インドの世親と中国の曇鸞から一字をとったのです。

日蓮聖人は日蓮聖人らしく、「依法不依人」の教えによって自らの名を依経《えきょう》（信仰の依《よ》りどころとなるお経）である法華経からとり、それと同じ筋道のお考えによって「南無妙法蓮華経」と発せられたと（教学者の方たちから批判されるかも知れませんが）私は齢三十の時に考え、今もそう思っているのです。

どういうことかと申しますと、日蓮聖人が、お釈迦さまに対して熱烈な信仰心を抱きながら、しかし「南無釈迦牟尼仏」（お釈迦さまに帰依します）ではなく「南無妙法蓮華経」（妙法蓮華経に帰依します）と唱えられたのは、悟った人格ではなく、お釈迦さまが体得された永遠なる教法・真理に帰依しなければならないということに他ならないのです。「南無妙法蓮華経」は、法そのものに依らなければならないという日蓮聖人の基本姿勢から発したものと察するのです。

——さあ、いよいよ日蓮聖人が依経とされた法華経（妙法蓮華経）の本編に、次項より入っていきたいと思います。

【法華経・全28章の構造】

本書18頁の図を、さらに詳しく図解したものです。
複雑ですが、法華経全体の構造を理解するのに役立ちますので
参考として掲載させていただきます。

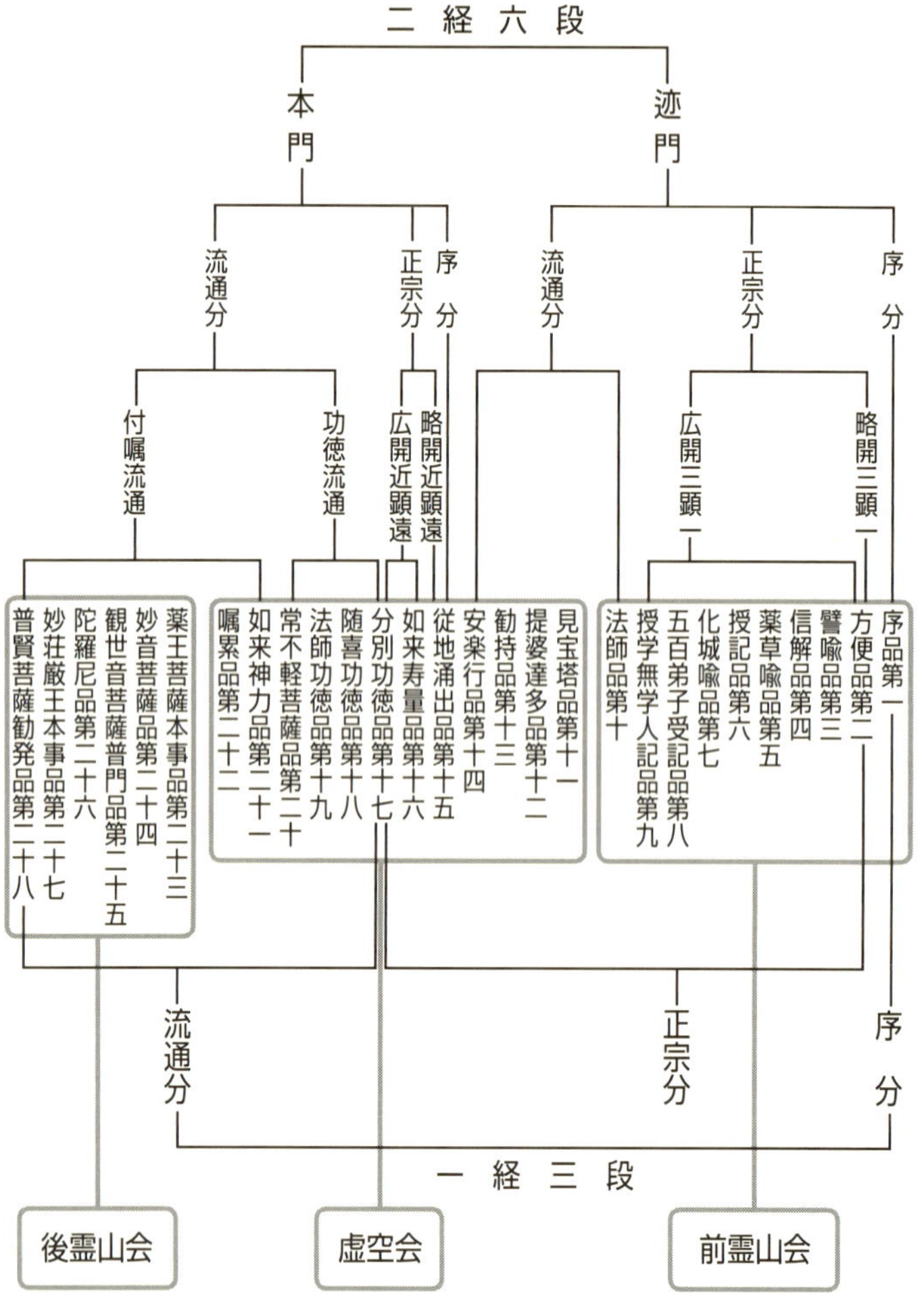

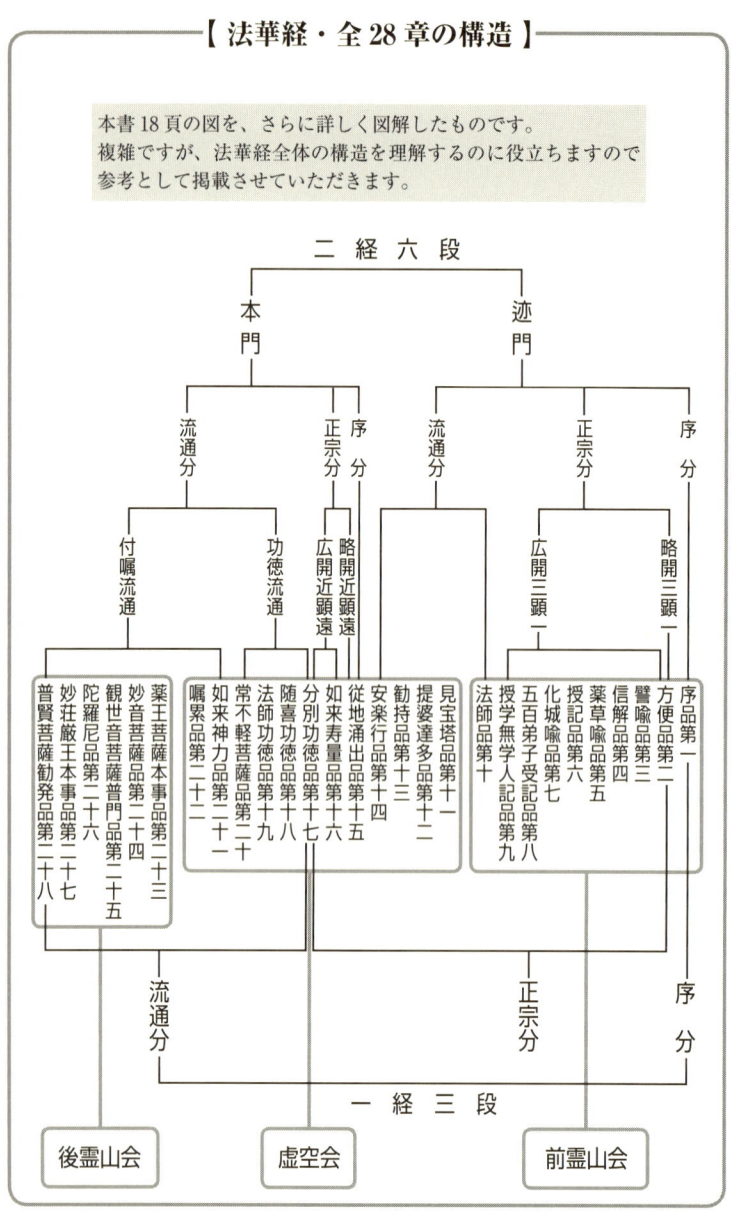

南無妙法蓮華経

序品《じょほん》第一

◆法華経が説かれる前兆

「如是我聞《にょぜがもん》」によってはじまる序品では、お釈迦さまは一言も発せられません。しかし、これから説かれるであろう大法を期待して、人間だけではなく、ありとあらゆる階層の方々、一万二千の大比丘《だいびく》たち、二千の声聞《しょうもん》、六千の比《び》丘尼《くに》、八万の菩薩《ぼさつ》、梵天《ぼんてん》などの諸々《もろもろ》の天子《てんじ》、八大龍王《りゅうおう》などの神々、阿闍世王《あじゃせおう》も聴衆として、マガダ国の首都・王舎城《おうしゃじょう》（現インドのラージギル）近郊にある耆闍崛山《ぎしゃくっせん》（霊鷲山《りょうじゅせん》）の会座《えざ》に集まってきました。

仏教の素晴らしさのひとつに、人間だけに対して法を説くのではなく、私たちから見える方、見えない方、ありとあらゆる方々を対象にしていることにあると私は思うのです。全ての階層に対して法を説き、全てに大慈悲心をもって救うお釈迦さまの姿勢の現れと受けとれるのです。

お釈迦さまは、法華経の開経《かいきょう》（序論に相当するお経）である無量義経《むりょうぎきょう》を説かれた後、静かに「無量義処三昧《むりょうぎしょざんまい》」という瞑想の境、「実相《じっそう》三味」「無相《むそう》三昧」ともいい、声聞・縁覚《えんがく》・菩薩の三乗《さんじょう》を差別しない実相という瞑想の境地に入っていました。これを契機として、さまざまな不思議な現象が現れます。

《此土六瑞《しどろくずい》》

①説法瑞《せっぽうずい》…お釈迦さまが諸々の菩薩のために広大にして真実なる説法をされる。

②入定瑞《にゅうじょうずい》…説き終わって無量義処三昧に入られる。

③雨華瑞《うけずい》…すると天から曼陀羅華《まんだらけ》・曼殊沙華《まんじゅしゃげ》の花びらがお釈迦さまと人々の上に舞い散る。

④地動瑞《じどうずい》…世界に六種の震動が起こる。

⑤衆喜瑞《しゅきずい》…天や僧や人々がこの素晴しい光景と雰囲気に感動する。

⑥放光瑞《ほうこうずい》…その時に、お釈迦さまは眉間《みけん》の白毫《びゃくごう》から光を放って、東方八千の世界を照らし出す。

《他土六瑞《たどろくずい》》

①見六趣瑞《けんろくしゅずい》…お釈迦さまの眉間からの光は、さらに東方のさまざまな世界の六《ろく》道《どう》（地獄《じごく》・餓鬼《がき》・畜生《ちくしょう》・修羅《しゅら》・人間・天）の姿を映し出す。

②見諸仏瑞《けんしょぶつずい》…次にかの世界において、現在説法している諸々の仏の姿を見られる。

③聞諸仏説法瑞《けんしょぶつせっぽうずい》…諸々の仏の説かれている経法《きょうぼう》を聞かれる。

④見四衆得道瑞《けんししゅとくどうずい》…そして、僧（比丘）・尼（比丘尼）・在家の男性信徒（優婆塞《うばそく》）・在家の女性信徒（優婆夷《うばい》）がさまざまな修行をして仏道を得るありさまを見られる。

⑤見菩薩所行瑞《けんぼさつしょぎょうずい》…菩薩たちが、菩薩の道を修行するありさまを見られる。

⑥見諸仏涅槃瑞《けんしょぶつねはんずい》…諸々の仏が涅槃されるありさまと涅槃の後に仏舎利《ぶっしゃり》をおまつりする七宝《しっぽう》の塔を建てるありさまを見られる。

これらの摩訶不可思議なる現象は、一体、何を表しているのでしょうか。大きな出来事が起こる前には、不思議な前兆《ぜんちょう》があります。例えば、例が悪いと思うのですが、地震が起きる前に、地震雲が現れたり、鳥々が一斉に大移動したり、急に魚がとれなくなったり、井戸の水位が大きく変化したりするといいます。

お釈迦さまが起こされた不思議な現象の数々は、そのような不吉な前兆とは異なり、これから素晴らしい法が説かれるというプロローグ、端緒《たんちょ》に他ならないのです。お釈迦さまが法華経を説こうとされているこの地球上で「此土六瑞」を、光が放たれた遥《はる》か未知の世界（東方は過去を表します）でも「他土六瑞」を起こされたのです。

つまり、この地球だけでなく、全宇宙的な世界の中で真理の法、それも過去を照らしたということは、未来にも通じる三世《さんぜ》にわたっての真理、法華経が説かれようとしているのです。

しかし、これらの光景は全く信じ難《がた》いことに違いありません。皆さんもそう思うに違いありません。江戸時代に『碧巌録《へきがんろく》』『臨済録《りんざいろく》』を提《てい》唱《しょう》し、説教や著作を通して人々に仏法を説いた白隠慧鶴禅師《はくいんえかくぜんじ》（一六八五〜一七六八）もその一人でありました。

禅師は十五歳の時に出家し、その翌年、初めて法華経と出会います。しかし法華経を読み、いたく失望してしまいます。その理由は、二、三の文章を除くと、ほとんど故事《こじ》や譬喩《ひゆ》ばかり、夢物語の情景が多いというものでした。

それ以来、法華経に触れることはありませんでした。ところが、四十二歳の時、盂蘭盆《うらぼん》の法要に出仕《しゅっし》し、その時の読誦《どくじゅ》課目が法華経でありました。二十六年ぶりに目の当《ま》たりにする法華経を、ただ淡々と読んでいきました。序品《じょほん》第一、方便品《ほうべんぼん》第二、そして譬喩品《ひゆほん》第三に至った時、コオロギの鳴く音を耳にして、忽然《こつぜん》とその深意を体解《たいげ》したといいます。

◆法華経とお香

序品の進行役となった方がお二方いらっしゃいます。文殊師利《もんじゅしり》菩薩と弥勒《みろく》菩薩でした。

文殊師利菩薩（一般的には「文殊菩薩」と略称されます）は、しばしば「三人寄れば文殊の智《ち》慧《え》」といわれますように、智慧の徳を有した菩薩として有名な方です。

弥勒菩薩は、「補処《ふしょ》の菩薩」ともいわれます。お釈迦さまが亡くなられた後の次の世、五十六億七千万年の後世に出現されて人々を救うと約束された方です。京都・広隆寺《こうりゅうじ》に格護《かくご》（大切に保管すること）されている国宝の半跏思惟《はんかしゆい》の弥勒菩薩像は、人を魅せるに充分なお姿でありましょう。

このお二方が進める序品でありますが、序品がそうであるように、法華経の文章構成は長《じょう》行《ごう》と偈頌《げじゅ》から成っています。長行とは、散文詩のようなかたちで思うがままに綴《つづ》られた文章のことで、偈頌とは、韻文《いんぶん》（詩や和歌など、韻律、リズムを持った文）で書かれた文章のことです。

序品で最初に出てくる偈頌では、弥勒菩薩が文殊師利菩薩に次のように問うています。

「文殊師利よ、導師は何が故に　眉間《みけん》の白毫《びゃくごう》より　大光を普《あまね》く照《かがや》かしたもうや。曼陀《まんだ》羅《ら》　曼殊沙華《まんじゅしゃげ》を雨《ふ》らし　栴檀《せんだん》の香風は衆《しゅ》の心を悦可《えっか》す」

弥勒菩薩が文殊師利菩薩に対し、何故お釈迦さまは眉間の白毫より一条の大光を輝き照らし出したのですか、との疑問を呈します。

大光を見た天神たちは歓喜して、色が美妙《みみょう》で見る者の心を悦《よろこ》ばせる天の花・曼陀羅華や、見る者をして剛強《ごうきょう》を離れしめるという天の花・曼殊沙華を天より降らし、白檀《びゃくだん》（センダン科の落葉高木《らくようこうぼく》。五、六月頃にうす紫色の小花を咲かせる。果実は薬用に使う）の良い香りは集まった人々の心を楽しませた、と。

「栴檀は二葉《ふたば》より芳《かんば》し」という諺《ことわざ》があります。大成する者は、白檀が芽を出した頃より素晴らしい香りがあるように、幼い頃から人並みはずれた才能があるという意味で使われています。栴檀（白檀）は古《いにしえ》より人々に好まれた香木《こうぼく》なのです。

今はあまり採《と》れなくなったようですが、白檀はインドで多く自生《じせい》し、お釈迦さまが亡くなった後、遺骸《いがい》を荼毘《だび》に付した時に使われた木が白檀だったといわれています。また、お釈迦さまの十大弟子の一人・富楼那《ふるな》は、出家する前はインドのムンバイ（ボンベイ）近くの裕福な商人でありました。その礎《いしずえ》をつくったのが最高級の牛頭《ごず》栴檀の売買にあったといいます。

法華経二十八品中、半数の品々《ほんほん》でさまざまなお香が登場します。インドはスパイス大国といいますが、お香の大国でもあったのです。私もほんの数回ですが、直心流香道《じきしんりゅうこうどう》で聞香《もんこう》を楽しんだことがあります。お釈迦さまの往時《おうじ》を偲《しの》び、たまにはお香に親しんでは如何《いかが》でしょうか。

法華経二十八品中、確認しましたところ十四の品々で種々の香りが出てきます。香は人類の歴史と共にあります。元々、インドや東南アジアが原産地でありますが、エジプトや中国の古代遺跡からも香が発掘されています。

一説では、お釈迦さまが説法される前に、香が焚《た》かれ、そのブレンドした薫《かお》り（香り）によってその内容がわかったといいます。従って、香道で「聞香＝香を聞く」というのはそのことに由来するというのです。また、法華経に説かれる、仏を喜ばせる「十種供養《くよう》」の中にも、香・抹香《まっこう》・塗香《ずこう》・焼香と四種類入っています。

香を大別しますと、凡《およ》そ次のような種類があります。

①塗香…手や体に塗る香、写経の時などに用いる。インドでは主に塗香が用いられる。

②焼香…香木の切れ端《はし》を焼いて薫りを出す。仏事などに用いられる。

③華香《けこう》…芳香《ほうこう》のある華をつみ集めてそのまま散布する。インドや東南アジアの仏教国で見られる。

香は仏教の流れと共に日本へと推古《すいこ》天皇三年（西暦五九五年）にもたらされました。以来、仏事と非常にゆかりのあるものとして尊ばれてきたのです。

平安時代になると、仏事から離れ、殊に宮廷の女官たちが薫りを楽しむようになりました。衣服に自分独自の薫りをブレンドして焚きこめたり、香の種類を当てる遊び「源氏香」なるものが生まれ、香道の家元、御家流《おいえりゅう》（三条西実隆《さんじょうにしさねたか》が創始）や直心流（武家の流派）などが誕生することになるのです。

香に使用される主な材質には沈香《じんこう》・白檀香・龍脳香《りゅうのうこう》・麝香《じゃこう》など、植物や動物から抽出したものがあり、別《わ》けても沈香は伽羅《きゃら》に代表される香の最高峰とされ、その種類は採れる産地の数から六国《りっこく》といわれています。

①伽羅…ベトナム産
②羅国《らこく》…タイ産
③真南蛮《まなばん》…インド、マナバル地方産
④真南賀《まなか》…マレーシア、マラッカ地方産
⑤佐曽羅《さそら》…インド、サソール地方産
⑥寸門多羅《すもたら》…インドネシア、スマトラ地方産

仏事では、これらの沈香や白檀などが用いられています。

日蓮宗宗定《しゅうてい》法要式によれば、焼香の時、親指と人さし指でつまみ、香を炭火上にくべます。その数は、一炷《ちゅう》もしくは三炷、そして、その意とするところは、

○一炷の場合…「一心不乱」の意

○三炷の場合

第一炷…天魔波旬《てんまはじゅん》を遠離《おんり》すと念ず
第二炷…仏祖《ぶっそ》の影現《ようげん》を念ず
第三炷…諸天善神《しょてんぜんじん》の擁護《おうご》を念ず

となります。

くの仏が説法した時も、このような光景があった後に大法が説かれたのであるから、きっとお釈迦さまは妙法蓮華経という大法をお説きになるに違いない」と返されます。

過去世に多くの仏、すなわち日月燈明仏という仏がいらっしゃいました。二万人目の日月燈明仏が悟りに入る前に八人の王子が存在しました。八人の王子は父のもとで出家し、父が涅槃に入った後、父の弟子・妙光《みょうこう》という菩薩に仕《つか》えました。すると、八人の王子たちは次々と成道《じょうどう》し、第八番目の王子は然燈仏《ねんとうぶつ》となります。この時の妙光菩薩が今の文殊師利菩薩の前身であり、そして妙光菩薩の愚鈍な弟子であった求名《ぐみょう》は今の弥勒菩薩の前身であり、将来において弥勒仏となることが説かれるのです。

いわば、文殊師利と弥勒の二菩薩の歴劫《りゃっこう》修行が明かされるのです。それはとりも直さず三世にわたる仏法の真理と、法華経の十六番目の章・如来寿量品《にょらいじゅりょうほん》で説示される「久遠実成《くおんじつじょう》」の端緒《たんちょ》に他ならないのです。

さて、仏さまを尊ぶ称号に**「如来の十号《じゅうごう》」**という語があります。法華経には幾度も登場しますが、その内訳《うちわけ》には数説あり、十一種と数える場合もあるようです。十号のそれぞれについて見てみますと、次のようになります。

①**如来**…かくのごとく来《きた》れるという意で、「如去《にょこ》」とも訳される。また、如来は仏のことをいい、如実に来れる者、真如《しんにょ》より来れる者、真如に遣《つかわ》せる者とも訳されている。

②**応供《おうぐ》**…阿羅漢《あらかん》の別名。天の神々や人々から尊敬され、供養を受けるに値《あたい》する人

のこと。

③正遍知《しょうへんち》…等正覚《とうしょうがく》と訳され、正しくあまねく知れる者、正しい覚《さと》りに達した者のこと。

④明行足《みょうぎょうそく》…明（智慧）と行（修行）を具足《ぐそく》した者の意。仏はこの二者を完全に備えている。

⑤善逝《ぜんぜい》…善《よ》く逝《い》った者のこと。つまり、彼《ひ》岸《がん》、悟りの境地に行った者のこと。

⑥世間解《せけんげ》…世間を知れる者。世間をよく理解し、人々の性格や能力を知って導き救済する者のこと。

⑦無上士《むじょうじ》…この上なき最高の者のこと。

⑧調御丈夫《じょうごじょうぶ》…人々を調教し、馴《な》らして化《け》導《どう》する者のこと。

⑨天人師《てんにんし》…天上界の神々や、人間界の人々を教え導く師のこと。

⑩仏世尊《ぶっせそん》…覚者《かくしゃ》。福徳《ふくとく》を備え、世の人々から尊敬され、世間で最も尊い者のこと。

この十号のうち二番目の「応供」について、私は、あることを思い出します。それは、お釈迦さま最後の旅での出来事。お釈迦さまは鍛冶《かじ》工《こう》チュンダが供養した食べものにあたり、齢《よわい》八十で生涯を閉じられます。お釈迦さまをはじめ、修行僧たちは自ら物を生産、あるいは造ることなく、仏教に帰依する人々から供養を受けて生命を繋《つな》ぎ、法を説いていました。

チュンダは法を説いていただいた返礼として、お釈迦さまたちに翌朝、供養を施《ほどこ》しました。お釈迦さまの鉢《はち》に最初に食べもの（きのこ料理）が入れられ、お釈迦さまは食されますが、一口、二口と口に含まれた時、それが腐っていることに気づかれます。しかし、お釈迦さまは食されることをやめることなく、供養のものを美味しそうに全てたいらげてしまいます。

そして、チュンダにむかい、

「修行完成者（如来）のほかには、それを食して完全に消化し得る人を見出だしませんせん」

といい放ち、弟子たちに食させなかったのでした。

さぞや後ろにいた弟子たちの中には、何故私たちに食させないのかと疑問に思った者も存在したに違いありません。齢八十のお釈迦さま、ちょっとボケたのではないかと疑った弟子もいたようなのです。

お釈迦さまのこの言葉には、弟子たちは如来ではないので「供養に値しない」といっているようにも聞こえるのです。この言の二、三時間後に、弟子たちにはお釈迦さまの本意がわかりました。お釈迦さまが食あたりとなったのです。その言葉を発したのは、弟子たちの身体を気遣《きづか》ってのものだったのです。

お釈迦さまは三ヶ月前に自身の死期を予見され、チュンダの供養によってそうなることを受け容れられたのです。同じ容態に弟子たちが陥《おちい》らないようにとの配慮の結果だったのです。

私は、如来の十号にある「応供」に値しないといわれたお釈迦さまの言に、優しさを実感すると共に、本来もつ意の厳しさを実感するのです。私たち僧侶は、法事や葬儀、そして法話をしてお布施《ふせ》を頂戴《ちょうだい》します。私自身が「応供」に値するものか否かを、常に省《かえり》みる者でなければならない、と思うのです。

◆四諦・十二因縁・六波羅蜜

さて、如来の十号を兼ね備えた日月燈明仏は、数えることも計算することもできない遠い昔に法を説きました。その法は、初めも、中間も、終わりも優れていたばかりでなく、外形も中味も非常に良いものでした。

そして、到達する境地が違う者には、次のように説いたのです。

「声聞《しょうもん》を求むる者のためには、応ぜる四諦《したい》の法を説き、生老病死《しょうろうびょうし》を度《ど》して涅槃を究竟《くきょう》せしめ、辟支仏《ひゃくしぶつ》を求むる者のためには、応ぜる十二因縁《じゅうにいんねん》の法を説き、諸《もろもろ》の菩薩のためには、応ぜる六波羅蜜《ろくはらみつ》を説き、阿《あ》耨多羅三藐三菩提《のくたらさんみゃくさんぼだい》を得て一切種智《いっさいしゅち》を成《じょう》ぜしめたもう」

・声聞乗を求める者…四諦（四聖《しょう》諦）
・辟支仏（縁覚《えんがく》乗）を求める者…十二因縁
・菩薩乗のため…六波羅蜜

日月燈明仏は、過去世において声聞を求める者には四諦、縁覚を求める者には十二因縁、菩薩のためには六波羅蜜と、涅槃、正しい悟りを得るためにそれぞれの機根《きこん》に応じた法を説いたと述べられているのです（このような説き方は、常不軽菩薩品《じょうふきょうぼさつぼん》第二十でも明かされています）。

日蓮聖人はこの説相《せっそう》に対し、法華経の説相の特色を次のように語られています。

「比丘は二百五十、比丘尼は五百戒《かい》、声聞は四諦、縁覚は十二因縁、菩薩は六度《ろくど》。譬《たと》えば水の器《うつわ》の方円《ほうえん》に随《したが》い、象の敵に随って力を出すがごとし。法華経はしからず、八部四衆《はちぶししゅ》皆一同に法華経を演説《えんぜつ》す。譬えば

定木《じょうもく》の曲《まが》れるを削り、師子王《ししおう》の剛弱《ごうじゃく》を嫌わずして大力《だいりき》を出すがごとし」（原文は漢文『諸経与法華経難易事《しょきょうよほけきょうなんいじ》』定遺一七五一頁）

諸経ではそれぞれの能力に応じてさまざまに法が説かれていますが、法華経はそうではなく、諸天、神々、男女、僧俗、見えるものと見えざるものを分けへだてすることなくストレートに法が説かれているとされるのです。

四諦、十二因縁、六波羅蜜は仏教の基本的な法であります。四諦は四聖諦ともいわれ、お釈迦さまが悟りを開かれた後、サールナート（鹿《ろく》野苑《やおん》）で五比丘たちに初めて法を説かれた（初《しょ》転法輪《てんぽうりん》）時にそれを示したといわれています。

四諦の「諦」という語は、「あきらめ」と訓《くん》読みすることができます。サンスクリット語では「satya《サティヤ》」、真理という意になります。「諦」の本来の意は、物事をあきらめるというのではなく、物事の本質を明らかにする、つまびらかに本質を観《み》るといったことなのです。

四諦の四つの項目は、苦《く》・集《じゅう》・滅《めつ》・道《どう》といわれるものです。それぞれについて見ていきましょう。

①苦諦《くたい》…六道《ろくどう》の世界は迷いの世界であり、常に四苦八苦《しくはっく》の存在があり、その苦しみの真理を知ること。

②集諦《じったい》…苦の原因をなすものが何であるかを知ること。

③滅諦《めったい》…苦しみ、煩悩《ぼんのう》の根本を滅し尽くした境地のこと。

④道諦《どうたい》…滅諦の境地に入るには、八つの正しい道（八正道《はっしょうどう》）を修めなければならない、正しい道を歩む真理。

道諦は、正しい道、悟りへ達するための実践徳目で、その中味は八種あり、「八正道」とよばれています。

①正見《しょうけん》…正しくものごとを見る。
②正思惟《しょうしゆい》…正しく道理を思惟する。
③正語《しょうご》…妄語を離れ、正しい言葉を使う。
④正業《しょうごう》…殺生《せっしょう》などを離れ、正しい行いをする。
⑤正命《しょうみょう》…身《しん》・口《く》・意《い》の三業《さんごう》を清浄《しょうじょう》にして正しい生活をする。
⑥正精進《しょうしょうじん》…正しい仏道修行に励む。
⑦正念《しょうねん》…邪念がなく、正道を念ずる。
⑧正定《しょうじょう》…迷いのない清浄な精神統一をする。

さらに、日月燈明仏は辟支仏（縁覚）を求める者に、十二因縁（縁起《えんぎ》）の法を説きました。

因縁というと、一般には転用して悪い意味に使いますが、決してそうではないのです。

因とは結果を生じさせる直接的原因であり、縁とはそれを助ける外的条件です。全てのものは因縁によって生滅《しょうめつ》し、この道理を素直に受け容《い》れることが大事だというのです。そして、私たちが生きる生死流転《しょうじるてん》の世界には、因果相依《いんがそうえ》の関係が十二種あるとし、それぞれが関わり合っているというのです。

十二種の項目とは、「無明《むみょう》」「行《ぎょう》」「識《しき》」「名色《みょうしき》」「六入《ろくにゅう》」「触《そく》」「受《じゅ》」「愛《あい》」「取《しゅ》」「有《う》」「生《しょう》」「老死《ろうし》」をいいます。

それぞれの解説については異説がありますが、互いの項目が関わり合い、「縁《よ》りて起こる」というのです。この根元にあるのが「無明」なのです。日蓮宗における御祈祷《ごきとう》の時、修《しゅ》法師《ほっし》の方が大音声で「元品《がんぽん》ノ無明ヲ切ル」といいながら木剣《ぼっけん》（日蓮宗の祈祷に用いる法具）を打ちますが、この無明とは真理に暗いこと、無知なることをいいます。真理に暗いが故に人は種々の苦悩から解放されず、無明を滅すことによってのみそれらから解き放たれるというのです。

十二因縁については、化城喩品《けじょうゆほん》第七で詳説されますので、後に託すこととします。ところで、ちょっと独断的な考えかも知れませんが、三乗のイメージについて、

・声聞乗…お釈迦さまの弟子のイメージ＝四諦

・縁覚乗…お釈迦さまその人自身をイメージ＝十二因縁（縁起）

・菩薩乗…悟った後のことをイメージ＝六波羅蜜

この中で、一番重き法はどれかを敢《あ》えていうとしたら、お釈迦さまが菩提樹下《ぼだいじゅげ》で悟られ、お釈迦さまその人自身がイメージされる「縁起」の法ではないかと、私は考えるのです。

六波羅蜜は、菩薩が涅槃の彼岸に到るためにしなければならない修行で、六度とも訳されます。六度の度は、「渡」ということで「わたる」、此岸から彼岸へわたるという意なのです。そして、そのわたり方に六種あるというのです。

六波羅蜜とは、檀《だん》波羅蜜（布施《ふせ》）・尸羅《しら》波羅蜜（持戒《じかい》）・闡提《せんだい》波羅蜜（忍辱《にんにく》）・毘梨耶《びりや》波羅蜜（精進《しょうじん》）・禅《ぜん》波羅蜜（禅定《ぜんじょう》）・般若《はんにゃ》波羅蜜（智慧《ちえ》）の六項目をいい、お釈迦さまは次のように概説しています。

「布施は、惜しみ心を退《しりぞ》け、持戒は行いを

正しくし、忍辱は怒りやすい心を治《おさ》め、精進は怠《おこた》りの心をなくし、禅定は散りやすい心を静め、智慧は愚かな暗い心を明らかにする」（華厳経《けごんぎょう》・巻六　明難品《みょうなんぽん》）

それでは、各々を見て行くことにしましょう。

①檀《だん》波羅蜜（布施と訳します）…檀那《だんな》ともいい、檀家《だんか》はこの語から生まれた言葉です。その種類には、財施《ざいせ》（財や物を施す）、法施《ほうせ》（仏法を説き与える）、無畏施《むいせ》（恐怖心、不安をとりのぞき安心を与える）、無財《むざい》の七施《しちせ》（誰にでもできる施し、身《しん》施・心《しん》施・慈眼《じげん》施・和顔《わげん》施・愛語《あいご》施・牀座《しょうざ》施・房舎《ぼうしゃ》施）などがあります。

お釈迦さまは一番最上の施しについて、

「心を開いて、自ら進んで他人に施すのが最上の施しである。…施した後で悔いたり、施して誇りがましく思うのは、最上の施しではない。施して喜び、施した自分と、施しを受けた人と、施した物と、この三つをともに忘れるのが最上の施しである」（大般涅槃経《だいはつねはんぎょう》）

と語っています。

殊に「施す」とは、相手を見下して与えるというのではなく、仏となるための修行であり、「施した自分」「施しを受けた人」「施した物」を完全に忘れさることだ、執着を離れることだといわれているのです。

余談となりますが、檀信徒の皆さんの中には、僧侶に法事やお盆でお経をあげていただいた法礼にと、「お経料」と書いて差し出す人がいますが、「料」というのは布施の精神からすれば決して良いとはいえないのです。「お布施」と書くことが最も良いといえましょう。

②尸羅波羅蜜《しらはらみつ》（持戒と訳します）…戒《いまし》めを自ら持つことです。それは決して強制的なものではなく、「尸羅」の語にはあくまでも自律的・自制的な意が含まれるのです。自ら戒めを堅固《けんご》に守っていくことが持戒なのです。従いまして、それを生活に日常生かしている人が「戒名《かいみょう》」を受ける有資格者ともいえるのです。

戒といいますと、莫大《ばくだい》な数、例えば比丘の二百五十戒、比丘尼の三百四十八戒（通称・五百戒）というものがありますが、出家者・在家者が共に守る戒に「五戒」があります。

一、不殺生戒《ふせっしょうかい》…いたずらに生きものを殺さない。

二、不偸盗戒《ふちゅうとうかい》…他人のものを盗まない。

三、不邪婬戒《ふじゃいんかい》…夫婦以外にみだらな関係を結ばない。

四、不妄語戒《ふもうごかい》…うそをつかない。

五、不飲酒戒《ふおんじゅかい》…酔いしれて正常を失うような酒の飲み方をしない。

ここで、私なりに不殺生戒について考えてみました。私は人生六十となりますが、直接的にも間接的にも殺生をし、それは皆さんもそうでありましょう。そこで大切なことがあります。自省→自己告白→懺悔滅罪《さんげめつざい》という行程、行動をとることにあるのです。それが「尸羅」なのです。

私たちは一日三度の食事をする前に、「いただきます」の言葉を発します。もちろん、その冒頭にお題目を唱えますが、「いただきます」の言は、仏教の食への思い、価値観がこめられてのものなのです。日蓮聖人は『食物三徳御《しょくもつさんとくご》書《しょ》』に、食物は生命をつなぎ、色を増し、力を添えると説示されているように、私たちは食物の犠牲の上に生命をいただき、生命をつないでいるのです。藤田まことさん主演の「必殺仕事人」ではないですが、犠牲となった食物に、「あんたの生命をいただきます」との思いで食し、胃袋で成仏していただくのです。このような仏教の価値観を理解しての「いただきます」の言葉には、自省・告白・懺悔滅罪、尸羅の心が内在しているといえるのです。それはまた生活仏法ともいえるのです。

③闡提《せんだい》波羅蜜（忍辱と訳します）…迫害や侮《ぶ》辱《じょく》を敢えて忍受していくことをいいます。お釈迦さまのことを別名「能忍《のうにん》」といいます。能忍とは、この娑婆《しゃば》世界で能《よ》く耐え忍んだ人のことをいい、その代表者がお釈迦さまということなのです。

お釈迦さまは、「忍」の役割について、法句《ほっく》経《きょう》・第五章で次のように説いているのです。

「怨《うら》みは怨みによって果たされず。忍《にん》を行じてのみ、よく怨みを解くことを得る。これ不変の真理なり」

他人から中傷や非難をされて相手を怨み、それを怨みによって返したとしても、ただ相手にまた怨みが残る、敢えて自らが忍を行ずることによって怨みの連鎖から脱することができるというのです。

忍辱というと、ただただ耐え忍ぶということを想像してしまいますが、そうではなく、それを活かしてプラス思考的人生を送る、人生の肥《こや》しとしていくことをいいます。

諺《ことわざ》に「艱難《かんなん》汝《なんじ》を玉にす」とありますが、

難儀こそが人格向上、完成に向けていくというのです。その代表者は何といっても日蓮聖人でありましょう。

「大難四《し》か度、小難数知れず」と表現される日蓮聖人の生涯は、迫害の連続でありました。ところが、迫害を加える相手を**「善知識《ぜんちしき》」**（正しい教えを与えてくれる師や友人のこと）とおよび、ご自身は「法華経に符合《ふごう》せり」と、**「法華経色《しき》読《どく》」**（法華経を知的にではなく体で読み理解すること）の証《あかし》として受けとめられたのでした。

佐渡配流《さどはいる》中に認《したた》められたといわれる『諸法実《しょほうじっ》相抄《そうしょう》』（文永十年＝一二七三年五月十七日撰述《せんじゅつ》）には、

「鳥と虫とは鳴けどもなみだをちず、日蓮はなかねどもなみだひまなし。此《こ》のなみだ世間の事には非《あら》ず。但《た》だ偏《ひとえ》に法華経の故《ゆえ》也《なり》」（定遺七二八頁）

と、今受けている迫害は法華経に身をあずけているからに他ならない、大いなる悦びともいわれるのです。日蓮聖人に見られるように、忍を行ずることは決して卑屈になって耐え忍ぶことではなく、未来に向かって自身を高める修行、プラス思考の行であることを私たちは忘れてはならないのです。

④毘梨耶《びりや》波羅蜜（精進と訳します）…心身を精励して仏道修行に絶えず努めることをいいます。修行僧が精進潔斎《けっさい》して肉食を避けることから転じてか野菜を中心とした料理を精進料理として食するようになりました。

前に触れましたが、お釈迦さまは齢八十で亡くなりました。嘆き悲しむ侍者・阿難に向かい、最後の言葉を次のように告げます。

「諸々の事象《じしょう》は滅びゆくものである。弟子たちよ、努め励めよ！」

私（お釈迦さま）の身体は父母より生まれ、食によって保《たも》たれたものであるから、病《や》み、傷つき、こわれることは諸行無常《しょぎょうむじょう》の理にそっている。「さあ、阿難たちよ！　常に一所懸命精進せよ」と遺言されたのでした。

鎌倉の名刹《めいさつ》・臨済宗円覚寺《りんざいしゅうえんがくじ》、その住職を務めた故・朝比奈宗源《あさひなそうげん》老師は、死期間近となった時、弟子を呼びつけ、英語のテキストとその発音テープを買ってくるようにと命じます。

弟子たちは内心、「老師もついにボケてしまった。今から英語の勉強をして何をしようというのだ」と揶揄《やゆ》したといいます。すると、弟子たちの心を見とおした老師は静かに諭《さと》すように、

「今日も鎌倉駅の界隈《かいわい》は観光客でにぎわっておる。当然、外人さんも沢山おる。私しゃ先は短いが、きっとあの世も外人さんで一杯じゃろう。あの世で外人さんたちに説教するため、今から英語の勉強をするのじゃ」

といい放ったといいます。

いつ何時《なんどき》、私たちは人生の終止符をうつかわかりません。しかし、常にわからないゴールに向かって努力することが尊いと、お釈迦さまは全人類に遺言されたのです。

⑤**禅《ぜん》波羅蜜**（禅定と訳します）…揺れる心を静かに統一し、心を定めて真理を思惟する修行のことをいいます。お釈迦さまは厳しい苦行をした後、それを捨ててスジャータ娘から乳粥《ちちがゆ》の供養を受けて次第に体力を回復し、瞑想に入りま

す。

一説では、七本の木を賛《たた》え、一本につき七日間、合わせて四十九日、最後の木ピッパラ樹（菩提樹）の下で深い瞑想に入り、十二月八日の暁《あかつき》、悟りの境地に達せられたといいます。仏教各宗ではこの日に「成道会《じょうどうえ》」を催して、お釈迦さまの徳を称《たた》えます。殊に禅宗ではその悟りの域に達するために坐禅をするのです。

お釈迦さまから弟子たちに、弟子たちからまたその弟子たちへ、と「以心伝心《いしんでんしん》」、文字に依《よ》ることなく悟った内容を伝える「不立文字《ふりゅうもんじ》」を旨《むね》として、坐禅によって禅定に入ろうというのです。

これに対し日蓮聖人は、あくまでも文字＝法華経に依ることを主張されました。そして、「以心伝心」「不立文字」の弱点を鋭く指摘され、「月をさす指」と譬《たと》えられているのです。つまり、坐禅によって得たと思っている真理は、実は月（真理）をさす指を観ていることが多い、指を観て真理と間違う一人よがりに陥りやすいと批判されたのです。文字（正法《しょうぼう》）に依らなければ真理の証は得られないとされたのです。

⑥般若波羅蜜《はんにゃはらみつ》（智慧と訳します）…仏教はよく「智慧の宗教」といわれます。智慧は六波羅蜜の究極の徳目で、戒《かい》・定《じょう》・慧《え》の三学《さんがく》にもあり、仏の教えの最終到達点でもあります。迷いを断ち、真理を悟る、その方法が他の五つの波羅蜜、布施であり、持戒であり、忍辱であり、精進であり、禅定であるのです。

――以上、六波羅蜜の六つの徳目をそれぞれ見てきました。法華経の開経である『無量義経』の「十功徳品《じゅうくどくほん》」には、六波羅蜜の行を修することなく、六波羅蜜が自然に在前《ざいぜん》することが説かれ、日蓮聖人は『観心本尊抄《かんじんほんぞんしょう》』においてそれを具体的に、

「釈尊の因行果徳《いんぎょうかとく》の二法は妙法蓮華経の五字に具足す。我等此《この》五字を受持《じゅじ》すれば自《じ》然《ねん》に彼《か》の因果の功徳を譲り与え給《たも》う」（定遺七一一頁）

と六波羅蜜、三学などを含む**「釈尊**（お釈迦さま）**の因行果徳」**は、**お題目・南無妙法蓮華経の受持**（お題目を信じて受け持《たも》つこと）によって自然に与えられることを訴えられているのです。

さて、過去世に日月燈明仏によって、

・声聞乗を求める者→四諦
・縁覚乗を求める者→十二因縁
・菩薩乗を求める者→六波羅蜜

と、それぞれ達する境地によって、各々違った法が説かれました。

ところが、法華経は別々の法でなく一つの法、例えば**「開三顕一《かいさんけんいつ》」**の法、声聞・縁覚・菩薩の三乗が全て**「一仏乗《いちぶつじょう》」**に帰《き》することが説かれています。

・法説《ほっせつ》
・譬喩《ひゆ》
・因縁《いんねん》

という**「三周《さんしゅう》説法」**によって、相手の機根に応じて一つの法、真理が説かれているのです。

次項では、その三周説法中の「法説周」、法華経・迹門《しゃくもん》のハイライトともいうべき方便品《ほうべんぽん》第二に入ることとします。

南無妙法蓮華経

方便品《ほうべんぽん》第二

◆方便とは何か

法華経の序章、プロローグである序品《じょほん》第一では、お釈迦さまは一言も発することはなく無《む》量義処三昧《りょうぎしょざんまい》に入っていらっしゃいました。ところが、これからはじまるであろう大法説示の前兆《ぜんちょう》として、さまざまな奇瑞《きずい》（良いことの前ぶれとして現れる不思議な現象）、

・天より曼陀羅華《まんだらけ》がふり
・大地が六種に震動
・仏が眉間《みけん》より光を放つ

などの「此土六瑞《しどろくずい》」（地球上での奇瑞六種）と、「他土《たど》六瑞」（光を放って映し出された他の世界での奇瑞六種）という不思議な現象が起こりました。

インド・マガダ国の首都・王舎城《おうしゃじょう》郊外にある耆闍崛山《ぎしゃくっせん》（霊鷲山《りょうじゅせん》）から、まことに悠然《ゆうぜん》として立ちあがり、仏弟子の一人・舎利弗《しゃりほつ》に語りかけるかたちで方便品《ほうべんぽん》第二が説かれるのです。

「方便」とは、サンスクリット原語で「ウパーヤ・カウシャリヤ」といい、「善巧《ぜんぎょう》方便」とも漢訳されています。「巧妙《こうみょう》なる手段」という意味です。目的に、真理に入るための巧《たく》みな

る手だてということになりましょうか。

「嘘も方便」と私たちはしばしば口にします。方便のためには時として嘘をつかなければならないことをいうのですが、本来の意は違うのです。私は、「嘘は嘘でしかなく方便ではない、嘘には真実はなく、方便には真実がある」といえると思うのです。嘘はいつまでも嘘であり、方便は真実へと導くための手段、手だてであるのです。

では、法華経は、方便品第二において、私たちを如何《いか》なる真実へと導こうとしているのでしょうか。それは「開三顕一《かいさんけんいつ》」といわれる仏法なのです。開三顕一の「三」と「一」という数は、

・三…三乗《さんじょう》（声聞《しょうもん》・縁覚《えんがく》・菩薩《ぼさつ》）
・一…一乗《いちじょう》（仏）

のことで、お釈迦さまが法華経以前の諸経で説かれた三乗への差別的教えをくつがえし、三乗の全てが真実なる「一仏乗《いちぶつじょう》」へと帰入《きにゅう》することが明かされるのです。

◆諸仏の智慧は難解難入

最初にある文章は、私たちが法華経を読誦《どくじゅ》する時、必ずといってよいほど拝読する文章であります。

「その時、世尊《せそん》は、三昧《さんまい》より安詳《あんじょう》として起《た》ちて、舎利弗《しゃりほつ》に告《つ》げたもう『諸仏の智慧《ちえ》は、甚《はなは》だ深くして無量なり。その智慧の門は解《さと》り難《がた》く入り難くして、一切の声聞・辟支仏《ひゃくしぶつ》の知る能《あた》わざる所なり。所以《ゆえ》は何《いか》ん。仏、曽《かつ》て百千万億の無数の諸仏に親近《しんごん》し、尽《ことごと》く、諸仏の無量の道法《どうほう》を行《ぎょう》じ、勇《ゆう》

猛精進《みょうしょうじん》して、名称《みょうしょう》普《あまね》く聞こえ、甚深《じんじん》なる未曽有《みぞうう》の法を成就《じょうじゅ》して、宜《よろ》しきに随《したが》って説きたまえる所なれば、意趣《いしゅ》、解《さと》ること難《かた》ければなり』」

侍者《じしゃ》の阿難《あなん》ではなく、舎利弗に対し、お釈迦さまは口を開き法を説かれるのです。

私事になりますが、お経を習いはじめた小学校高学年の頃、この「舎利弗」という語が妙に思えてしかたありませんでした。方便品の「舎利弗……舎利弗………」と出てくる音の響きに、お寿司の「シャリ」（米）を重ね合わせ、何か美味しそうなものを想像していたのです。それが人の名であることがわかったのは中学校に入ってからのことでした。

舎利弗はお釈迦さまの十大弟子の一人で、智慧第一（智慧が非常に優れた人、智とは差別の法を詳しく観《み》る力、慧とは平等の法を詳しく観る力をいいます）といわれた方です。

舎利弗はマガダ国・王舎城郊外の村に、バラモン（四姓制度の中の僧侶・司祭階級）の子として生まれ、出家してサンジャヤという当時懐疑論者《かいぎろんしゃ》として名を馳《は》せた思想家の弟子となります。

ところがある日、王舎城でお釈迦さまの弟子アッサジ（初転法輪《しょてんぽうりん》の対告者《たいごうしゃ》・五比丘《ごびく》の一人）に邂逅《かいこう》し、彼の言葉を聴いて仏教教団に入り、お釈迦さまの弟子となり、目連《もくれん》と共にお釈迦さまの両腕と称され、活躍したのです。

最晩年のお釈迦さまは、疲労のため説法が途中で中断することもしばしばあったといいます。そのような時、舎利弗は代わって法を説く役を務めるほどお釈迦さまから絶大な信頼を得ていました。

残念ながら、舎利弗はお釈迦さまに先立って病死してしまいます。同じ頃、目連も死んでしまいます。お釈迦さま入滅の一年前の出来事といわれています。

お釈迦さまの嘆きは如何ばかりであったでありましょうか。一説では、それが原因で死期が早くなったともいわれているのです。

信頼してあまりある舎利弗に対し、お釈迦さまは次のような言葉を発せられるのです。

「諸仏の智慧は、非常に奥深くて計《はか》り知れず、その智慧の境界《きょうがい》に入る門、仏の教えに入る門は急にあるものでなく、入るのは難解《なんげ》であり、難入《なんにゅう》であるのです」

声聞や縁覚（辟支仏）という方々は、世にとらわれず理性のある方をいいますが、往々《おうおう》にして自分一人だけすまして理屈ばかりこねていることが多く、一生涯真理を突きとめることは難い、仏のように実働に努めるということをしないで、ただ自分だけが清くすましている者は駄目なのです。

その理由につきまして、どんな仏さまでありましてもかつて無数の仏に親しく近づき、絶《た》ゆまなく、少しも力をゆるめることなく精進し、仏の教えを実行して覚《さと》りを得た方ばかりなのです。従って、その方は心に畏《おそ》れなく、雑《まじ》り気《け》のない心を持って人々に接することによってその名前が世間の人たちに普《あまね》く聞こえるようになったのです。

非常に奥深く、いまだかつて説かれたことのない尊い教えをすっかり領解《りょうげ》し覚った後、仏さまは相手の能力（機根《きこん》）に応じて法を説かれます。しかし、その意趣、仏がどのような目的で説いているかはその仏より他の者はわからず、解《さと》り難《がた》いのであります。

「舎利弗よ、われ、成仏してより已来《このかた》、種種の因縁《いんねん》、種種の譬喩《ひゆ》をもって。広く言《ごん》教《きょう》を演《の》べ、無数の方便をもって衆生《しゅじょう》を引《いん》導《どう》し、諸《もろもろ》の著《じゃく》を離れしめたり」

さらにお釈迦さまは次のように続けます。

「舎利弗よ、全ての仏は前に述べたような過程を経て仏になることができました。そして、私も厳しい苦行の後、ブッダガヤーの菩提樹《ぼだいじゅ》の下で覚りを得て以来、種々の事柄、種々の譬喩をもって広く言葉でもって教えを説き、数多くの方便をもって迷いの世界でもがき苦しむ人々を引き出して正しい教えに導き、執着の心を離れしめたのです」と。

お釈迦さまは舎利弗に向かい、まず、仏という存在が如何なるものかを説き、自身にあってもその道程を経てきたことを明かされるのです。そして、これよりお釈迦さまの教えの中味が説示されるのです。

◆諸法実相と十如是

序品でさまざまな不思議な光景をまのあたりにした霊鷲山列座の方々は、固唾《かたず》をのんでお釈迦さまが説かれるであろう大法を待っていました。

ところが、方便品で発せられた第一声は、**「所不能知《しょふのうち》」**（知る能《あた》わざる所なり）、**「意趣難《いしゅなん》解《げ》」**（意趣、解《さと》ること難《かた》ければなり）というものでした。舎利弗をはじめ大法説示を期待された方々は、さぞやびっくりし、がっかりしたに違いありません。仏の智慧ははかり知れず、理解することも、その門に入ることも困難だといわれてしまったのです。

そしてさらに、

「仏の成就せる所は、第一の希有《けう》なる難解の法にして、唯《ただ》、仏と仏とのみ、乃《すなわ》ち能《よ》く諸法《しょほう》の実相《じっそう》を究《きわ》め尽《つく》せばなり」

仏さまが到達した世界は、崇高で希《まれ》なものであるから、ただ仏と仏とのみがわかり、あい通じることができるのです。それを「諸法実相《しょほうじっそう》」の境界《きょうがい》というのです。

近代日蓮教学の権威であった茂田井《もたい》教亨《きょうこう》先生は、時々次のようなことを述べておられました。

「迹門《しゃくもん》を一言で表すと〝与《よ》〟（と）の世界、本門《ほんもん》を一言で表すと〝及《ぎゅう》〟（および）の世界である」

と。つまり、迹門（法華経の前半の十四品）では「唯仏与仏《ゆいぶつよぶつ》」（唯、仏と仏とのみ）の個個別別《ここべつべつ》の修行の世界が説かれるが、本門（法華経の後半の十四品）に至ると「仏及大衆《ぶつぎゅうだいしゅ》」（仏および大衆）という仏が私たちを包摂《ほうせつ》して悟りへと導いて下さる世界となる、それを、端的に表現すると、「与」と「及」になるといわれたのです。

「諸法実相」とは、法華経の内容を示す代表的な言葉であります。「諸法」とは、ものの全ての存在であり、「実相」とは、真実のすがたをいい、「全ての存在のありのままのすがた」を観ることをいうのです。

日本曹洞禅《そうとうぜん》の創始者である道元禅師《どうげんぜんじ》（一二〇〇～五三）も法華経をよく読まれたことは知られていますが、大著『正法眼蔵《しょうぼうげんぞう》』に「諸法実相」の巻（巻四十三）を設け、この世の全ての存在や日常生活そのものにあるがままのすがた、真実のすがたの実現を求められたのです。

さて「実相」というすがたを推《お》しはかる諸法について、さらに次のように述べられているのです。

「謂《い》う所は、諸法の是《か》くの如《ごと》きの相《そう》と、是くの如きの性《しょう》と、是くの如きの体《たい》と、是くの如きの力《りき》と、是くの如きの作《さ》と、是くの如きの因《いん》と、是くの如きの縁《えん》と、是くの如きの果《か》と、是くの如きの報《ほう》と、是くの如きの本末究竟《ほんまつくきょうとう》等となり」

あらゆる存在は、次の十の構成要素＝「十《じゅう》如是《にょぜ》」、すなわち、**相**《そう》（すがた）・**性**《しょう》（性質）・**体**《たい》（本体）・**力**《りき》（能力）・**作**《さ》（はたらき）・**因**《いん》（原因）・**縁**《えん》（間接的原因）・**果**《か》（結果）・**報**《ほう》（間接的結果）・**本末究竟等**《ほんまつくきょうとう》、が互いに関連し、緊密に繋《つな》がり合う有機的関係にあるというのです。そのすがたをありのままに観るのが仏さまだということになるのです。

十如是について、具体的な例を水にあてはめてみますと、水は液体というすがた（相）をし、火を消したりものを冷やしたり温めたりする性質（性）を持ち、水蒸気になったり氷という固体（体）になったりします。そして、水は生きとし生けるものを育くみ（力）、電気をおこすはたらき（作）をもします。また、水は水素と酸素から成り（因）、媒介となるもの（縁）＝燃焼や電気の力によって、水という結果（果）が生じます。現代宇宙物理学からすると、地球や水が生まれるためには星間物質（ガス）が大量に集まらなければならなかった（報）、といわれているのです。

このように、あらゆる存在のうちのひとつ、水を例にあげても十如是というカテゴリーに配当することができるのです。

ところで、私たちが朝や夕にお勤《つと》めをする時、この十如是に至りますと、必ず三回転読《てんどく》する習いとなっています。その理由は、中国天台《てんだい》宗《しゅう》の開創者である天台大師智顗《てんだいだいしちぎ》（五三八～五九七）のお考えによるものなのです。

天台大師が誕生した年は、ちょうど日本に仏教が入ってきた年に当たり、活躍された頃に日本では聖徳太子《しょうとくたいし》（五七四～六二二）が誕生しています。日本仏教の黎明期《れいめいき》に、中国で天台大師は衆目《しゅうもく》の憧れの人物となっていたのです。

天台大師は天台山《てんだいさん》（浙江省《せっこうしょう》天台県）中で法華経の講説をくりひろげ、殊《こと》に三大部『法華玄《ほっけげん》義《ぎ》』『法華文句《もんぐ》』『摩訶止観《まかしかん》』各十巻を著《あらわ》して後世の人々に大きな影響を与えたのでした。そのうちの一人が日蓮聖人であることは言及するまでもありません。

『法華玄義』は、法華経の奥深い教理を天台大師の思考に基づいて詳説された書物で、その巻二に、「三諦《さんたい》＝空諦《くうたい》・仮諦《けたい》・中諦《ちゅうたい》」に十如是を配することが記されているのです（「諦」とはものごとの道理をあきらかにするということ）。

十如是をこの三諦に配した読み方について、天台大師は次のように記しています（「、」は区切るところ）。

空諦《くうたい》（何事にもとらわれない境地、何ものにも限定されない無限の境地をいう）に立った読誦法《どくじゅ》は、

「所謂諸法如《しょいしょほうにょ》、是相如《ぜそうにょ》、是性如《ぜしょうにょ》、是体如《ぜたいにょ》、是力如《ぜりきにょ》、是作如《ぜさにょ》、是因如《ぜいんにょ》、是縁如《ぜえんにょ》、是果《ぜか》如《にょ》、是報如《ぜほうにょ》、是本末究竟等《ぜほんまつくきょうとう》」

仮諦《けたい》（現実のすがたが仮《か》りであることをありのままに認識する）に立った読誦法は、

「所謂諸法《しょいしょほう》、如是相《にょぜそう》、如是性《にょぜしょう》、如是体《にょぜたい》、如是力《にょぜりき》、如是作《にょぜさ》、如是因《にょぜいん》、如是縁《にょぜえん》、如是果《にょぜか》、如是報《にょぜほう》、如是本末究竟等《にょぜほんまつくきょうとう》」

中諦《ちゅうたい》（かたよりのない中道《ちゅうどう》の認識をいう）に立った読誦法は、

「所謂諸法如是《しょいしょほうにょぜ》、相如是《そうにょぜ》、性如是《しょうにょぜ》、体如是《たいにょぜ》、力如是《りきにょぜ》、作如是《さにょぜ》、因如是《いんにょぜ》、縁如是《えんにょぜ》、果如是《かにょぜ》、報如是《ほうにょぜ》、本末究竟等《ほんまつくきょうとう》」

となります。

この空・仮・中の三諦に配した読誦法が十如是三転読となったようです。

実際に意識しながら、三転読の一回目を空諦、二回目を仮諦、三回目を中諦と読むのは、かなり難しいものがあります。天台大師は、何故、その読み方のそれぞれが三諦に当たるかについては、解釈をされていません。要は、十如是も三諦も、仏教の世界観に立ったものの見方であり、その意を体《たい》しながら三転読することが肝要といえましょう。

この方便品の十如是を三転読する習いの宗派は、私の知る限り日蓮宗系の教団だけのようです。法華経を重視する天台宗では、十如是を空・仮・中の三諦に配してその意を考えることはあるそうですが、読む習いはないようです。

では、いつ頃から三転読する習いがはじまったのでしょうか。伝えるところによりますと、日蓮聖人から京都の布教を遺命《いめい》された日像上人《にちぞうしょうにん》（一二六九〜一三四二）、その弟子・大覚大僧正《だいがくだいそうじょう》（一二九七〜一三六四）によって開始されたのではないかといわれています。

殊に、日像上人や大覚大僧正が布教された地域に、その名残《なご》りの読み方があるようです。三転読を強調するために、京都や大阪、岡山、北陸地方、そして九州や名古屋では、「ショイショホーニョゼ、ソーニョゼ…（所謂諸法如是、相如是…）」と音をのばして読む習いを今日もしています。

◆十如是と一念三千

さて、この十如是は天台大師が思索と体験によって打ち立てた重要法門の一構成要素となっています。その重要法門とは、「一念三千《いちねんさんぜん》」であります。『摩訶止観』第五において、一念に三千の世界が具《ぐ》すという世界観が披瀝《ひれき》されます。その三千という数字のなかに十如是が含まれるのです。すなわち、三千とは、

・**十如是**…法華経の方便品で説く。
・**十法界《ほっかい》**…華厳経《けごんぎょう》の十地品《じゅうじぼん》で説く（地獄《じごく》・餓鬼《がき》・畜生《ちくしょう》・修羅《しゅら》・人間・天・声聞・縁覚・菩薩・仏をいい、それぞれに十法界を具することから百法界となる。十界互具《じゅっかいごぐ》）。
・**三世間《せけん》**…龍樹《りゅうじゅ》菩薩著『大智度論《だいちどろん》』で説く。衆生《しゅじょう》世間・国土《こくど》世間・五陰《ごおん》世間のことをいう。

これらの三項目が関わり合っているという判断から、乗じますと三千という数字になるのです。この三千という数は、全ての存在と、その存在内での働きを表したもので、世間観・宇宙観を示すものともいえましょう。それがわが一念と大いに関わるというのです。

天台大師の思想を継承した妙楽大師湛然《みょうらくだいしたんねん》（七一一～七八二）は、さらにそれを発展させ、「身《しん》

土《ど》一念三千」（『摩訶止観輔行伝弘決《ぶぎょうでんぐけつ》』）と表現し、わが身のみならず、土＝草木国土《そうもくこくど》にも三千具足《ぐそく》が成立することを明かし、成仏の保証としたのです。

さらに、日蓮聖人は天台と妙楽の両大師の思想を踏まえた上で信心の世界、救いの世界を明白に示されたのです。文永十年（一二七三）四月二十五日、佐渡配所《さどはいしょ》の地にあって認《したた》められた当身《とうしん》の大事《だいじ》の書『如来滅後五五百歳始観心本尊抄《にょらいめつごごごひゃくさいしかんじんほんぞんしょう》』には、

「像法《ぞうぼう》の中末に観音薬王《かんのんやくおう》、南岳天台《なんがくてんだい》等と示《じ》現《げん》し、出現して迹門を以《もっ》て面《おもて》と為《な》し、本門を以て裏と為して百界千如《ひゃっかいせんにょ》一念三千、其《そ》の義を尽《つく》せり、但《ただ》し理具《りぐ》を論じて事行《じぎょう》の南無妙法蓮華経の五字並びに本門の本尊《ほんぞん》未だ広く之を行ぜず」（定遺七一九頁）

と、南岳大師慧思《えし》（五一五～五七七、天台大師の師）と天台大師は、一念三千を救いの大法「**事行の妙法五字**」へとは導かなかったとご指摘なさるのです。この事行とは、実践の修行のことをいうのです。

日蓮聖人にとっての事行とは？　日蓮聖人は建長五年（一二五三）四月二十八日、清澄山《せいちょうざん》上においてお題目を始唱《ししょう》され、布教への第一歩をしるされました。「二辺の中にはいふべし」（『開目抄《かいもくしょう》』定遺五五七頁）という「いうか、いわざるべきか」の二者択一のなかで、敢《あ》えて迫害必定《ひつじょう》が予想される「いふ」の選択をされ、布教開始の宣言を「三大誓願《さんだいせいがん》」（後述）でもって高らかに発せられたのでした。それは法華経に生きる、法華経色読の宣言でもあったのです。

以降、日蓮聖人自身の生涯は常に法華経とい

う明鏡《めいきょう》に符合《ふごう》しているか否かを問う日々でありました。自身が法華経に生きているかとの確認、「我が身法華経の行者にあらざるか」と『開目抄』に幾度も綴《つづ》っていらっしゃいますが、その確認をしながらの人生そのものが日蓮聖人の事行そのものであったと私は思うのです。

◆仏知見・開示悟入・一大事因縁

方便品において「諸法実相」「十如是」という真理、世界観が示された後、お釈迦さま、諸仏がこの世に出現された出世の本懐《ほんがい》、大慈悲心が明かされます。

「諸《もろもろ》の仏、世尊《せそん》は、衆生をして仏の知見《ちけん》を開かしめ、清浄《しょうじょう》なることを得《え》せしめんと欲するが故に、世に出現したもう。衆生に仏の知見を示さんと欲するが故に、世に出現したもう。衆生をして、仏の知見を悟らしめんと欲するが故に、世に出現したもう。衆生をして、仏の知見に入らしめんと欲するが故に、世に出現したもう。舎利弗よ、これを諸仏は、唯《ただ》、一大事《いちだいじ》の因縁をもっての故にのみ、世に出現したもうとなすなり」

この方便品の文章を、私たちはよく訓《くん》読みにして読誦します。日蓮宗のお勤《つと》めで読むお経としては、「欲令衆《よくりょうしゅ》」に収められています。欲令衆は、法華経の品々《ほんぼん》の中の四品、方便品・譬喩《ひゆ》品・法師《ほっし》品・見宝塔《けんほうとう》品の重要な経文をまとめて作られたものです。

京都にある日蓮宗大本山妙顕寺《みょうけんじ》に伝わる『龍華秘書《りゅうげひしょ》』によりますと、日蓮聖人が臨終《りんじゅう》の時にあって、京都の布教を遺命した経一《きょういち》麿《まろ》、後の日像上人が八歳の時、直々《じきじき》にこの欲令衆の勘文《かんもん》を習ったとあるのです。

この伝の確証はありませんが、現在、私たちが読誦する欲令衆は、法華経本門の八品《はっぽん》（従地《じゅうじ》涌出品《ゆじゅっぽん》第十五～嘱累品《ぞくるい》第二十二）を重視して本門《ほんもん》法華宗《ほっけしゅう》を開いた慶林房日隆《けいりんぼうにちりゅう》上人（一三八五～一四六四）が著した『法華宗本門弘経抄《ぐきょうしょう》』に初めて見ることができるのです。本門の八品を重視した日隆上人が、迹門の四品の要旨から成る欲令衆を読誦していたことは、まことに興味深いといえましょう。

欲令衆の方便品の文章には、次のような三つの重要語句が記されています。

①仏知見《ぶっちけん》
②開《かい》・示《じ》・悟《ご》・入《にゅう》（四《し》仏知見）
③一大事因縁《いちだいじいんねん》

①仏知見《ぶっちけん》…仏の知見とは、仏さまがこうだと見きわめられた考え、仏さまが見きわめられたところの境界をいいます。それを私たち凡夫《ぼんぶ》は理解することができないからこそ、多くの人々に仏知見を持たせるために仏さま方はこの世に出られたというのです。

②開《かい》・示《じ》・悟《ご》・入《にゅう》（四仏知見）…開示悟入を説明するに当たって、譬《たと》えをしてみましょう。ここに暗い部屋と明るい部屋があるとします。暗い部屋は私たちの住む凡夫の世界、明るい部屋は仏の悟りの世界、仏知見の世界とします。

明暗の部屋を隔《へだ》てる戸が「開」かれますと、仏知見の部屋から悟りの光がさし込んで、仏の世界を「示」して「悟」の現実を見せ、私たちを仏さまがついにはその部屋に「入」らしめるというのです。
日蓮聖人はこの四仏知見の真意について、『開目抄』に次のように語られています。
「十界《じゅっかい》に皆己界《こかい》の仏界《ぶっかい》を顕《あらわ》す。妙楽云《いわ》く、尚仏果《なおぶっか》を具す余果《よか》も亦《また》しかなり等云々《うんぬん》。仏これに答えて云く、衆生をして仏知見を開かしめんと欲す等云々。衆生と申すは舎利弗、衆生と申すは一闡提《いっせんだい》、衆生と申すは九法界《ほっかい》、衆生無辺誓願度《むへんせいがんど》ここに満足す」（定遺五七〇頁）
人々は「具足の道」、私たちに仏界（仏の世界）があるという実証例をあげて欲しい、との返答に対して「開仏知見」の経文を引いて開示悟入の四仏知見は、舎利弗（声聞）、一闡提（仏《ぶっ》性《しょう》を断じ、悟りが得られなくなった者）、九界《くかい》（声聞・縁覚・菩薩・天・人・修羅・畜生・餓鬼・地獄）という全ての人々を救うというお釈迦さまの誓願を示したものであり、「衆生無辺誓願度（生《しょう》死《じ》の苦界をただよう一切衆生を救済しようとする菩薩の誓願）」はここで満たされるといわれているのです。

③一大事《いちだいじ》因縁《いんねん》…最も大事なことを一大事といい、それがどのような関わりを持っているかということを因縁といいます。さらに法華経的に言及しますと、仏さまと私たちの関係にあって、仏さまは私たちに最も大事なこと、人は何故生きているのかを教え導く目的を持った方だというのです。そういう大いなる縁があるというのです。
正に、仏さまは開・示・悟・入という四段階をもって、仏知見の境界へと人々を導くためにこの世に出現されたというのです。この大慈悲

心は如来寿量品第十六の偈《げ》（自我偈）の末文にある「毎自作是念《まいじさぜねん》」にも通じるのです。

◆開三顕一とは何か

方便品第二には、次のような文があります。

「舎利弗よ。如来は但《ただ》、一仏乗《いちぶつじょう》をもっての故にのみ、衆生のために法を説きたもう。余乗の若《も》しくは二、若しくは三あることなし」

「十方《じっぽう》の仏土の中には、唯《ただ》、一乗の法のみありて、二も無く、亦《また》、三もなし、仏の方便の説をば除く」

法華経迹門の重要法門は、「開三顕一《かいさんけんいっ》」であります。三を開いて一を顕《あらわ》す、つまり、法華経は三乗となるのを目的として説かれるのではなく、一仏乗、全ての人々を仏に導くために説かれています。この開三顕一は方便品第二から授《じゅ》学無学人記《がくむがくにんき》品第九に至る八品で説き示され、それを三周説法《さんしゅうせっぽう》、

・法説周《ほっせつしゅう》（法をストレートに説く）
・譬喩周《ひゆしゅう》（法を譬えによって説く）
・因縁周《いんねんしゅう》（法を因縁によって説く）

という手段によって、繰り返し明かされるのです。

方便品第二の開三顕一の様相について、日蓮聖人は面白い表現をされています。

「法華経方便品の略《りゃく》開三顕一の時、仏略して一念三千心中の本懐を宣《の》べ給《たま》ふ。始《はじめ》の事なればほととぎすの音をねをびれたる者の一音ききたるがやうに、月の山の半を出《い》でたれども薄雲のをほへるがごとく」（『開目抄』定遺五六九頁）

と「ほととぎすの声を眠け眼《まなこ》の人が第一声を聞いたようなもの、月が山かげから半分姿を現しているのに、うす雲が月を覆っているようにかすかな光をただよわしているようなもの」と表現されているのです。

◆お釈迦さまと等しくなれる

方便品第二には、次のような文もあります。

「舎利弗よ、当《まさ》に知るべし　われ、本《もと》、誓願を立て　一切の衆《しゅ》をして　われの如く等《ひと》しくして、異《ことな》ることなからしめん（如我《にょが》等無異《とうむい》）と欲せり。わが昔の所願《しょがん》の如きはいま、已《すで》に満足し　一切衆生を化《け》して皆、仏道に入《い》らしめたり」

お釈迦さまの衆生救済の大慈悲心が見事に表現された文章です。永久に仏となれないといわれた声聞乗や縁覚乗の人たちも仏になることが保証され、全ての人々を仏さまと同じ境界に入れること、それがお釈迦さまの誓願であったと表明されるのです。

この経文に魅せられた方々がいらっしゃいます。もちろん日蓮聖人がそうでありますし、また近代日蓮宗では、僧侶で社会福祉・教育事業に生涯を賭《と》した鈴木修学《しゅうがく》上人（一九〇二～六一）がおられます。

日蓮聖人の女性檀越《だんのつ》で、聖人が佐渡配所にあった時に鎌倉からはるばると幼子《おさなご》（乙御前《おとごぜん》）と共に佐渡を訪れた日妙《にちみょう》聖人という方がいらっしゃいます。その日妙聖人に宛《あ》てて日蓮聖人が文永九年（一二七二）五月二十五日に書かれたお手紙には、次のようにあります。

「我等《われら》具縛《ぐばく》の凡夫《ぼんぶ》忽《たちまち》に教主釈尊と功徳ひ

とし、彼《か》の功徳を全体にうけとる故なり。法華経に云《いわ》く、〝如我等無異〟云々。法華経を心得る者は釈尊と斉等《ひとしい》なりと申す文なり」（『日妙聖人御書』定遺六四五頁）

法華経を行ずる者は、お釈迦さまの功徳を受けることができ、お釈迦さまと等しくなるといわれるのです。その根拠を方便品の前の文に見出されたのです。

さらに日蓮聖人は、『開目抄』の冒頭に、

「一切衆生の尊敬すべき者三つあり。所謂《いわゆる》主《しゅ》、師《し》、親《しん》これなり」（定遺五三五頁）

と**「三徳《さんとく》」**をあげ、それを唯一備えられた方がお釈迦さまであり、それを受け継ぐ者が私・日蓮であるとされたのです。先の文の「われの如く等しくして、異ることなからしめんと欲せり…」というお釈迦さまの言葉によって、日蓮聖人自身がお釈迦さまと等しくなり三徳を兼ね備えるとの確信に至るのです。その表明として建長五年（一二五三）四月二十八日の払暁《ふつぎょう》、

「我《わ》れ日本の柱とならむ
我れ日本の眼目《がんもく》とならむ
我れ日本の大船とならむ」

と**「三大誓願《さんだいせいがん》」**を発せられたのです。

さて、近代日蓮宗の歴史において、弱者救済に一生を賭した僧侶として綱脇龍妙《つなわきりゅうみょう》上人や長谷川寛善《かんぜん》上人をあげることができますが、その実行にあたる人々を養成するための学校教育、すなわち、名古屋に日本福祉大学を設立したのが鈴木修学上人でした。

教育のみならず、全国に二十八支院と十の布教所を擁《よう》す法音寺《ほうおんじ》の礎《いしずえ》を築き、児童養護施設、知的障害者施設等の福祉施設十五ヶ所を設

けた精神的支えが、前の「われの如く等しくして、異ることなからしめん（如我等無異）」の文だったのです。

お釈迦さまの功徳は、分けへだてなく全ての人々に及ぶとの信念をもとに、新婚早々、博多市・生《いき》の松原《まつばら》にあったハンセン病施設での妻と共に体験した艱難辛苦《かんなんしんく》が、修学上人の後の人生に大きな影響を及ぼしたのでした。修学上人は「如我等無異」を「人類平等」と受けとり、それを実践したのでした。正《まさ》に方便品の文は、修学上人の人生を変えた名句であるのです。

◆方便品の二つの要文

ここで方便品につきまして、次の二つの要文をあげたく思います。まず、一つめの文章は、

「諸法は本《もと》より来《このかた》　常に自ら寂滅《じゃくめつ》の相《そう》なれば
仏子《ぶっし》は道を行《ぎょう》じ已《お》われば　来世《らいせ》に仏と作《な》ることを得ん」

です。全ての世の中の法則には、どんな変化があっても一貫して元から変わらないものがあります。それは「寂滅《じゃくめつ》の相」つまり、煩悩《ぼんのう》の火が消え果てて心が静まっている状態、悟りの境地をいうのです。仏の子、弟子はその寂滅に向かって、仏さまへの道を徐々に行じてゆけば来世に仏さまになれるというのです。

徳川家康の側室《そくしつ》で、紀州《きしゅう》徳川家の祖・徳川頼宣公《よりのぶこう》、水戸徳川家の祖・徳川頼房《よりふさ》公の生母であったお万《まん》の方《かた》（一五七七～一六五三）から庇護《ひご》を受け、身延山中興《みのぶさんちゅうこう》の祖と仰《あお》がれた方に心性《しんしょう》院日遠《いんにちおん》上人（一五七二～一六四二）がいらっしゃいます。

日遠上人は京都に生まれ、六歳で出家、十六

歳で法華経を講義、三十三歳で身延山第二十二世に晋山《しんざん》した学徳兼備の方であります。

ちょうど身延山住職を務めていた慶長十三年（一六〇八）十二月、浄土宗との間で法論《ほうろん》が起こり、幕府の策略により日蓮宗は破れ、幕府から教義を変えるようにとの命令が下ります。このお触れを厳《げん》としてはねつけ、もう一度の法論を申し出たのが日遠上人でした。この申し出に激怒した家康は、安倍川《あべがわ》で処刑しようとしますが、お万の方は自らも運命を共にすると言上します。わが側室が生命を賭して護ろうとする僧の存在に驚き、家康は日遠上人を赦《ゆる》したというのです。

日遠上人の姿に魅せられて日蓮宗に入信した檀越は数多く存在しました。そのような人々に帰正授戒《きしょうじゅかい》を行い、「お曼荼羅《まんだら》」（日蓮宗本尊）を授与されました。その中に「臨終曼荼羅」があります。「閻魔法皇《えんまほうおう》」とか「五道冥官《ごどうめいかん》」という諸尊《しょそん》が勧請《かんじょう》され、そして、前にあげた方便品の「諸法は本《もと》より来《このかた》 常に自ら寂滅《じゃくめつ》の相《そう》なればなり…」の文が書かれているものがあります。臨終葬送に当たって、帰依《きえ》した檀越の「霊山往詣《りょうぜんおうけい》」（法華経信仰者が死後にお釈迦さまの浄土・霊鷲山に詣でて安住すること）を楽《ねが》う日遠上人の温情が伝わってくるのです。

では、二つめの文章を記しましょう。

「この事を思惟《しゆい》し已《おわ》って、即ち波羅柰《はらない》に趣《おもむ》けり。諸法の寂滅の相なれば、言をもって宣《の》ぶべからず。方便力をもっての故に、五比丘のために説けり。これを転法輪《てんぽうりん》と名づく。便ち、涅槃の音と、及《およ》び阿羅漢と、法と僧との差別の名とあり。『久遠劫《くおんこう》より来《このかた》、涅槃の法を讃《ほ》め示す』と」「小善成仏《しょうぜんじょうぶつ》」＝仏舎利《ぶっしゃり》を供養したり、子供が砂を集めて仏塔を造ったり、仏像を建立《こんりゅう》したりするなど、小さな善根《ぜんごん》を積むことによって仏となる、ということを説く文章――日蓮聖人は『守護国家論』（定遺一〇五頁）において「小善成仏」を肯定的にとらえていらっしゃいます――の後に、この文章があります。

インド・ブッダガヤーの菩提樹の下で悟りを開かれたお釈迦さまは、カーシー国の首都であり絹織物《きぬおりもの》の集散地であったベナレス（波羅奈）近郊にあるサールナート（鹿野苑《ろくやおん》）へと向かいます。一緒に苦行林で修行した五比丘たちに教法を説くためでした。

五比丘たちはお釈迦さまが来たることを聞き、「無視」することを約束していました。ところが、いざ、お釈迦さまが現れますと、身体から発するオーラに圧倒されてひれ伏してしまい、忽《たちま》ちその場で帰依してしまったのです。現在、その場が迎合塔《げいごうとう》として遺《のこ》されています。

そこで、お釈迦さまは憍陳如《きょうじんにょ》をはじめとする五比丘たちに仏法を説かれます。いわゆる初転法輪です。その内容は四諦八正道《したいはっしょうどう》というものでした。ここにお釈迦さまと五比丘との間に師弟関係が生まれ、仏教教団（サンガ、僧伽《そうぎゃ》）が成立することになるのです。

しかし、法華経に至りますと、それは方便力をもって説いたというのです。四諦八正道は、深遠なる法華経の教法を説くための方便であるといわれるのです。何故ならば、悟りの境地（涅槃）と、その境地を弘《ひろ》める究極の僧（阿羅漢）とを差別して説いてきたからだと。しかし、法華経は遠い昔（久遠劫）より悟りの境地を説いてきたというのです。茂田井教亨先生は、この文章を如来寿量品第十六で明かされる「久遠実成《くおんじつじょう》」開顕《かいけん》の暗示として受けとられるといわれていました。

法華経というお経に、突然、永遠なるお釈迦さまの存在が説かれたのではなく、その前触れが随所《ずいしょ》に見られる。方便品の「従久遠劫来」もそのうちの一つであると指摘されたのです。

私は永遠なる生命をもったお釈迦さまが明かされる如来寿量品と、この方便品の文章に類似点があることに気がつきました。そして、その類似点は日蓮聖人についてもいえるのです。

如来寿量品で「久遠実成」の教えが説かれる前に、次の文が置かれます。

「皆、今の釈迦牟尼仏《しゃかむにぶつ》は、釈氏《しゃくし》の宮を出でて、伽耶城《がやじょう》を去ること遠からず、道場に坐して、阿耨多羅三藐三菩提《あのくたらさんみゃくさんぼだい》を得たりと謂《おも》えり」（人々は皆、自分＝お釈迦さまのことを釈迦族の王家から出家し、ブッダガヤーという大都城において菩提樹下に坐って、はじめてこの上なく完全な悟りを得たと、このように思っている）

そして、「しかし、善男子《ぜんなんし》よ…」と続いた後、永遠なる生命をもった久遠実成のお釈迦さまのことが説き明かされます。

読者の皆さん、そうなのです。方便品においては初転法輪、如来寿量品においては成道という歴史的事実を踏まえられた上で、久遠の暗示、久遠の開顕が説き示されているのです。

この順序、手続きは日蓮聖人にも見られるのです。佐渡流罪中に著わされた『観心本尊抄』には、「今本時《いまほんじ》」という宗教的な絶対時間が示されています。

「今」とは、私たちが常日頃体験している移りゆく瞬間、瞬間をいい、「本時」とは、久遠開顕によって可能となった絶対時間、法華信仰、お題目受持《じゅじ》によって得られるお釈迦さまと常に時を同じくするという時間をいいます。

この「今本時」が説かれる前文には、

「夫《そ》れ始め寂滅道場華蔵《けぞう》世界より沙羅林《しゃらりん》に終るまで五十余年の間」（定遺七一二頁）

というお釈迦さま五十年の説法、歴史的事実が語られているのです。歴史を踏まえられた上で、「今本時」が説かれているのです。

この手続きは、同じく佐渡で認《したた》められた『開目抄』にも見られるのです。

「此《この》過去常顕《つねにあらわ》るる時」（定遺五七六頁）

と久遠実成について触れられる前に、以前に記しました如来寿量品の文（「皆、今の釈迦牟尼仏は…」）を引用されているのです。

では、このような法華経自体、日蓮聖人がとられた手続きは、一体何を意味するのでありましょうか。

法華経というと、私たちは永遠なる生命を宿した久遠実成のお釈迦さまが説かれるお経と決めつけ、インドに出現されたお釈迦さまを忘れがちになってしまいます。そうではなく、法華経も、日蓮聖人も、歴史上のお釈迦さまと永遠なる生命のお釈迦さまは表裏一体なのだよ、歴史的に実在されたからこそ、法華経の信心世界に入ると、眼前に生身のお釈迦さまを見ることができるよ、ということを示されたかったのではないかと私は思うのです。

南無妙法蓮華経

譬喩品《ひゆほん》　第三

◆一仏乗を教える「たとえ話」

方便品《ほうべんぽん》において、お釈迦さまは十大弟子の一人・舎利弗《しゃりほつ》を相手に、「開三顕一《かいさんけんいつ》」、法華経の信仰世界に入ることによって菩薩《ぼさつ》・縁覚《えんがく》・声聞《しょうもん》という三乗《さんじょう》の人々をはじめ、全人類、分けへだてなく平等に仏となる道（一仏乗《いちぶつじょう》）が開かれていることを明かされます。

最初、舎利弗はお釈迦さまの言に疑念を抱きますが、譬喩品《ひゆほん》の冒頭で「開三顕一」の趣旨を理解し、大いに歓《よろこ》びを表すのです。

「その時、舎利弗は踊躍《ゆやく》し、歓喜《かんぎ》して、即ち起《た》ちて合掌《がっしょう》し、尊顔《そんげん》を瞻仰《せんごう》して、仏に白《もう》して言わく『今、世尊《せそん》よりこの法音《ほうおん》を聞きて、心に踊躍を懐《いだ》き、未曾有《みぞうう》なることを得たり』」

さらに、お釈迦さまは智慧《ちえ》の優れた舎利弗が未来世に華光如来《けこうにょらい》という仏になるであろうと予言（授記《じゅき》）をされます。しかし、人類は舎利弗のような優れた上根《じょうこん》の人たちばかりではありません。中根《ちゅうこん》の人や下根《げこん》の人もいるのです。

お釈迦さまは全ての人が仏となるようにとの

大慈悲心をもってこの世に出現されたのですから、あらゆる手段・方法をもって仏の道へと人々を誘《いざな》うのです。それは三周《さんしゅう》説法《せっぽう》という方法をもって説かれるのです。

《三周説法》

①法説周《ほっせつしゅう》…一仏乗への道をストレートに説く。対象は上根の人。方便品

②譬喩周《ひゆしゅう》…一仏乗への道をたとえによって説く。対象は中根の人。譬喩品・信《しん》解《げ》品・薬草《やくそう》喩《ゆ》品・授記品

③因縁周《いんねんしゅう》…仏と仏弟子がいかに関わっているかを説いて一仏乗への道を明かす。対象は下根の人。化城《けじょう》喩《ゆ》品・五百《ごひゃく》弟《で》子受記《しじゅき》品・授学無学人記《じゅがくむがくにんき》品

譬喩品は、その品のタイトルが示すように「たとえ」によって「開三顕一」が説かれ、譬喩周を代表する「三車火宅《さんしゃかたく》の譬《たとえ》」が説かれます。

法華経には、たとえ話が幾度も登場します。その代表的なものが次に記す「法華七喩《ほっけしちゆ》」であります。

①三車火宅の譬（譬喩品第三）

②長者窮子《ちょうじゃぐうじ》の譬（信解《しんげ》品第四）

③三草二木《さんそうにもく》の譬（薬草喩品第五）

④化城宝処《けじょうほうしょ》の譬（化城喩品第七）

⑤衣裏繋珠《えりけいじゅ》の譬（五百弟子受記品第八）

⑥髻中明珠《けいちゅうみょうじゅ》の譬（安楽行《あんらくぎょう》品第十四）

⑦良医治子《ろういじし》の譬（如来寿量《にょらいじゅりょう》品第十六）

この七つのたとえ話の一番最初にあるのが譬喩品ですが、譬喩品は法華経・全二十八章の中で一番の長文であり、読むのに難しい語が一番多く登場する章でもあります。

さて、三車火宅の譬の三車とは、
・羊車《ようしゃ》＝声聞乗
・鹿車《ろくしゃ》＝縁覚乗
・牛車《ごしゃ》＝菩薩乗
をいいます。

インドの市中にはさまざまな動物が今も闊歩《かっぽ》しています。お釈迦さまの時代には、羊の車、鹿の車、牛の車（これは今もある）があったのでしょう。そういう車に乗っている人を三乗になぞらえ、煩悩《ぼんのう》の火の中にうごめく人、火宅の人々（檀一雄《だんかずお》著『火宅の人』はこれに由来する）として捉《とら》えられ、お釈迦さまは一仏乗、即ち、
・大白牛車《だいびゃくごしゃ》＝一仏乗
を示して、仏への道を示されるのです。

◆三徳を備えるのはお釈迦さまのみ

さて、譬喩品には、次の有名な文章が説かれています。

「今、この三界《さんがい》は、皆《みな》、これ、わが有《う》なり。その中の衆生は、悉《ことごと》くこれ吾《わ》が子なり。しかも、今、この処《ところ》は、諸《もろもろ》の患難《うれい》多く、唯《ただ》、われ、一人のみ、能《よ》く救護《くご》をなすなり」

前項で触れた「欲令衆《よくりょうしゅ》」にもある文章で、お釈迦さまの大慈悲心が見事にこめられた文章であります。私は、この文章の前にある「安処《あんじょ》林野《りんや》」（林野に安らかに処《しょ》せり）の意を解しながら読まなければならないと思うのです。

といいますのは、お釈迦さまは世の中から一人だけ離れて林野に住していた。ところが、世の中を見ると、もがき苦しんでいる人が大勢いる、だからこそ林野を離れて三界（欲界《よくかい》・色界《しきかい》・

無色界《むしきかい》）で苦しむ人々の中に身をおいて人々を救うのだという強い信念を表明された文章と受けとれるのです。

また、この文章にこそ、お釈迦さまの三つのお徳＝「三徳《さんとく》」が如実に示されていると拝受されたのが日蓮聖人なのです。仏教一般において「三徳」といいますと、

智《ち》徳・断《だん》徳・恩《おん》徳

または、

法身《ほっしん》・般若《はんにゃ》・解脱《げだつ》

をいいますが、日蓮聖人の拝受された三徳とは、

①主《しゅ》徳…全ての人を見守る徳
②師《し》徳…全ての人を導き教化する徳
③親《しん》徳…全ての人を親《おや》の心で慈愛する徳

をいい、久遠《くおん》のお釈迦さまがただお一人この三徳を完全に備えられた方とし、法華経を行じることによってその三徳を頂《いただ》くことができるとされたのでした。

日蓮聖人の檀越《だんのつ》・南條兵衛七郎《なんじょうひょうえしちろう》は、駿河国《するがのくに》富士郡上野郷《ふじのごおりうえののごう》に住し、かつて阿弥陀《あみだ》信仰を育くんでいた北条《ほうじょう》家の近習《きんじゅ》（主君のそば近くに仕《つか》える武士）でした。その南條兵衛七郎に宛《あ》てたお手紙（文永元年＝一二六四年十二月十三日）には、先ほどの譬喩品の文章をあげた後に、

「此《こ》の文《もん》の心は釈迦如来は此等衆生《これらしゅじょう》には親《おや》也《なり》、師《し》也主《あるじ》也。我等《われら》衆生のためには阿弥陀仏、薬師《やくし》仏等は主にてはましませども、親と師とにはましまさず、ひとり三徳をかねて恩《おん》ふかき仏は釈迦一仏《いちぶつ》にかぎりたてまつる」（『南條兵衛七郎殿御書《ごしょ》』定遺一一三〇頁）

と、主・師・親の三徳を具備するのはお釈迦さま一仏であるとし、阿弥陀仏や薬師仏は親徳と師徳を持ちあわせないと断言されるのです。

日蓮聖人はこのお手紙、他のお手紙などからお釈迦さまの三徳具備の文証《もんしょう》（お経によって真実を証明する）として、譬喩品と如来寿量品の文をあげられます。
・今此三界皆是我有＝**主徳**
・其中衆生悉是吾子／我亦為世父《がやくいせぶ》（如来寿量品の文）＝**親徳**
・唯我一人能為救護＝**師徳**
そして、殊《こと》にお釈迦さまと私たちは親子であり、血縁の関係があるとまでいわれます。

「妙覚《みょうがく》の釈尊は我等が血肉《けつにく》也。因果の功徳は骨髄《こつずい》に非《あら》ずや」（『観心本尊抄《かんじんほんぞんしょう》』定遺七一一頁）

お釈迦さまは私たちの血肉に宿り、お釈迦さまの功徳は私たちの骨髄とまで表現されるのです。

私たちの血液にはお釈迦さまの血が流れている、それは空《そら》ごとではないのです。私たちのご先祖をたどっていきますと、二代前には四人、五代前には三十二人、十代前には千二十四人…二十代前には百四万八千五百六十六人となります。これだけの人々が関わって私の存在があるということになります。そのルーツを追えば必ずインドへと行き、お釈迦さまへとたどり着くことができるのです。

正しく、この地球に誕生し、悩める人々に救いの手をさしのべたお釈迦さまは、私たちにとって有縁《うえん》なる親の徳を備えられた方なのです。

◆三界で迷える人々を救うお釈迦さま

法華経の文章中には、私たちが「回向文《えこうもん》」として用いるものが数多くあります。

次にあげる文章もそのひとつです。

「今此三界皆是我有…」の文章より前になりますが、三車火宅の譬の中にあり、お釈迦さまが真実の教え、一仏乗への道、大白牛車を示されて、火宅の中でもがき苦しむ人々、三界（欲界・色界・無色界）で迷える人々を悟りの境地へと至らしめることを明かす文章です。

「仏の教の門をもって、三界の苦、怖畏の険道を出《い》でて、涅槃の楽を得たる」

お釈迦さまは「主・師・親」の三徳を備えられた、娑婆《しゃば》世界（私たちの住む地球）に有縁の方であります。別《わ》けても父親の徳を持ちあわせた方であることを日蓮聖人は強調されています。

お釈迦さまは全ての人の父でありますから、たくさんの人がその教えという門をくぐって、苦しく、危ない所から出て、悟りの世界、安らぎの境界《きょうがい》に入るようにと常に努力されているのです。

怠け者も、利口な者も、善人も悪人も、分けへだてなく全ての人々を悟りへとお釈迦さまは導かれる、それはいい加減で救おうとされるのではなく、全身全霊をもって救いの力が人々に及び、その力が人々に備わるまでぐいぐいと引っ張っていくことを表明された文章といえるのです。

◆譬喩品の文と『立正安国論』

日蓮聖人は、正直で曲がったことが大嫌い、真実を求めることを生涯の基本とされました。その方法として三証《さんしょう》＝文証《もんしょう》（お釈迦さまのいわれたことと合っているか）・理証《りしょう》（仏教の道理に合っているか）・現証《げんしょう》（現実社会で仏法が実行されているか）を用いられ、行動規範とされました。

　文応元年（一二六〇）七月十六日、日蓮聖人は鎌倉幕府に『立正安国論《りっしょうあんこくろん》』を呈上《ていじょう》されます。この呈上という行動も三証に照らし合わされてのものでした。

『立正安国論』の評価について、内村鑑三《うちむらかんぞう》の膝下《しっか》に侍《じ》し、東京大学の総長を務めた経済学者、篤信《とくしん》のクリスチャンとして知られた矢内原《やないはら》忠雄《ただお》氏は、著書『余《よ》の尊敬する人物』の中で日蓮聖人を高く評価し、

「日蓮の公の生涯は、立正安国論に始まり、立正安国論に終わる」

と綴《つづ》りました。

　私は卓見《たっけん》であると思います。日蓮聖人は中山《なかやま》法華経寺《ほけきょうじ》本（文永元年＝一二六四年十二月八日著）をはじめとして、少なくとも五、六回にわたり『立正安国論』を認《したた》めておられます。正に、日蓮聖人の一生は、矢内原氏が指摘するように『立正安国論』と共にあり、その呈上を機としてさまざまな迫害がおこり、法華経色読《しきどく》の中で六十一年の生涯を閉じられたのでした。

　その『立正安国論』には、文証としての経文が幾度も引用されています。中にあっても、次に記します譬喩品の文章は、当時の仏教界を席《せっ》捲《けん》し正法《しょうぼう》を蔑《ないがし》ろにしたと日蓮聖人が考えられた僧、法然房源空上人《ほうねんぼうげんくうしょうにん》（一一三三〜一二一二）の主張の誤りをただす証拠として用いられているのです。

「若《も》し人信ぜずして　この経を毀謗《きほう》するときは　則《すなわ》ち一切世間の仏種《ぶっしゅ》を断ぜん　或《あるい》はまた、顰蹙《ひんじゅく》して　しかも疑惑を懐《いだ》かば　汝《なんじ》は、当《まさ》に　この人の罪報を説くを聴くべし。若しくは仏の在世に　若しくは滅度の後に　それ、かくの如き経典を　誹謗《ひほう》するもの有りて　経を読誦《どくじゅ》し害し　持《たも》つ者有るを見て　軽賤《きょうせん》し憎嫉《ぞうしつ》して　結恨《うらみ》を懐かば　この人の罪報を　汝、今、また聴け。その人、命、終れば　阿鼻獄《あびごく》に入らん」

まことに厳しい文章といえましょう。もし、正法である法華経を信じることなく、謗《そし》れば、全て、仏となる種《たね》を断ってしまうというのです。顔をしかめて疑念を抱いたり、法華経を読誦したり書写《しょしゃ》する人を軽《かろ》んじ恨みを抱く者は、生命がつきた時、無間《むけん》地獄に堕ちるとまで記しているのであります。

このお釈迦さまの忠言を、日蓮聖人は十番問答から成る『立正安国論』の中心に位置する第四番の答の部分に、次のように用いられています。

「近くは所依《しょえ》の浄土の三部経の〝唯除五逆《ゆいじょごぎゃく》誹謗正法《ひほうしょうぼう》〟の誓文《せいもん》に背《そむ》き、遠くは一代五時の肝心《かんじん》たる法華経の第二に〝若人不信毀謗此経乃至其人命終入阿鼻獄〟の誡文《かいもん》に逆《さから》ふ者なり。…（中略）…故に上《かみ》国王より下《しも》万民に至るまで皆経は浄土三部の外《ほか》の経無く、仏は弥陀三尊《みださんぞん》の外無しとおもへり」（定遺二一六頁）

日本浄土教の実質の大成者といわれる法然上人は、中国浄土教の道綽《どうしゃく》の説に傾倒して『選《せん》択本願念仏集《ちゃくほんがんねんぶつしゅう》』を著し、仏教諸宗の教えを、「聖道門《しょうどうもん》」と「浄土門《じょうどもん》」の二門に分けました。

・聖道門…この娑婆世界で仏道を行じ、覚《さと》りを開くことを最終目的としている教え。法華経や般若経など、浄土経典以外の教え。

・浄土門…この娑婆世界を穢土《えど》とし、西方《さいほう》極楽《ごくらく》浄土へ阿弥陀仏の力によって往生《おうじょう》することを最終目的として修行する教え。

そして、法華経を含む諸経を聖道門として、「捨てよ」「閉じよ」「閣《さしお》け」「抛《なげう》て」＝捨《しゃ》・閉《へい》・閣《かく》・抛《ほう》して浄土の一教に帰《き》すように、そうすれば阿弥陀仏の慈悲によって人々が救われるとしたのでした。

これに対し、日蓮聖人は法然上人の主張を逆《さか》手《て》にとって、見事に反論を加えられたのでした。つまり、全ての人々を済度《さいど》するという四十八願（無量寿経・巻上に説かれる。それを日蓮聖人は誓文と表現される）の第十八番目の願には、二つの除外項目が示されています。それは、

①五逆罪《ごぎゃくざい》（殺父《せっぷ》・殺母《せつも》・殺阿羅漢《せつあらかん》・破和合僧《はわごうそう》・出仏身血《すいぶっしんけつ》）を犯した者

②正法を誹謗する者

は救われないと書かれています。

日蓮聖人は、②を冒している者こそ法然上人であり、その行為は譬喩品に示されたお釈迦さまの誡《いまし》めの文（誡文）に背き、無間地獄に堕ちる者とされたのでした。

日蓮聖人はこの譬喩品の文章を『立正安国論』の第七番の答の部分にも引用されています。それほど日蓮聖人にとっては大切な文章と

いえましょう。

二十数年前、私が全国日蓮宗青年会執行部の一員に加わっていた時、京都の大本山妙顕寺《みょうけんじ》を舞台として「デスマッチ『開目抄』」という行学《ぎょうがく》道場を二泊三日にわたって企画しました。とにかく長文の『開目抄』を読み通し、茂田井教亨先生に講義していただくというものでした。

その企画の一環として、茂田井先生と大谷大学の涅槃経《ねはんぎょう》研究の権威・横超《おうちょう》慧日《えにち》先生との対談も催《もよお》しました。最後に、茂田井先生が『立正安国論』のこの第四番答のことを質問された時、横超先生は、

「日蓮さんという方は相手の主張を実によく観られ、見事、法然さんに真《ま》っ向上段《こうじょうだん》から勝負を挑んでおられます。私も浄土門の人間で下根下機《げこんげき》だからこそ救いがあると思いますが、この日蓮さんの言はインパクトありますわ」

と述懐《じゅっかい》されたのが印象的でした。

信解品《しんげほん》 第四

◆四大声聞のよろこびと信解

譬喩品《ひゆほん》第三において十大弟子の一人、智慧《ちえ》第一と称せられました上根《じょうこん》の舎利弗《しゃりほつ》が、お釈迦さまの一仏乗《いちぶつじょう》の法を聴き、これまでの教えが方便《ほうべん》であったことを知って大いに喜びます。そして、お釈迦さまは舎利弗が将来、華光如来《けこうにょらい》という仏になる記別《きべつ》（授記《じゅき》、将来成仏することを予言、保証すること）を与えられました。

次に、舎利弗は千二百の阿羅漢のために、「三乗方便《さんじょうほうべん》・一乗真実《いちじょうしんじつ》」の教えを説くことを願い出ます。これに対し、「三車火宅《さんしゃかたく》の譬《たとえ》」によって、今まで永不成仏《ようふじょうぶつ》（決して仏になることができない）とされた二乗＝声聞《しょうもん》乗・縁覚《えんがく》乗、さらに菩薩《ぼさつ》乗を含んだ全ての人々が仏になると、お釈迦さまが大慈悲心をもって説き示されたのでした。

この譬喩品の説法を聴いた中根《ちゅうこん》の人々、四大声聞の方々（須菩提《しゅぼだい》・迦旃延《かせんねん》・迦葉《かしょう》・目連《もくれん》）が大いに驚き、歓《よろこ》びを表すことから信解品《しんげほん》第四がはじまるのです。四大声聞とは、次の方々をいいます。

・須菩提《しゅぼだい》…コーサラ国の首都・舎衛城《しゃえじょう》に生まれる。父はスダッタ長者の弟。お釈迦さまが祇園精舎《ぎおんしょうじゃ》で説法されていた時に帰依《きえ》し、仏弟子となる。解空《げくう》第一（「空」の教え、「執着のないこと」をよく理解する人）と称される。

・迦旃延《かせんねん》…中インドの国、アヴァンティ国の首都ウッジェーニーに生まれる。王に仕《つか》える家臣として活躍。お釈迦さまの名声を伝え聞いた王は、使者として祇園精舎に趣《おもむ》かせたが、法を聴いて仏弟子となってしまう。論議《ろんぎ》第一（議論することではなく、人々にわかりやすく法を説くことができる人）と称される。

・迦葉《かしょう》…マガダ国の首都・王舎城《おうしゃじょう》郊外に生まれる。バラモン村の出身で結婚後、夫婦共に出家を決意する。迦葉はお釈迦さまと出会って仏弟子となり、妻もそれに追従して仏弟子となる。頭陀《ずだ》第一（衣・食・住に対しての執着を払いのける修行をよく実践した人）と称される。

・目連《もくれん》…マガダ国の首都・王舎城郊外のバラモンの家に生まれる。舎利弗とは竹馬《ちくば》の友。無常を感じて懐疑論者《かいぎろんしゃ》サンジャヤの弟子となるが、それに満足することなく舎利弗に導かれてお釈迦さまの仏弟子となり活躍。仏教教団を代表する弟子となったことで、他の教団から生命を狙われ殺害されてしまう。仏教教団における最初の殉教《じゅんきょう》者といえよう。神通《じんづう》第一（超能力をよく身につけた人）と称される。

信解品第四は、次の文ではじまります。

「その時、慧命《えみょう》須菩提と摩訶《まか》迦旃延と摩訶迦葉と摩訶目犍連《もっけんれん》（＝目連）とは、仏より聞ける所の、未曾有《みぞうう》の法と、世尊《せそん》の、舎利弗に阿耨多羅三藐三菩提《あのくたらさんみゃくさんぼだい》の記《き》を授けたもうとに、希有《けう》の心を発《おこ》し、歓喜《かんぎ》し、踊躍《ゆやく》して、即ち座より起《た》ちて衣服《えぶく》を整え、偏《ひと》えに右の肩を袒《あらわ》し、右の膝を地に著《つ》け、一心《いっしん》に合掌《がっしょう》し、躬《み》を曲げて恭敬《くぎょう》し、尊顔《そんげん》を瞻仰《せんごう》して、仏に白《もう》して言《のたま》わく…」

四人の声聞衆には、それぞれに「慧命」とか「摩訶」という字が冠されています。一体、それは何を意味するのでしょう。

慧命とは、智慧を命とするということです。いい大学に入って、いい会社に入り、給料をたくさんもらいたい。一流会社の社長に登りつめたいと一所懸命に励むのではなく、お釈迦さまのような智慧を持ちたい、求めたい、それが自分の命だと一所懸命に努力する人。智慧を求めることに命を賭《か》けた人のことをいうのです。須菩提は智慧を求めて常に精進《しょうじん》したからこそ「慧命須菩提」というのです。

他の方々には、「摩訶」という字がついています。摩訶とは、「大」ということで、一番優れたという意を含みます。お釈迦さまの弟子の中には、同じ名前の人々が数多くいたようです。それを区別するために、十大弟子に入るような高徳の方々に、「摩訶迦葉」というような名の呼び方をしていたということなのです。

ところで、信解品の「信解」とは、ただ闇雲にひとつのことを信じるというのではなく、解をともなった信があるのです。つまり、目的がある解、理解することが必要なのです。逆に、理解するだけでは実行をともないません。深く信じて、その詳しい内容を解す。信と解がそろってこそ、はじめて仏となるための道が開かれるのです。

信解ということが説かれる文章が、分別功徳《ふんべつくどく》品《ほん》第十七にも見えます。現在の四信《ししん》、滅後《ご》の五品《ほん》、つまり、法華経を修行する者の四階級からなるお釈迦さま在世《ざいせ》時の信行《しんぎょう》状態と、滅後の五種の部類のことをいいます。詳細については、分別功徳品で記すことにします。

この現在の四信の一番最初にあるのが「一念《いちねん》信解」であります。わずかな心にあっても、信解を起こす位について触れられ、それは「所得《しょとく》の功徳、限量《げんりょう》あることなけん」と功徳甚大《じんだい》であると記されているのです。

日蓮聖人が建治三年（一二七八）四月十日、下総国中山《しもうさのくになかやま》に住んだ有力な檀越《だんのつ》・富木常忍《ときじょうにん》氏に宛《あ》てられたお手紙『四信五品鈔《ししんごほんしょう》』（御真筆十三紙　中山法華経寺蔵　定遺一二九四〜三〇〇頁）には、「一念信解」について次のように説かれています。

「現在の四信の初《はじめ》の一念信解と滅後の五品の第一の初随喜《しょずいき》と此《こ》の二処《にしょ》は一同に百界《ひゃっかい》千如一念三千《せんにょいちねんさんぜん》の宝篋《ほうきょう》十方三世《じっぽうさんぜ》の諸仏の出《しゅっ》門也《もんなり》」（定遺一二九五頁）

一念信解と初随喜の二つは、百界千如、一念三千という宝を収めてある箱のようなものです。十方の三世にわたる全ての仏さまの出生された門というべきものです…と、わずかな信解であっても、その果たす役割の大なることを訴えられるのです。そして、後の文章には、この一念信解によって「信を以《もっ》て慧《え》に代《か》ふ」（定遺一二九六頁）とまでいわれているのです。

さて、目の前で同じ修行仲間である舎利弗が将来、仏となる保証が与えられたものですから、四大声聞の方々は驚き歓びを表します。その時、自分自身も将来、舎利弗と同じ境界に達することができるかも知れない、それが許されたのだ、と実感されたに違いありません。

思わず、小躍りしてしまったのでありましょう。衣服を整えるために座を立ち、偏袒右肩《へんだんうけん》（偏《ひとえ》に右の肩を袒《あらわ》す）に姿を直したのです。

東南アジアの僧侶は、カーキ色の僧衣、三衣《さんね》（大衣・中衣・小衣）と一個の鉄鉢だけを持って日々暮らします。そして、右肩をあらわにする姿が多いようです。日本では「非礼」となってしまいますが、昔、インドの慣習では、肌をあらわにすることは、隠しへだてのない、いつわりのない気持ちを告白した形と受けとられるのです。私は心底あなたに帰依《きえ》しますという姿が「偏袒右肩」ということなのです。

このように四大声聞の方々がお釈迦さまに畏敬の念を表す中で、信解品が語られていくのです。

◆仏弟子で分かるお釈迦さまの思想

お釈迦さまに畏敬の念《おも》いを表した四人の声聞の方々、須菩提・迦旃延・迦葉・目連の出自《しゅつじ》につきましては前述しましたが、十大弟子の中の他の六名の方々につきましても、ここで記したく思います。

と申しますのは、他の六名の方々を含めました十大弟子に関わる事柄から二つの重大なことがわかるからなのです。六名の方々とは、方便品第二の主人公・舎利弗《しゃりほつ》、それから阿那律《あなりつ》・富《ふ》楼那《るな》・優波離《うばり》・羅睺羅《らごら》・阿難《あなん》であります。略歴をみてみましょう。

・**舎利弗《しゃりほつ》**…マガタ国の首都・王舎城郊外のバ

ラモンの家に生まれる。無常を感じて懐疑論者サンジャヤの弟子となるが、それに満足することなく友である目連と共にお釈迦さまの弟子となり活躍。お釈迦さまの晩年にあって、代わりに説法するほどの信頼を得る。しかし、お釈迦さまに先立って病により没している。**智慧第一**（仏教の真理によく通じた人）と称される。

・**阿那律**《あなりつ》…サクヤ族（釈迦族）の出身。長者の家に生まれ、お釈迦さまの人格にひかれて出家するが、両眼が不自由となる。**天眼**《てんげん》**第一**（肉眼を失うが、精神的に優れた眼力を持つ人）と称される。

・**富楼那**《ふるな》…西インドのスナーバランタ国のスッパーラカ（現在の商都ムンバイの北）の貿易商の子に生まれる。舎衛城（コーサラ国の首都）でお釈迦さまのことを聞き出家を決意。祇園精舎で見て出家する。**説法第一**（仏法を説く、説法がたくみな人）と称される。

・**優波離**《うばり》…サクヤ族（釈迦族）の出身。貴族に仕《つか》えるおかかえ理髪師の子として生まれ、お釈迦さまに邂逅《かいこう》して出家。**持律**《じりつ》**第一**（律を持ち、よく暗誦《あんしょう》している人）と称される。

・**羅睺羅**《らごら》…お釈迦さまの子として生まれる。**密行**《みつぎょう》**第一**（戒律を細かなところまで実践した人）と称される。

・**阿難**《あなん》…お釈迦さまの従弟《いとこ》にあたるといわれ、提婆達多《だいばだった》とは兄弟であったという。常にお釈迦さまの傍《かたわ》らにあり、**多聞**《たもん》**第一**（説法をよく聴く人）と称される。

これら六名の方々を含めました十大弟子の出自から、次の二点の事柄を窺い知ることができるのです。

①お釈迦さまの存命中、どの範囲まで仏法が及んだのか…お釈迦さまの布教範囲は、雨期《うき》の間、一定の住所に落ちつかれた雨安居《うあんご》の地を特定することからわかります。それによりますと、ほぼガンジス河流域（日本の本州ぐらいの地域）を中心に布教活動をされていたようです。そして、富楼那や迦旃延の存在から、西インドや中央インドにまでお釈迦さまの名声、仏法が及んでいたことが窺《うかが》えるのです。

②出自に関係なく仏弟子とされた…インドでは、今日までカースト制度が生きています。お釈迦さまは原始仏典のスッタニパータ・第一三六偈《げ》に、

「生《うま》れによって賤《いや》しい人となるのではない。生れによってバラモンになるのではない。行為によって賤しい人ともなり、行為によってバラモンともなる」（『ブッダのことば』中村元訳）

と示されるように、人はその生まれによってではなく、その人の行為によって評価されるべきであると明言されています。その証として仏弟子に優波離の存在があると考えるのです。当時のインドでは優波離のカーストは低い階級とされていました。お釈迦さまは身分、出自に関係なく、人物本位で仏弟子とされたのです。

◆長者窮子の譬

「われ等《ら》は今日　仏の音教《おんぎょう》を聞き　歓喜し踊躍《ゆやく》して　未曾有《みぞうう》なることを得たり。仏が、声聞は　当《まさ》に仏と作《な》ることを得《う》べし、と説きたまいしをもって　無上の宝聚《ほうじゅ》は求めざるに自《おのずか》ら得たればなり。譬《たと》えば童

子あるが如し　幼稚《ようち》・無識《むしき》にして　父を
捨てて逃逝《とうせい》し　遠く他土に到り　諸国に
周流《さすろ》うこと　五十余年なり」

四大声聞の方々は、お釈迦さまが説かれた一仏乗の教え（誰しも仏となることができる）を聴いて、大いに歓びを表し、今度は「私たちはこのように理解しました、如何《いかが》でございましょうか」という「領解《りょうげ》」の話を開始するのです。それを「法華七喩《ほっけしちゆ》」の第二番目にある**「長者《ちょうじゃ》窮子《ぐうじ》の譬《たとえ》」**をもってするのです。

物語の登場人物は、ある国の父とその息子。ある日、幼児が父のもとから離れてしまい、諸国流浪の旅を余儀《よぎ》なくされてしまいます。

父は一人息子を探しに探しますが、時は過ぎ、流れてしまいます。幼児から成人となった息子ですが、貧乏のどん底にあえぎ、あちこちで衣食を求める生活が日々続いていました。一方、父は商人として才を発揮して大成功し、ある国を代表するような大富者となっていました。地位、名誉、財産を手に入れた父ですが、心のこりは幼児で行方不明となった息子のことでした。

「ああ、私は歳《とし》をとってしまった。私の最《さい》期《ご》の時も近い。せっかく苦労して手に入れた全てを、息子を探し出せない以上、手放さなければならなくなってしまう。わが子がいたらどんなにか幸福なことか」

と悶々《もんもん》とする日々を送っていました。

そんなある日、やせ細ってしまった息子がたまたま父の邸宅の前に来ていました。息子は素晴らしい門構えに恐れをなし、立ち去ろうとした時、その姿が父の目に入ります。顔や姿をじっと見た父は、「わが息子に違いない。どうしよう」と一瞬の間にさまざまな思いがかけめぐり、部下に捕まえるように命じます。

しかし息子は捕らえられることを察知し、慌てて逃げようとします。この様子を見た父は、今、捕らえるのは得策でないと判断して逃し、父は息子を自分のもとに帰らせるため、妙案を思いつきます。息子をまず掃除人として雇うことでした。息子は大邸宅の掃除人として一所懸命仕事にうち込み、父はその仕事ぶりに満足します。父と息子の信頼関係が次第に築かれていきました。

しかし、歳老いた父はついに病《やまい》に伏してしまいます。病床にあって父は、わが息子に次のように語りました。

「私と君は信頼の絆《きずな》で結ばれている。心はひとつだ。私の財産の管理を頼む」と告《つ》げたのでした。息子は感謝の念で一杯でしたが、自分の父であることは知るよしもありませんでした。

とうとう、臨終《りんじゅう》の時がやってきた時、大勢の人々が見守るなか、父は指をさし「私の前にいるこの者が探し続けたわが子だ」といい放ったのです。そして、全財産をわが息子に委ねると伝えたのでした。

◆長者窮子の譬と天台大師の五時八教

さて、五十年の歳月を経て無量の財産（一仏乗）を得たというこの「長者窮子の譬」をもって、非常に重要な教判《きょうはん》（教相判釈《きょうそうはんじゃく》のことで、おしゃかさま御一代の説法の中味から数多くの経典を分類し、体系づけて価値を決め、その深浅《しんせん》や優劣をはかる）を立てられた方がいらっしゃいます。中国天台宗を興《おこ》した天台大師智顗《てんだいだいしちぎ》（五三八〜五九七）であります。

日蓮聖人はご自身の教えの基本に天台大師の教義を置き、三国《さんごく》（インド・中国・日本）にあって法華経を布教された四師《しし》（お釈迦さま・天台大師・伝教大師最澄《でんぎょうだいしさいちょう》・日蓮聖人）の一人として高く評価されました。

天台大師智顗

天台大師は、お釈迦さま御一代の説法の順序と中味を「五時八教《ごじはっきょう》」として打ち立てた方なのであります。

「五時八教」の五時とは、次の五項目の時のことをいい、その内容、説かれた場、説かれた主な経典などについて記してみましょう。

①華厳時《けごんじ》…お釈迦さまが悟りを開かれてから三七日《さんしちにち》の間（三×七＝二十一日間）に説かれた経典。説所はブッダガヤーの菩提樹下《ぼだいじゅげ》。大方広華厳経《だいほうこうけごんぎょう》。

②阿含時《あごんじ》…華厳時に説かれた経典があまりにも難しかったため、誰にでも理解できるわかりやすい経典を十二年間にわたって説く。説所はサールナート鹿《ろく》野苑《やおん》。長阿含経《じょうあごんぎょう》、中《ちゅう》阿含経、雑《ぞう》阿含経、増一《ぞういち》阿含経など。

③方等時《ほうどうじ》…阿含時の後に八年間説かれた経典。説所は祇園精舎《ぎおんしょうじゃ》・竹林《ちくりん》精舎。阿《あ》弥陀経《みだきょう》、維摩詰経《ゆいまきつきょう》、大集経《だいじっきょう》など。

④般若時《はんにゃじ》…方等時の後に二十二年間説かれた経典。説所は王舎城（ラージギル）郊外の霊鷲山《りょうじゅせん》。摩訶般若波羅蜜経《まかはんにゃはらみつきょう》など。

⑤法華《ほっけ》・涅槃時《ねはんじ》…般若時の後に八年間に妙法蓮華経《みょうほうれんげきょう》（法華経）が、亡くなる前の一日一夜に涅槃経《ねはんぎょう》が説かれる。説所は王舎城郊外の霊鷲山とクシナガラ。

日蓮聖人は、天台大師が立てられた、この五時八教について、次のような評価をされています。

「夫《そ》れ智者《ちしゃ》の弘法《ぐほう》三十年。廿九年《にじゅうくねん》之《の》間《あいだ》は玄文《げんもん》等の諸義《しょぎ》を説《と》いて、五時八教百界千如を明《あか》し…」（『観心本尊抄《かんじんほんぞんしょう》』定遺七〇三頁）

天台大師の生涯のほとんどは、五時八教や一念三千の基《もと》となる「百界千如」を説くことに費《つい》やされ、と述べられ、日蓮聖人ご自身はこの五時八教から法華経最勝《さいしょう》を信受《しんじゅ》されたのです。そして、「一代五時図《いちだいごじ》」や「一代五時鶏《けい》図」という図を描いて弟子や檀越《だんのつ》に五時八教の解説をされているのです。

ところで、前に記しましたように、天台大師は「長者窮子の譬」からこの五時を導き出されたといわれています。そこで、五時に関わる具体的な文章を「信解品」に見ていくことにしましょう。

①華厳時《けごんじ》（使者を遣《つか》わして追う　擬宜《ぎぎ》）…「遥《はる》かにその子を見て　黙してこれを識《し》り、即ち使者に勅《ちょく》して　追い捉《とら》え将《ひき》いて来《きた》らしむ。窮子は驚いて喚《さけ》び　迷悶《めいもん》して地に躄《のが》れる」

長者の使者は、行方不明となっていた息子を捕えようとしますが、息子は驚いて「このままでは殺されてしまう」と思い、大きな声で叫びつづけ逃げようとします。この様子を見た長者は、時・機来《きた》らずと判断し放逸《ほういつ》してしまいます。

②阿含時《あごんじ》（使者を遣わして誘う　誘引《ゆういん》）…「汝《なんじ》は、これに語りて云《い》うべし『当《まさ》に相《あ》い雇《やと》いて諸《もろもろ》の糞穢《あくた》に除《はら》わしむべし　倍して汝に価《あたい》を与えん』と。窮子はこれを聞きて　歓喜し随《したが》い来りてために糞穢を除き、房舎《ぼうしゃ》を浄《きよ》む」

そこで長者は計略をめぐらし、息子を誘って家の清掃の仕事につかせ、息子は一生懸命に働くようになります。

③方等時《ほうどうじ》（心相体信《しんそうたいしん》ず　弾呵《たんが》）…「長者には、智有りて　漸《ようや》く入出《にっしゅつ》せしめ　二十年を経て家事を執作《とりな》さしむ」

その後、長者と息子はお互いに理解を深め、信頼する心が生じ、息子は遠慮なく長者の邸宅に出入りするようになります。

④般若時《はんにゃじ》（命じて家業を知らしめる　淘汰《とうた》）…「諸《もろもろ》の物の出入を示して　皆、知らしむれども　猶《なお》、門外に処《しょ》し草庵《そうあん》に止宿《ししゅく》して　自ら貧しき事を念《おも》う『われに、この物無し』と。父は子の心が暫《しばら》く已《すで》に広大なることを知りて　財物を与えんと欲す」

長者は年老いて間もなく死を迎えることを覚《さと》って、息子の仕事ぶりに感心し、長者の財産を管理することを依頼します。その時、息子は自分の父であることの認識には至っていませんでした。

⑤法華《ほっけ》・涅槃時《ねはんじ》（正しく家業を托《たく》す　開顕《かいけん》）…

「この大衆《だいしゅ》において　説く『これ、わが子なり。われを捨てて他に行きて　五十歳を経たり。子を見てより来已《このかた》に二十年　昔、某《それがし》の城において　この子を失えるも周行し求索《ぐさく》して遂《つい》にここに来至せり。凡《およ》そ、わが所有の舎宅・人民は悉《ことごと》くもってこれに付《ふ》す。その用うる所を恣《ほしいまま》にすべし』と」

ついに親子を名のる日が来ます。長者は大勢の人々の前で「ここにいるのは今まで求めていたわが子だ。全ての財産をこの息子に委《ゆだ》ねる」と宣言したのです。

天台大師は、この「長者窮子の譬」にもとづいて、お釈迦さま五十年（三十成道、八十入滅までの五十年）の説法の内容からその順序を分析されたのでした。

南無妙法蓮華経

薬草喩品《やくそうゆほん》 第五

◆三草二木の譬

譬喩品《ひゆほん》第三におきまして、「三車火宅《さんしゃかたく》の譬《たとえ》」をもってお釈迦さまが、「全てのものが仏になれる」と宣言されたことに四大声聞《しょうもん》の方々が大いに感激して、「このように理解しました」という領解《りょうげ》を信解品《しんげほん》第四に「長者窮子《ちょうじゃぐうじ》の譬」でもっていいあらわされました。

これにお釈迦さまは応《こた》え、四人の理解を「善《よ》く如来の真実の功徳を説けり」と薬草喩品第五の冒頭でほめたたえられ、さらに「三草二木《さんそうにもく》の譬」をもって全てのものは絶対平等との本意を徹底されるのです。

「譬《たと》えば、三千大千世界《さんぜんだいせんせかい》の山川《せんぜん》・渓谷《けいこく》・土《ど》地《じ》に生ずる所の卉木《くさき》・叢林《そうりん》及び諸《もろもろ》の薬草は、種類若干《にゃっかん》にして、名《みょう》・色各異《しきおのおのことな》り、密雲《みつうん》は弥《あまね》く布《し》きて、遍《あまね》く三千大千世界に覆《おお》い、一時に等《ひと》しく澍《そそ》ぎ、その沢《うるおい》は普《あまね》く卉木・叢林及び諸の薬草の小根・小茎・小枝・小葉と、中根・中茎・中枝・中葉と、大根・大茎・大枝・大葉とを洽《うるお》し、諸の樹の大小は上中下に随《したが》って、各《おのおの》、受くる所有り…」

この「三草二木の譬」は、法華七喩《ほっけしちゆ》の中にあって唯一、人間が登場しない譬えであります。そこに私は仏教の大きな特色があると見るのです。お釈迦さまの救いの対象は人間だけではなく、生きとし生ける全てのもの、動物や植物にも及ぶ「草木成仏《そうもくじょうぶつ》」を裏づける譬えと受けとれるのです。

さて、三草と二木の分類と十界《じゅっかい》（地獄界～仏界）中の配当を記しますと、次のようになります。

・小根・小茎・小枝・小葉――小草＝**人・天**
・中根・中茎・中枝・中葉――中草＝**二乗**（声聞・縁覚《えんがく》）
・大根・大茎・大枝・大葉――大草＝**小乗の菩薩《ぼさつ》**
・小樹＝**大乗の菩薩**
・大樹＝**大乗の高位菩薩**

小・中・大の三草や小・大の樹がある森に、真黒な雨雲が覆って、雨が降りだします。この雨はお釈迦さまの大慈悲を表し、全てのものに平等に降りそそぎます。しかし、地上に存在する植物たちは、それぞれの大きさによって、小草は小草なりに、中草は中草なりに、大草は大草なりに、小樹は小樹なりに、大樹は大樹なりに雨のうるおいを受け、その大きさによった水分の補給をするというのです。お釈迦さまが一仏乗へと導く大慈悲は全てのものに平等に与えられるが、その受けとる能力には違いがあるとの譬えをもって「一雨平等」の教えが示されるのです。

私たちは往々《おうおう》にして、平等というと、男女平等、人類皆平等をすぐ口にしてしまいますが、法華経の薬草喩品的解釈に従いますと、それぞれ男性や女性が持っている力・才能・特性などの違いを認めた上での平等を考えなければいけない、そして、皆共に助け合いながら生きていく（共生《きょうせい》）ということになります。

ここでさらに「三草二木の譬」を理解するため、イソップ物語にそのルーツがあるといわれています寓話《ぐうわ》「うさぎとかめ」、「うさぎの昼寝」の話によって説明してみましょう。

怠慢《たいまん》への戒《いまし》めの悪役としてウサギさんは登場します。個人的には、私は卯年生まれなので、あまり好きな寓話ではないのですが…。

ある日、ウサギさんとカメさんが賞金をかけて山の頂上までの徒競争をスタートしました。

当然のことながら、誰しもが二者の持ちあわせた能力から判断してウサギさんの圧倒的勝利を予想しました。それはウサギさん、カメさんも同じ思いでありました。自信過剰のウサギさん、「負けるはずがない」と高をくくって路の途中で昼寝をしてしまいます。カメさんは鈍いながら歩みを進め、うたた寝をしているウサギさんを尻目にゴールインしてしまいます。

この話から、私たちは「油断大敵」「怠慢への戒め」を学びとるのです。この寓話をよくできた心優しいウサギさんの登場ということになりましたらどうなるでありましょうか。

ウサギさんはわざと負けようとします。たまにはカメさんに花を持たせようとして寝たふりをし、カメさんを先にやってゴールインさせるのです。そして、ゴールインしたカメさんに

「本当に良かった、良かった」とエールを送るにちがいありません。

それでは、三草二木的寓話になるとどうなるでありましょうか。

ウサギさんは用意ドンのスタートからぶっちぎり状態でゴールし勝ってしまいます。当然、カメさんは大負けしてしまいます。

ところが、競争の場を陸上ではなく、水上でしたらどうなるでありましょうか。池で、用意ドンの合図とともにカメさんはスイスイとゴールに向かって順調に泳いでいきます。それに反して、ウサギさんは泳ぐことができません。勝負は明らかに、池ではカメさんに軍配が上がります。ちょっと待って下さい！　このままではウサギさんは溺れて死んでしまいます。

この時、ウサギさんの様子を見たカメさんは多分次のような言葉を発するでありましょう。

「ウサギさん、私の甲羅の上に乗って下さい。向こうの岸まで一緒に行きましょう」とウサギさんを助けるに違いないのです。

話を「三草二木の譬」に戻してみましょう。森は大きな植物、中ぐらいの植物、小さな植物からなり、さまざまな動物が住まいとしています。もし大きな植物、大木が森から消えてしまったならば、苔《こけ》などの小さな植物は日照りが続いた時、直射日光を浴びてひとたまりもなく滅びてしまいます。

逆に、小さな植物が森から消えてしまったらどうなるでありましょうか。常に水分を含む苔は大木などについて森全体の湿度を調節しているといいます。小さな植物がなくなってしまえば、森の生態系は狂って、森は死を迎えてしまいます。

森は、小草・中草・大草・小樹・大樹がそれぞれそれなりの役割を十分果たしながら、共生しながら生きているのです。その有り様を、お釈迦さまは「三草二木の譬」として、真実なる平等観を披瀝《ひれき》されたのであります。

この「三草二木の譬」の文章から、「澍＝そそぐ」「洽＝うるおす」という語を選びとって、「澍洽会《じゅごうかい》」という会が、明治末期（設立年は特定できません）に組織されました。

この澍洽会を設立されたのは、名著『法華経の行者日蓮』を世に送り、東京帝国大学に宗教学科を設け、勅選《ちょくせん》貴族院議員として活躍された法華篤信《とくしん》の姉崎正治《あねざきまさはる》先生であります。

お釈迦さまの大慈悲は、全てのものに分けへだてなく平等にそそぎうるおすという意を体《たい》して、第一高等学校や東京帝大に学ぶ学生（僧俗を問わず）を対象として法華経の勉学会が催《もよお》されたのです。この会で学んだ方の中には後の日蓮宗、日本の社会を動かした方が数々存在します。別けても、二十世紀が生んだ偉大なる仏教哲学者・中村元先生も会員であったといいます。

◆度・解・安・涅槃

お釈迦さまの衆生《しゅじょう》を愍《あわれ》む大慈悲は、全て平等にふりそそがれるが、受けとる側の能力や才能には違いがある。しかし、共に助け合っていくという「三草二木の譬」が示す仏法について綴《つづ》りましたが、私はこのたとえ話に、現今の教育の在り方を問う深甚《じんじん》なる教法があると考えるのです。人格を形成するためには、受けとる側の違いを認識した上での平等な教育、そして、互いに助け合う心を育む教育を構築していかなければならないと思うのです。

お釈迦さまは、能力・才能に違いを認めた上でなお平等なる大慈悲心、全てにという意気込みを、薬草喩品の次の文章で表されます。

「大衆《だいしゅ》の中において、しかもこの言を唱う

『われは、これ如来《にょらい》・応供《おうぐ》・正偏知《しょうへんち》・明行足《みょうぎょうそく》・善逝《ぜんぜい》・世間解《せけんげ》・無上士《むじょうじ》・調御《じょうご》丈夫《じょうぶ》・天人師《てんにんし》・仏《ぶつ》・世尊《せそん》なれば、未《いま》だ度《わた》らざる者をば、度らしめ、未だ解《さと》らざる者をば、解らしめ、未だ安んぜざる者をば、安んぜしめ、未だ涅槃《ねはん》せざる者には涅槃を得せしむ』」

ここにお釈迦さまの具体的な大慈悲心の手法が説かれるのです。大勢の人々の中でお釈迦さまは、ご自身が如来の十号《じゅうごう》をかね備えた存在であることを明かし、次の四つの言葉で全ての衆生を導くことを宣せられるのです。

四つの言葉とは「度」「解」「安」「涅槃」で、この四語句をもっていかなる人々をも覚知《かくち》の境界《きょうがい》へ到らしめることを宣言されたのです。

「度」とは「渡る」と同じ意で、こちらの世界（此岸《しがん》＝迷いの世界）から、あちらの世界（彼岸＝悟りの世界）へと渡ることをいいます。お釈迦さまは向こう岸に渡った仏であり、その手立てを知っているからこそ全ての人々を向こう岸に渡らせるといわれるのです。

「解」とは、煩悩《ぼんのう》の束縛から解き放つことをいいます。お釈迦さまは世の繋縛《けいばく》から解放された仏であり、その手立てを知っているからこそ全ての人々を解放させるといわれるのです。

「安」とは、安んずる、心の平静を得ることをいいます。お釈迦さまは心の平静を得た仏であり、その手立てを知っているからこそ全ての人々に心の平静を得させることができるといわれるのです。

「涅槃」とは、悟りの境地のことをいいます。お釈迦さまは完全に悟りの境地に到達された仏であり、その手立てを知っているからこそ全ての人々を悟りの境地へと導くことができるといわれるのです。この「度」「解」「安」「涅槃」の四つの言葉は、如来寿量品《にょらいじゅりょうほん》第十六の末文に説かれる「衆生の　道を行ずると、道を行ぜざるを知りて」であっても、全ての人々を「無上道《むじょうどう》」を得せしめるというお釈迦さまの大慈悲心に通じる文章といえましょう。

◆現世安穏　後生善処

「この諸《もろもろ》の衆生は、この法を聞き已《おわ》りて、現世《げんぜ》には安穏《あんのん》にして、後には善処《ぜんしょ》に生《しょう》じ（現世安穏　後生善処）、道をもって楽《らく》を受け、亦《また》、法を聞くことをも得、既に法を聞き已りて、諸の障礙《しょうげ》を離れ、諸法の中において、力の能《た》える所に任せて、漸《ようや》く道に入ることを得るなり」

前に記しました文章のすぐ後にある文であります。お釈迦さまは、全ての人々に平等なる大慈悲心をもってそれぞれに適した法門を説かれます。それを聞き終えますと、現世は安穏で、来世は善き処《ところ》に生まれます。そして、おのおのの仏道に応じた法楽《ほうらく》を受け、教法をさらに聞いて諸々の障害を離れることができます。そうしますと、自分自身の理解するところによって次第次第に仏道に専心するようになっていくのです。

ここにあります「現世安穏《げんぜあんのん》　後生善処《ごしょうぜんしょ》」という語句を、私たちはしばしば耳にします。法華経は「現世安穏」のお経だから、信じさえすれば、お金がもうかり貧乏しないとか、火事にも盗難にも遭《あ》うことがないとかいう人がいますが、それは真意ではないのです。

他者から見て貧乏であっても心豊か、火事や盗難にあってもプラス思考で生きていこうというのが真の「現世安穏」なのです。それは、境遇の問題ではなく、心の問題をいっているのであります。

日蓮聖人はご自身の文章に、たびたび、この「現世安穏　後生善処」という語句を用いられています。文永九年（一二七二）二月、佐渡《さど》配《はい》流《る》の地にあって自ら「形見《かたみ》の書」と表現された『開目抄《かいもくしょう》』には、次のように用いられています。

「法華経の行者あらば必ず三類の怨敵《おんてき》あるべし。三類はすでにあり。法華経の行者は誰なるらむ。求めて師とすべし。一眼の亀の浮木《ふぼく》に値《あ》ふなるべし。有人云《あるひといわ》く、当世の三類はほぼあるにたり。但《ただ》し法華経の行者となし。汝《なんじ》を法華経の行者といわんとすれば大なる相違あり。…中略…又云く　現世安穏　後生善処　云々《うんぬん》」（定遺五九九頁）

真の法華経の行者であるならば、法華経に示されるように三類の怨敵が出現して幾度も迫害に遭うが、諸天善神《しょてんぜんじん》から守護されることが述べられています。

日蓮聖人は迫害ばかり受けて護られないというのはおかしいではないかというご自身の、あるいは他の人々からの疑念がありました。それを「汝を法華経の行者といはんとすれば大いなる相違あり」といわれたのです。そして、守護するとの経証《きょうしょう》（お経の証拠）をこの薬草喩品の文をはじめ六つの経文から選びとられているのです。

日蓮聖人は疑念に思われると、ご自身も納得するために必ず解答を出される方でありました。この後の文章において涅槃経と法華経の法《ほっ》師品《しほん》第十・常不軽《じょうふきょう》菩薩品《ぼさつぼん》第二十を経証として見事に解答されるのです。

お釈迦さまであっても、在世《ざいせ》中に「九横《くおう》の大難《だいなん》」という迫害をうけられ、法華経の行者のパイオニア的存在である。それを継承する者として、今、法難《ほうなん》に遭っているのは当然である。それは前世において法華経をそしったから現世に迫害を受け罪を滅している…とされたのです。

従いまして、日蓮聖人が領解された「現世安穏　後生善処」とは、ただ法華経を信受することによってお金もうけができる、というような現世利益《げんぜりやく》的なものではなく、過去・現在・未来の三世にわたる時間の中で、今、法難に遭遇していることを安穏として受けとめ、後生のために滅罪しているという安心立命《あんじんりつめい》の文として受容されたのです。実に、宗教的に深甚《じんじん》なるお考えといわざるを得ないのです。

薬草喩品の文末には声聞の人々に対し素晴らしい文言を発せられるのです。

「諸《もろもろ》の声聞衆《しょうもんしゅ》は　皆、滅度《めつど》せずに非《あら》ず
汝等《なんだち》の行ずる所《ぎょう》は　これ菩薩なり　漸漸《ぜんぜん》

に修学《しゅがく》して　悉《ことごと》く当《まさ》に成仏すべし」

お釈迦さまは永不成仏《ようふじょうぶつ》（永久に仏となれない）といわれた声聞の人々を叱咤激励《しったげきれい》されているのです。

「全ての声聞の人々よ、君たちは最上《さいじょう》の悟りに達したと思っているがそうではない。完成させるべきは、ただ煩悩《ぼんのう》を滅しただけの自行《じぎょう》だけでなく、自行と化他行《けたぎょう》の菩薩道にある。皆は菩薩道を怠《おこた》りなく修行すれば仏となるであろう」

と述べられるのです。

南無妙法蓮華経

授《じゅ》記《き》品《ほん》 第六

◆授記とは何か

前項の最後に記しましたように、他の仏教経典で永不成仏《ようふじょうぶつ》（永遠に仏と成《な》れない）とされた声聞《しょうもん》の人々に対し、菩薩道《ぼさつどう》を修行することによって仏と成ることができると、薬草喩品《やくそうゆほん》の末文で叱咤激励《しったげきれい》されたお釈迦さまは、授記品《じゅきほん》においてその具体例をあげられます。

中根《ちゅうこん》の機《き》である四大声聞の人々、迦葉《かしょう》をはじめ、目連《もくれん》・須菩提《しゅぼだい》・迦旃延《かせんねん》が将来仏となるであろうという「授記」が行われることが主に説かれるのがこの品であります。

授記とは、サンスクリット語で「ヴヤーカラナ」といい、「予言」と訳され、「記別《きべつ》」を授けることをいいます。つまり、仏が弟子に、未来に成仏することの保証を与え、その時の「仏《ぶつ》名《みょう》」（仏になった後の名前）、「国名」（その仏の国土、浄土の名前）、「劫《こう》名」（その仏となる時代の名前）、「仏寿《ぶつじゅ》」（その仏の寿命）などをいいわたすことをいいます。いわば、戒名《かいみょう》（法号《ほうごう》）の原点ともいうべきものであるのです。

まず、迦葉に対し、お釈迦さまは次のように授記されます。

「その時、世尊《せそん》は、この偈《げ》を説き已《おわ》りて、諸《もろもろ》の大衆《だいしゅ》に告《つ》げて、かくの如き言を唱えたもう『わがこの弟子、摩訶迦葉《まかかしょう》は、未来世において、当《まさ》に三百万億《さんびゃくまんのく》の諸の仏、世尊を観《み》奉《たてまつ》りて、供養《くよう》し、恭敬《くぎょう》し、尊《そん》重《じゅう》し、讃歎《さんだん》して、広く諸仏の無量の大法を宣《の》ぶることを得べし。最後身《さいごしん》において、仏に成為《な》ることを得《う》ん』」

そして、具体的な記別を迦葉に与えられます。

・仏名＝光明《こうみょう》如来
・国名＝光徳《こうとく》世界
・劫名＝大荘厳《だいしょうごん》
・仏寿＝十二小劫

◆発奮する声聞たち

迦葉の授記の様子を見た他の三名の声聞、神《じん》通《づう》第一の目連、解空《げくう》第一の須菩提、論義《ろんぎ》第一の迦旃延は、「なんだ、迦葉だけ仏になることを約束されるなんてバカバカしい！」と反目することなく、大いに発奮《はっぷん》してお釈迦さまに申し出をするのです。

私は、ここに大きな意義があると考えるのです。四名全員に記別を与えるのではなく、わざと迦葉一人に与えて、他の三人（広義的にいえば、全ての声聞衆）に奮起を促《うなが》したと解せるのです。これもお釈迦さまの大慈悲心の発露と受けとれるのです。

迦葉の授記にすこぶる感激し、一心に合掌してお釈迦さまを見上げ、しばらくもよそ見をせずにじっと拝み、声を一にして三名が望みを申し出ます。

「お釈迦さま！　私たち三人も一所懸命に修行しているものです。これからも『お前たち、しっかりやれ！』と励ましの言葉をかけて下さい」と。さらに次のように続けました。

「若《も》しわが深心《じんしん》を知ろしめて　ために、記《き》を授けられなば甘露《かんろ》をもって灑《そそ》ぐに　熱を除いて清涼《しょうりょう》を得るが如くならん（如以甘露灑　除熱得清涼）。飢《う》えたる国より来《きた》りて忽《たちま》ちに大王の膳《ぜん》に遇《あ》えるに（如従飢国来忽遇大王膳）、心、猶《なお》、疑懼《ぎぐ》を懐《いだ》いて　未《いま》だ敢《あ》えて即便《ただ》ちには食せず、若しまた王の教を得れば、然《しか》る後、乃《すなわ》ち敢えて食するが如く…」

と「如以甘露灑《にょいかんろしゃ》　除熱得清涼《じょねつとくしょうりょう》　如従飢国来《にょじゅうけこくらい》忽遇大王膳《こつぐうだいおうぜん》」の譬《たと》えをもって、目連など三名の声聞は、お釈迦さまが「菩薩行を積めば必ず仏となる」と一言おっしゃれば、喜んで修行をしていくでしょう、志を立て世のために尽くすでしょう…と述べて授記を願ったのです。

ここにある「如以甘露灑」以下の文は、私たち僧侶にとても親しまれている文言であり、日蓮聖人もしばしば用いられている文章でもあります。

私たちは、お施餓鬼《せがき》や盂蘭盆会《うらぼんえ》などの法要で「灑水偈《しゃすいげ》」として用いています。お導師が右手にミソハギや葉のついた小枝、左手に水の入った器を持ちながら、この文を誦《じゅ》してお塔婆《とうば》に灑水（水をかけること）する姿を皆さんも見られたことがあると思います。

これから、お施餓鬼などの法要に参列された時、お導師がこの文を発音した折に、「あっ、授記品で目連・須菩提・迦旃延がいった言葉だ」と思い浮かべていただければ、法要の意義を理解する切っ掛けになるのではないかと思うのです。

また、日蓮聖人も数ヶ所この文をひかれています。特に、建長七年（一二五五）、鎌倉で認《したた》められました『主師親御書《しゅししんごしょ》』には、「如従飢国来忽遇大王膳」について次のような解釈をされているのです。

「三の巻《まき》に云《いわ》く、如従飢国来忽遇大王膳と。文《もん》の心は飢えたる国より来《きたり》て忽《たちまち》に大王の膳《ぜん》にあへり…。二乗は仏になるべからずと仰《おお》せられしかば、須菩提は茫然《もうねん》として手の鉢をなげ、迦葉は涕泣《ていきゅう》の声大千世界を響かすと申して歎《なげ》き悲みしが、今法華経に至って迦葉尊者《そんじゃ》は光明如来の記別を授かりしかば、目連・須菩提・摩訶迦旃延等は是《これ》を見て、我等も定《さだめ》て仏になるべし。飢えたる国より来て忽に大王の膳にあへるが如しと喜びし文也《なり》」（定遺四六～七頁）

日蓮聖人は、「飢えたる国」と「大王の膳」とを比較され、

・飢えたる国…法華経以前の爾前諸経《にぜんしょきょう》における二乗の扱い（二乗の永不成仏）

・大王の膳…法華経において二乗に成仏の保証が与えられる（二乗作仏《さぶつ》）

と、「飢えたる国」と「大王の膳」に譬えて二乗作仏が説かれる法華経の最勝《さいしょう》性を訴えられているのであります。

目連など三名の申し出に対し、お釈迦さまは大いに感激します。

「その時、世尊は、諸の大弟子の心の念《おも》うところを知りたまいて、諸の比丘《びく》に告げたもう」

目連・須菩提・迦旃延などのしっかりとした考えがわかり、お釈迦さまは記別を与える決心をするのです。

まず、須菩提に対して次のような記別を与えます。

・仏名＝名相如来《みょうそうにょらい》
・国名＝宝生《ほうしょう》世界
・劫名＝有宝《うほう》
・仏寿＝十二小劫

次に、迦旃延に対して次のような記別を与えます。

・仏名＝閻浮那提金光《えんぶなだいこんこう》如来
・国名＝具体名なし（その世界の形容はある）
・劫名＝具体名なし
・仏寿＝十二小劫

そして、最後に目連に対して次のような記別を与えます。

・仏名＝多摩羅跋栴檀香《たまらばつせんだんこう》如来
・国名＝意楽《いぎょう》世界
・劫名＝喜満《きまん》
・仏寿＝二十四小劫

ここに中根の四大声聞の人々の授記が成り、「開三顕一《かいさんけんいつ》」を説く三周説法《さんしゅうせっぽう》中の譬喩周《ひゆしゅう》（譬喩品から授記品までの四品）が終了するのです。

南無妙法蓮華経

化城喩品《けじょうゆほん》　第七

◆三千塵点劫と五百億塵点劫

授記品《じゅきほん》第六において、迦葉《かしょう》をはじめとする中根《ちゅうこん》の四大声聞《しょうもん》の人々に対し、未来に仏となる保証（授記、記別《きべつ》）が与えられ、その時の仏の名、国の名、劫《こう》（時代）名、仏の寿命などが告《つ》げられて三周説法《さんしゅうせっぽう》中の譬喩周《ひゆしゅう》が終了します。

その授記品の末文に、

「われ及び汝等《なんだち》の　宿世《しゅくせ》の因縁《いんねん》を　吾《わ》れ今、当《まさ》に説くべし。汝等、善《よ》く聴け」

と、これよりお釈迦さまと私たちの過去世からの因縁を説き明かそうと語られたのを受けて化《け》城喩品《じょうゆほん》第七がはじまるのです。

化城喩品第七から授学無学人記品《じゅがくむがくにんきほん》第九にいたる三品《さんぼん》では、三周説法中の因縁周《いんねんしゅう》の説法が綴《つづ》られています。下根《げこん》の人々を対象としてお釈迦さまとの過去世よりの関わり、いわれを明示して一仏乗《いちぶつじょう》、仏へと導くことが説かれます。

化城喩品は、その名が示すごとく、法華七喩《ほっけしちゆ》の中の**「化城宝処《けじょうほうしょ》の譬《たとえ》」**が説かれますが、サンスクリット語ではその品名は「プールヴァヨーガ」で、「前世の因縁」という意味です。

これからわかりますように、前半で遠い過去世におけるお釈迦さまと私たちの因縁が説示され、後半で一仏乗への道が「化《け》城宝処《じょうほうしょ》の譬《たとえ》」によって示されるのです。

では、どんな過去世の物語があったのでしょうか。この品の冒頭で、次のように記されています。

「仏は諸《もろもろ》の比丘《びく》に告げたもう『乃往《むかし》、過去の無量《むりょう》・無辺《むへん》・不可思議《ふかしぎ》の阿僧祇劫《あそうぎこう》に、その時に仏有《いま》せり。大通智勝如来《だいつうちしょうにょらい》・応《おう》供《ぐ》・正偏知《しょうへんち》・明行足《みょうぎょうそく》・善逝《ぜんぜい》・世間解《せけんげ》・無《む》上士《じょうじ》・調御丈夫《じょうごじょうぶ》・天人師《てんにんし》・仏《ぶつ》・世尊《せそん》と名づく。その国を好成《こうじょう》と名づけ、劫を大《だい》相《そう》と名づけたり。諸の比丘よ、彼《か》の仏、滅《めつ》度《ど》したまいしより已来《このかた》、甚大《はなはだ》、久遠《くおん》なり』」

昔、昔、その昔。大通智勝如来（「偉大な直観と智慧《ちえ》によって最高の者」という意味です）という仏さまがいました。

その国と劫名は、

・**国名**＝好成世界
・**劫名**＝大相

といいました。そして、どのくらい昔の話かといいますと、**「三千塵点劫《さんぜんじんでんごう》」**という気の遠くなるような過去世でありました。

塵点劫とは、はかることができない時間、きわめて長い時間のことをいいます。具体的に三千塵点劫とは、私たちの住む世界を含めた大宇宙、三千大千《さんぜんだいせん》世界（私たちの世界は一小世界、それが千集まって一小千世界、一小千世界が千集まって一中千世界、一中千世界が千集まって一大千世界。小・中・大の三種類の千世界から構成されていることから三千大千世界というのです）の地を全てすりつぶして墨とし、東方に向かって千の国土を過ぎて墨の一点を下し、さらに千の国土を過ぎてまた一点というふうに繰り返して全ての墨がなくなり、その墨を下した国も下さない国も尽《ことごと》くすりつぶして塵《ちり》とします。これを一塵点劫といい、これを三千回繰り返した時間のことをいうのです。

何故、小石や砂ではなかったのでしょうか。墨は常に細かな微粒子《びりゅうし》からできています。それは、この世に存在する極最小《ごくさいしょう》のものという表現と受けとれば良いのです。また、三千塵点劫というとてつもなく長い時間は、決して無限の時間ではないのです。

しかし、絶対の真理、悟りの境地、仏の世界というのは過去世も現世も同一なのです。それをお釈迦さまは端的に、

「われは、如来の知見力《ちけんりき》をもっての故に、
彼の久遠を観《み》ること、なお今日の如し」

と表現されたのであります。

日蓮聖人は、この「三千塵点劫」と如来寿《にょらいじゅ》量品《りょうほん》の「五百億《ごひゃくおく》塵点劫」について、ご自身の文章中にしばしば触れられ、殊に『法華取要《ほっけしゅよう》抄《しょう》』（文永十一年＝一二七四年著）には、次のように記されています。

「法華経と諸経とを相対《あいたい》するに一代に超過すること二十種あり。其《そ》の中最要《さいよう》二あり。所謂《いわゆる》三五《さんご》の二法也《なり》」（定遺八一一頁）

と、法華経と他の経典との相違、法華経が優れている証《あかし》の最重要項目として三千塵点劫と五百億塵点劫をあげられているのです。ちょっと難しくなるかもしれませんが、それは天台大師《てんだいだいし》が『法華玄義《げんぎ》』という著書の中で三種教相《きょうそう》（法

華経が最も重要であるという三種の法門）について触れられていますが、その三種教相の二番目の法門と三番目の法門のそれぞれの依拠《いきょ》となっているのが三千塵点劫と五百億塵点劫なのです。

三種教相とは、

①根性《こんじょう》の融不融《ゆうふゆう》（人々の機根《きこん》がお釈迦さまの真実の教えを正しく受け入れるようになっているかどうか）…**信解品**

②化道《けどう》の始終《しじゅう》不始終《ふしじゅう》（お釈迦さまの教化《きょうけ》には始めと終りがあり、他の経典にはない）…**化城喩品**（三千塵点劫）

③師弟の遠近《おんごん》不遠近《ふおんごん》（師であるお釈迦さまと弟子である私たちとの関係が永遠なる時間のなかにある）…**如来寿量品**（五百億塵点劫）

であり、その②と③なのです。

さらに、文永九年（一二七二）の二月に著《あらわ》された『開目抄《かいもくしょう》』には、三大誓願《さんだいせいがん》（我れ日本の柱とならむ・我れ日本の眼目《がんもく》とならむ・我れ日本の大船とならむ）を発せられる前に、次のような解釈をされています。

「久遠大通《くおんだいつう》の者の三五の塵《じん》をふる、悪知識《あくちしき》に値《あう》ゆへなり。善につけ悪につけ法華経をすつるは地獄の業《ごう》なるべし」（定遺六〇一頁）

大通智勝如来の三千塵点劫の昔に、あるいは五百億塵点劫の久遠の昔に法華経と縁を結んだにも拘《かかわ》らずその後、悪知識にあって退転《たいてん》（法華信仰をやめること）したり、法華経をそしったりしたために六道《ろくどう》を輪廻《りんね》した…とされます。

つまり、三千塵点劫、五百億塵点劫は、六道輪廻＝迷いの時間とされ、今、末法《まっぽう》にいたって、良薬であるお題目「南無妙法蓮華経」を服する＝**下種《げしゅ》する**ことによって輪廻からの脱却、解脱《げだつ》があるとされたのです。

話を戻しましょう。大通智勝如来は、出家するまでは王さまで、十六人の子供、王子がいました。この十六人の王子は、父王が仏となったことを聞き、大通智勝如来のもとにいたって、数多くの梵天王《ぼんてんのう》と共に大法を説くことを願い出るのです。この儀式は、お釈迦さまに梵天王が法を説くことを懇願《こんがん》した、いわゆる「梵天勧《ぼんてんかん》請《じょう》」（後述）に似たものといえるでしょう。

数多くの梵天王が一心同声に発した言葉の中に、次の有名な文言があります。

「願わくはこの功徳をもって　普《あまね》く一切に
及ぼし　われ等《ら》と衆生と　皆《みな》、共《とも》に仏道を
成《じょう》ぜん」

法要の時、お坊さんがご回向《えこう》する最後の文「結願文《けちがんもん》」あるいは「普回向《ふえこう》」に使う文言です。自身ばかりでなく、全ての人が仏の境界《きょうがい》に至るためにという大乗精神を如実に説いた言葉といえるでしょう。

◆四諦・十二因縁の説法

お釈迦さまはブッダガヤーの菩提樹下《ぼだいじゅげ》で悟りを開かれた後、その悟った法の内容は自分以外には誰も理解できないであろうと思われ、仏法を人々に説くことを躊躇《ちゅうちょ》されます。すると、インドの神話に登場する創造神・梵天王（ブラフマン）が、「どうか世のため、生きとし生けるもののために、法を説いて下さい！」と懇願します。この願いをお釈迦さまは受け容《い》れ、法を説く決意をされます。これを「梵天勧請」といいます。

この化城喩品においても同じような光景が展

開されることは前述の通りです。大通智勝如来が悟りを開かれた後、十方《じっぽう》の梵天王方、子である十六人の王子の請《こい》を受け、次のような法を説かれるのです。

「その時、大通智勝如来は、十方の諸の梵天王及び十六王子の請を受けて、即時に三たびに、十二行の法輪《ほうりん》を転じたもう。若《も》しくは沙門《しゃもん》・婆羅門《ばらもん》にしても、若しくは天・魔・梵《ぼん》及び余の世間にしても、転ずること能《あた》わざる所なり。謂《いわ》く『これ苦なり、これ苦の集《じゅう》なり、これ苦の滅《めつ》なり、これ苦の滅の道なり』と。及び広く十二因縁《いんねん》の法を説きたもう」

この文章で注目すべきことがあるのです。それは十方の梵天王と十六人の王子というとり合わせです。十方といいますと、東西南北とそれぞれの間の方角、そして上下、つまり、三次元のあらゆる方角ということになります。それは縁の遠い存在ということを表しているのです。

一方、十六王子とは、大通智勝如来にとってわが子であり、非常に縁の近い人ということなのです。すなわち、縁の遠い、近い全ての人々を対象として法が説かれるということを意味しているのです。

請に応じて説かれたのは、「四諦《したい》」と「十二因縁」でありました。

四諦（四聖《しょう》諦）とは、苦諦・集《じっ》諦・滅《めっ》諦・道《どう》諦の四つの項目をいいます。ここにあります「諦」とは、「あきらめる」ことではなく、「あきらか」「つまびらか」にする、物事の道理をあきらかにすることなのです。

①苦諦…お釈迦さまはこの土《ど》（私たちが住む

地球、娑婆《しゃば》世界）を忍土《にんど》といい、自らを能《のう》忍《にん》と称しました。この世には苦が山とあるが、信仰心を持つと転ずることができ、苦を感じないということ。

②集《じっ》諦…苦をつくる心持ちが私たちの胸に宿っています。苦を起こすさまざまな心持ちが集まっていることをよく考え徹底的に見つめるというもの。

③滅《めっ》諦…数多くの苦の状態をすっかり滅した境界《きょうがい》、悟りの境地をいうのです。

④道《どう》諦…滅諦に至る方法は如何《いか》なるものか、如何なる道があるかを示したもの。八正道《はっしょうどう》が具体的な方法なのです。

四諦の次に、十二因縁が詳しく説かれます。その十二の項目とは、次に記したものです。

①無明《むみょう》…心が明らかでない、智慧が十分ではない状態をいいます。

②行《ぎょう》…行とは行いのことです。智慧が十分ではないと、その行いも不完全なものとなってしまうのです。

③識《しき》…識とは生まれもった性質をいいます。前世の行いが不完全ですと、現世に生まれた時の性質が完全なものとはならないのです。

④名色《みょうしき》…名とは心、色とは身のことで、身心をいいます。性質が不完全であると、心身も不完全になるのです。

⑤六入《ろくにゅう》…身心の作用六項目をいいます。すなわち、眼《げん》＝色を感じる　耳《に》＝声を聞く　鼻《び》＝香りをかぐ　舌《ぜっ》＝味覚を感じる　身《しん》＝触覚を感じる　意《い》＝存在を感じる。身心が不完全であると、六入

も不完全になるのです。

⑥触《そく》…触とは感覚のことをいいます。外からの刺激によって分別《ふんべつ》するはたらき＝感覚が生じます。しかし、六入が不完全であると、触も不完全になるのです。

⑦受《じゅ》…感覚を受けとる能力をいいます。触が不完全であると、受けとる能力も不完全になるのです。

⑧愛《あい》…愛憎《あいぞう》のことをいいます。感覚を受けとる能力が不完全であると、感情も不完全となり、憎んだり不愉快な感情ばかりとなります。

⑨取《しゅ》…愛憎の念《おも》いが起きると、取捨選択しようとします。愛するものを自分のものに、憎むものを遠ざけようという取捨の心がはたらきます。これを取というのです。

⑩有《う》…有とは差別のことで、取捨選択することによって生じます。その一番の根源は自分と他人とを差別することにあるのです。

⑪生《しょう》…自と他を差別しすぎますと、争いが起き、それは戦争にまで発展してしまいます。生とは人間の生活のことで、差別から争いに満ちた生活になってしまうのです。

⑫老死《ろうし》…心穏やかでない生活をするうちに、人は老い、そして死んでいきます。もちろん、老死には苦しみや悩みが伴いますので「老死の憂悲《うひ》・苦悩に縁《えん》たり」といわれるのです。

ここにあげました「無明」にはじまり「老

死」に至る十二の項目は、それぞれが互いに関連する有機的関係にあるのです。だからこそ、十二因縁といい、お釈迦さまは私たちがこの悪循環を際限なく繰り返す存在であるとされたのです。

この循環を断つために、まず無明を滅すると行が滅されます。このように順次滅していきますと、最後に老死が滅せられます。①→⑫へと滅し巡る方法を「順観《じゅんかん》」といいます。逆に⑫→①へと滅し巡る方法を「逆観《ぎゃっかん》」といい、順次滅し最後に無明を滅すれば、私たちは苦悩から解き放たれるというのです。

私たちの苦しみには必ず原因があります。その根本原因を心から立て直すことにより苦しみから脱することができる、その順序を十二のカテゴリーでもって分析したのです。周りの出来事や環境は変わらないが、その根本原因を明らかにして心の有り様を変えれば苦悩は消滅するということなのです。

◆十六人の沙弥（仏）

さて、四諦と十二因縁が説かれましたが、十六人の王子たちはそれに満足することなく、さらに成仏への大法を説くことを懇請《こんせい》します。これに対し、大通智勝如来は次のように応えられるのです。

「そのとき彼《か》の仏は、沙弥《しゃみ》の請《こい》を受けて、二万劫《こう》を過ぎおわりて、すなわち四衆《ししゅ》の中において、この大乗経の、妙法蓮華《みょうほうれんげ》・菩薩に教える法・仏に護念《ごねん》せらるるものを名づくるを説きたまえり」

出家して沙弥（まだ本格的な戒律を受けていない

若い出家者のこと）となった王子たちはそれに満足することなく、さらに成仏への大法を説くように願い出ます。これに応《こた》えて、大通智勝如来は最高の教え、妙法蓮華経を説かれるのです。この時、十六人の沙弥たちにはこの上ない悟りに達することが予見されるのです。

この後、大通智勝如来は実に長い間、僧院にこもり瞑想に入ってしまいます。そこで、沙弥たちは大通智勝如来が隠棲したことを知り、代わりに妙法蓮華経を説くことになるのです。このお陰でガンジス河（インドの大河）の砂の数に等しい人々を救い、悟りへと導いたのです。

本当に長い時間が過ぎ去った後、大通智勝如来は瞑想からさめて沙弥たちをほめたたえ、沙弥たちのことを「自分の教えの後継者となった」とまでいわれるのです。

さらに、こういわれます。今、十六人の沙弥たちは十方にある数々の国土・世界に住んで法を求める者たちに教えを説いているというのです。

ここで私は気になることがひとつあるのです。それは、如来寿量品第十六において子供たちの父が一時身を隠して本心を失える者を救うというたとえ話（良医治子《ろういじし》の譬《たとえ》）が説かれます。それに似たような手法がこの化城喩品第七でもとられているのではないかと私は思うのです。

つまり、父である大通智勝如来がわざと瞑想に入り、子である十六人の沙弥たちの力量を試されたのではないかと考えるのです。沙弥たちは発奮《はっぷん》して父の代わりとなって法を説き、父である大通智勝如来はその力量が充分であると判断されたからこそ、十方の世界でそれぞれが大法を説くに値《あたい》する者である、後継者であるとされたのでしょう。

「諸の比丘よ、われは、今汝《なんじ》に語る。彼《か》の仏の弟子の十六の沙弥は、今みな阿耨多羅三藐三菩提《あのくたらさんみゃくさんぼだい》をえて、十方の国土において、現在、法を説きたまい、無量百千万億の菩薩・声聞ありて、もって眷属《けんぞく》となせり。その二の沙弥は、東方にて仏と作《な》り、一をば阿閦《あしゅく》と名づけて、歓喜国《かんぎこく》にいまし、二をば須弥頂《しゅみちょう》と名づく。東南方に二仏あり、一をば師子音《ししおん》と名づけ、二をば師子相《ししそう》と名づく。南方に二仏あり、一をば虚空《こくう》住《じゅう》と名づけ、二をば常滅《じょうめつ》と名づく。西南方に二仏あり、一をば帝相《たいそう》と名づけ、二をば梵相《ぼんそう》と名づく。西方に二仏あり、一をば阿弥陀《あみだ》と名づけ、二をば度一切世間苦悩《どいっさいせけんくのう》と名づく。西北方に二仏あり、一をば多摩羅《たまら》跋栴檀香神通《ばっせんだんこうじんづう》と名づけ、二をば須弥相《しゅみそう》と名づく。北方に二仏あり、一をば雲自在《うんじざい》と名づけ、二をば雲自在王《うんじざいおう》と名づく。東北方の仏をば、壊一切世間怖畏《えいっさいせけんふい》と名づく。第十六は、われ釈迦牟尼仏《しゃかむにぶつ》にして、娑婆国土《しゃばこくど》において、阿耨多羅三藐三菩提を成《じょう》ぜり」

十六人の沙弥たちは、完全な悟りを得て仏となり、十方（ここでは厳密にいうと八つの方角として示されています）のそれぞれの世界で人々を救う誓願を立て、今、法を説き続けているというのです。それぞれの方角と十六人の沙弥（仏）の名を記しますと、次のようになります（一方角に二仏が配されています）。

・東方…**阿閦《あしゅく》仏**（いらっしゃる世界の名は歓喜国）、**須弥頂《しゅみちょう》仏**

・東南方…師子音《ししおん》仏、師子相《ししそう》仏
・南方…虚空住《こくうじゅう》仏、常滅《じょうめつ》仏
・西南方…帝相《たいそう》仏、梵相《ぼんそう》仏
・西方…阿弥陀《あみだ》仏、度一切世間苦悩《どいっさいせけんくのう》仏
・西北方…多摩羅跋栴檀香神通《たまらばつせんだんこうじんづう》仏、須弥相《しゅみそう》仏
・北方…雲自在《うんじざい》仏、雲自在王《うんじざいおう》仏
・東北方…壊一切世間怖畏《えいっさいせけんふい》仏、釈迦牟尼《しゃかむに》仏
（お釈迦さま、いらっしゃる世界の名は娑婆国土、すなわち私たちが住むこの地球）

東方から、南方→西方→北方、そして東北方に至る順序は、実に王子時代のお釈迦さまが居城カピラヴァストゥから出られて、遭遇された情景に心うたれて出家を決意された「四門出遊《しもんしゅつゆう》」のそれと同じなのです。

・東門…老人と遭遇（老苦を感じる）
・南門…病人と遭遇（病苦を感じる）
・西門…死人と遭遇（死苦を感じる）
・北門…沙門と遭遇（出家を決意する）

この方角の順序は、太陽の運行の順なのです。仏教が太陽の恵みを大切にする農耕民族から生まれたという証の順序であるといえるのです。

まったくの余談ですが、この東→南→西→北という順序は農耕民族から仏教が興《おこ》った証《あかし》であるといいましたが、同じことをある講演会の会場でお話ししましたら、ある方から、

「それじゃ、狩猟《しゅりょう》民族といわれる西欧諸国ではいったいどうなのだ」

というご指摘を受けました。その時、私は狩猟民族ということには繋《つな》がらないと思いますが、日本でいう「東西南北」、中国・インドの「東

南西北」を敢えていえば、「ニュース」ということができるのではないでしょうか、と返答しました。

「ニュース」（NEWS）は、アメリカの『ニューヨークタイムス』誌のある記者がその語を作り、四つの語句から成り立っているといいます。つまり、

・N＝North→北
・E＝East→東
・W＝West→西
・S＝South→南

「北東西南」となります。この順序にどのような意味があるのか、私にはわかりませんが、要するに北から、東から、西から、南から届いた情報を「ニュース」としたのでありましょう。

◆娑婆世界はお釈迦さまの世界

十六人の沙弥は、それぞれの世界で、それぞれ仏となります。西方で仏となった沙弥に、阿《あ》弥陀経《みだきょう》や無量寿経《むりょうじゅきょう》などに説かれる阿弥陀仏があります。法華経ではもう一度登場（薬王菩薩《やくおうぼさつ》本事品《ほんじほん》第二十三）します。

第十六番目に、私たちが住むこの**「娑婆世界」**（娑婆国土、地球）へと遣《つか》わされたのがお釈迦さまであることが明かされます。それは三千塵点劫の昔であり、娑婆世界に生きる人々を全て救うという誓いをもって縁を結ばれたのです。これを「結縁《けちえん》」といいます。

さて、娑婆世界のことを「忍土」といいます。私たちの住むこの世界は、苦難、困難、苦渋に満ちたものであるからこそ、そのような語

で表現するのでしょう。そして、その世界を導く師、お釈迦さまのことを、能《よ》く忍《しの》ぶ方＝「能《のう》忍《にん》」というのです。

十六人の沙弥（仏）の中で、行き先（世界、国土）が明示されているのは一番最初に登場する阿閦仏と十六番目のお釈迦さまだけなのです。多分、行き先が対称的であるが故にその世界が代表者として明かされたのでしょう。

阿閦仏が行った先は東方歓喜国、憂《うれ》いも悩みもなく歓《よろこ》びに満ちた世界でありました。それに比べ、お釈迦さまの行き先は忍土といわれる娑婆世界。一見しますと、お釈迦さまは貧乏クジを引いたように思われるかも知れませんが、そうではないのです。

お釈迦さまは敢えて苦難に満ちた世界へと選ばれて派遣され、それを「良し」として妙法蓮華経を娑婆世界で説かれたのでした。忍土とわかっていたからこそお釈迦さまは選ばれて娑婆世界へと向かったと考えるのが私は妥当だと思うのです。

日蓮聖人は、娑婆世界とお釈迦さまと私たちとの関係について次のように語られているのです。

「釈迦仏の本土《ほんど》は実には娑婆世界也《なり》、天月《てんげつ》動き給《たま》わずば我等《われら》もうつるべからず。此土《しど》に居住して法華経の行者を守護せん事、臣下が主上を仰《あお》ぎ奉《たてまつ》らんが如く、父母の一子《いっし》を愛するが如くならんと出し給ふ舌也」（『下山御消息《しもやまごしょうそく》』定遺一三三七頁）

建治三年（一二七七）六日、弟子・因幡房日《いなばぼうにち》永《えい》に代わって父・下山兵庫五郎《しもやまひょうごごろう》に宛《あ》てて書かれたお手紙『下山御消息』には、お釈迦さまの本土が娑婆世界であること、お釈迦さまは天の月であり私たちは水中に浮かぶ月の影のような存在であること、お釈迦さまは此土（娑婆世界）に住して法華経を行じる者を守護する方であるとされるのです。

私たちが住むこの娑婆世界（地球）は、はるかな昔から、お釈迦さまと縁のある世界であり御領《ごりょう》なのです。この世界に住し、法華経を説き、人々を救う唯一の方がお釈迦さまなのです。

実に三千塵点劫という大いなる昔、お釈迦さまが立てられた「この娑婆世界に生きる全てのものを救う」という誓いに、私たちはご縁を結ぶことになったのであります。

◆化城宝処の譬

大通智勝如来の子である十六王子（沙弥、仏）の行き先（阿閦仏は東方、阿弥陀仏は西方など）が明確になった後、後半のテーマが説かれます。法華経迹門《しゃくもん》（序品《じょほん》から安楽行品《あんらくぎょうほん》までの十四品）の重要命題であります一仏乗への道が、譬《たと》えをもって説かれるのです。この品のタイトルともなっている「化城宝処《けじょうほうしょ》の譬《たとえ》」がそれであります。

「譬えば、五百由旬《ゆじゅん》の険難《けんなん》なる悪道の、曠《むな》しく、絶《た》えて人なき怖畏《ふい》の処《ところ》あるが如し。若《も》し多くの衆《しゅ》ありて、この道を過ぎて、珍宝の処に至らんと欲するに、一の導師の、聡慧《そうえ》・明達《みょうだつ》にして、善く険道の通塞《つうそく》の相を知れるものあり」

という譬えではじまります。

ここにあります「五百由旬」とは距離の単位

で、その定義には諸説ありますが、一由旬は約十五キロメートル（牛が「モーッ」となく声がきこえる範囲の八倍、東京のような大都会では数十メートルになってしまうかも知れません）ほどだといいます。従いまして、五百由旬×十五キロメートル=約七千五百キロメートルということになりましょうか。地球一周が約四万キロメートルでありますから、その五分の一弱、相当な距離であります。

この譬えに登場しますのは、人跡未踏《じんせきみとう》の密林を案内する指導者、その指導者に従って目的地・宝処（宝のような素晴らしい土地、国。悟りの世界=一仏乗を表す）へ至ろうとする旅人たち。場所は、人跡未踏の密林。目的地は、密林を通り抜けた所にある宝処ということになります。

ここに旅が始まりました。一人の賢明で学識があり、強い精神力を持った指導者が、集まった旅人たちを率い目的地に向かって歩を進めます。いざ歩みはじめますと、密林は予想外の不気味さにつつまれ、おののく者もありました。それを振りきって進みましたが、旅人たちは喉がかわき、疲れはててへたりこんでしまう者も出てきました。旅人の中には、

「まだ宝処には到着しないのか。もういいからここから引き返そうよ！」

と落伍者《らくごしゃ》が出はじめてしまったのです。この様子を見た指導者は、目的地までの行程が五分の三ほどまで来た時に、神通力《じんづうりき》をもって大きな城を造り、旅人たちに次のようにいったのです。

「皆さん！　恐れてはならない。近くに城があるからそこで休もう」

指導者の勧《すす》めに応じて、旅人たちは城に入り

ました。

「これはスゴイ！　ここにいれば不安も心配も何もない」

といって、自分たちが人跡未踏の密林を通り抜けて宝処に到達したんだと思い込んで、休んでしまいました。

　指導者は旅人たちが充分に休息をとったことを見計らって、旅人たちに向かって次の言葉を発したのです。

「汝等《なんだち》よ、去来《いざ》や、宝処は近きにあり」（皆さん！　これは仮《か》りの宝処で、本当の目的地は近くにありますぞ。さあ、もうひと頑張り、一緒に皆で行きましょう！）

と、指導者はあっという間に城を消滅させて旅人たちを叱咤激励《しったげきれい》したのです。

　密林のど真《ま》ん中《なか》でおののき疲れた旅人たちは、この言葉に勇気づけられて我にかえり、再び目的地へと歩を進めたのです。そして、ついに五百由旬の長く険しい旅は終着を迎え、全ての旅人たちが宝処へと至ったのです。メデタシ、メデタシ。

　この「化城宝処の譬」は、一体何を意味するのでありましょうか。前にも触れましたように、迹門における一大テーマ、一仏乗への道を説き顕《あらわ》したことに他なりません。

　つまり、

・良き指導者＝**お釈迦さま**
・宝処＝**一仏乗**（法華経の最終目的）
・化城＝**三乗**（声聞乗・縁覚乗・菩薩乗）**の境地**
・旅人たち＝**迷える凡夫《ぼんぷ》**（私たち）

ということができるでしょう。

旅の途中で、

「これ以上、旅を続けるのはイヤだ！」

といった人々に対し、あくまでも辛抱強く的確に方便《ほうべん》を使って目的地へと導く行為、正《まさ》に指導者とはこれだという条件を提示し、いわばボンクラ者、落伍者までも正しく導いていくというお釈迦さまの大慈悲心を表した譬えということができるのであります。

実はこうしたお釈迦さまの大慈悲心が、三千塵点劫というとてつもない昔から今日に至るまで続けられているということを、「化城宝処の譬」によって説き明かしているとも解せましょう。

良き指導者であるお釈迦さまは、大きな困難に遭遇し、「もうやめた。引き返そう！」という人々、すなわち私たちを、常に見つめ、励まし続ける偉大な存在であるということを、この化城喩品は教えているのであります。

五《ご》百《ひゃく》弟《で》子《し》受《じゅ》記《き》品《ほん》　第八

◆富楼那や阿羅漢たちの成仏の予言

化城喩品《けじょうゆほん》第七におきまして、三千塵点劫《さんぜんじんでんごう》という遠い昔、娑婆《しゃば》世界へと遣《つか》わされた私たちのお釈迦さま、それ以来、お釈迦さまと私たちは法華経との縁に結ばれたこと（大通結縁《だいつうけちえん》）に触れ、そのお釈迦さまが「化城《けじょう》宝処《ほうしょ》の譬《たとえ》」をもって凡夫《ぼんぷ》の私たちまで叱咤激励《しったげきれい》して宝処（悟りの世界＝一仏乗《いちぶつじょう》）へと導かれる大慈悲心を綴《つづ》ってきました。

次の章、五百弟子受記品《ごひゃくでしじゅきほん》第八では、お釈迦さまの十大弟子のひとりである富楼那《ふるな》に、将来、法明如来《ほうみょうにょらい》という仏になるという記別《きべつ》（授記《じゅき》。成仏の予言。必ず仏になることが保証されること）が与えられ、次に憍陳如《きょうじんにょ》をはじめとする千二百の阿羅漢《あらかん》たち、さらには優楼頻螺迦葉《うるびんらかしょう》をはじめとする五百の阿羅漢たちにも、同一の仏名、普明如来《ふみょうにょらい》という記別が与えられるのです。

これに応《こた》えるかたちで、五百の阿羅漢たちが大いに喜びを表して法華七喩《ほっけしちゆ》中の第五番目**「衣《え》裏繋珠《りけいじゅ》の譬《たとえ》」**をもって理解（領解《りょうげ》）したことを述べるのです。普通ですと、お釈迦さまがいわれたことを理解した後に、将来仏となることの予言が与えられるのですが、この五百弟子受記品ではその順序が逆となっています。

「仏の正法《しょうぼう》を護持し、助宣し、彼の説法人の中においても亦《また》、最も第一なりしなり。また諸仏の説く所の空法《くうほう》において、明了に通達し、四無碍智《しむげち》を得て、常に能《よ》く審諦《あきらか》に清浄に法を説きて、疑惑あることなく、菩薩の神通《じんづう》の力を具足す」

ここに説法第一と称される富楼那についての詳細が、お釈迦さまによって明かされているのです。正しい教えを護り持《たも》ち、教えを語るにおいては第一人者である。平等の法「空」についても通達し、あらゆる人を相手に自由自在に教えを説く能力を持ち合わせていた…と、富楼那の能力をほめたたえているのです。

富楼那の出自につきましては、信解品《しんげほん》で記しました。貿易商の子として西インド、スナーバランタ国のスッパーラカ、現在の商都ムンバイの北に生まれました。コーサラ国の首都・舎衛《しゃえ》城《じょう》でお釈迦さまと邂逅《かいこう》して出家を決意し、後に十大弟子の中にあって説法第一といわれる方となります。その富楼那に対し、お釈迦さまはこの章で、同じく十大弟子のひとり舎利弗《しゃりほつ》や迦葉には遅れますが、将来、法明如来という仏、その国名は善浄《ぜんじょう》、劫《こう》名は宝明《ほうみょう》…という記別を与えられるのです。

◆衣裏繋珠の譬

その次に、先ほど記しました千二百の阿羅漢、五百の阿羅漢たちにも、同一の名、普明如来という仏となるという記別が与えられるのであります。

これに対し、五百の阿羅漢たちは将来仏となる記別を与えられたことに歓喜し踊りあがって悦び、お釈迦さまの足もとに平伏し、次の譬《たと》えをもって領解するのです（なお、お釈迦さまが記別を弟子に授けることは「授記」、弟子が記別を受けることは「受記」です）。


「譬えば、人有りて、親友の家に至りて、酒に酔《よ》いて臥《ふ》せるが如し。この時、親友は官《おおやけ》の事ありて当《まさ》に行くべかりしかば、無価の宝珠をもって、その衣《ころも》の裏《うち》に繋《か》け、これを与えて去れり。その人、酔い臥して、都《すべ》て覚知せず、起き已《おわ》りて、遊行して他国に到り…」


この譬え話に登場しますのは、親友二人で、一人は大金持ち、一人は貧しい人でありました。ある時、貧しい人が親友の大金持ちの宅《いえ》を訪ね、ご馳走《ちそう》になり、酒もいただきました。久し振りに飲む酒に、貧しい人は酔っぱらってしまい、横になってしまいます。

ちょうどその時、大金持ちの親友は公の急用ができて外出しなければならなくなりました。寝こんでしまっているあわれな貧しい友人の姿を見た大金持ちの親友は、友の衣服の裏に無上の宝珠をぬいつけ、去ってしまいました。ところが、あわれな友はそのことに全く気がつかなかったのです。

酔いから覚めた貧しい人は、大金持ちの親友の宅を出て、あてもなく放浪、仕事を求める旅をし、僅かな報酬に満足する暮らしをしたのです。

ある日、たまたまある街で宝珠をぬいつけた

大金持ちの親友に出会います。友が前と同じように貧しくしている姿に親友は、

「咄《つたない》かな　丈夫《おのこ》よ」（お前は何というバカな奴だ！）

と一喝《いっかつ》したのです。何故、衣食に苦労しているのだ、私は君が酔っぱらっている間に、君の衣服の裏に無上の宝珠をぬいつけていったのだぞ、どうか友よ、大都会に行ってそれを売りなさい。そのお金で豊かで自由な生活をしなさい

…といったのです。

この「衣裏繫珠の譬」は一体何を意味しているのでしょうか。

・大金持ちの親友＝お釈迦さま
・酒に酔った貧しい友＝二乗（声聞《しょうもん》・縁覚《えんがく》乗）
・無上の宝珠＝一仏乗（仏性《ぶっしょう》）

ということになります。

酔っぱらった友、貧しい生活に満足していた友は、二乗にとどまることを良しとしていた人々をいいます。ところが、法華経に来たって、そうではないのだ、もっと素晴らしい世界、仏の世界があるのだ、二乗の人々もその境界《きょうがい》に到達することができるのだと、譬え話をもって五百の阿羅漢たちは自ら納得したのです。

◆「時機」をみることの大切さ

私はこの譬え話とは反対に、人類の智慧熟成に至っていないのに人間が発見してしまった宝珠があると思うのです。

それは、すなわち「核」であります。次のような言葉を、確か、二十世紀が生んだ天才理論

物理学者アルベルト・アインシュタイン博士（一八七九〜一九五五）がいったかと思います。

「人類にとって、ウランを発見するのは早すぎた」

昭和二十年八月、広島市と長崎市にそれぞれ原爆が投下され、数多くの人命が失われたことに、アインシュタイン博士はうなり声をあげて悲しみ、この後、平和運動を訴えるなかでこのような言葉を発したといいます。

戦争の武器、一瞬のうちに大量殺人を行う道具となったこと、東西冷戦構造の中での核開発競争、核抑止力などという一歩間違えば人類滅亡に繋がるとも限らない道具として扱われたことは、未だ人類の智慧がウランを手にするのに早すぎた、核を持つまでの高い精神を備えていないということをアインシュタイン博士はいいたかったのでありましょう。

これと同じように、私たち全てが仏となることができる、殊に二乗の人々も仏になれるということが判るのも、時機が熟さないと駄目だということになります。法華経が説かれる以前の諸経において、声聞乗・縁覚乗の人々に「仏になれる」といっても、信用されないのです。「猫に小判」といったところでしょうか。

ところが、法華経に至って時機が熟した時、「衣裏繋珠の譬」でいうなら、友がたまたま親友と出会い無上宝珠の存在を告げられた時こそ「全ての人が仏になれる」ことが判ったのであります。

南無妙法蓮華経

授《じゅ》学《がく》無《む》学《がく》人《にん》記《き》品《ほん》 第九

◆阿難と羅睺羅への成仏の保証

授《じゅ》学《がく》無《む》学《がく》人《にん》記《き》品《ほん》第九では、十大弟子の中の阿《あ》難《なん》と羅《ら》睺《ご》羅《ら》をはじめ、二千人の僧などに将来の成仏の保証（記《き》別《べつ》、授《じゅ》記《き》）が与えられます。

法華経の第九章に至っての阿難と羅睺羅への授記に、私はお釈迦さまの気遣いと配慮を感じるのです。お釈迦さまにとりまして阿難は従《い》兄《と》弟《こ》、羅睺羅は唯一の実子であります。十大弟子の中にありまして、身内の者を最も遅い授記とされたのは、他者に対するお釈迦さまの心遣いと思うのです。

「その時、阿難と羅睺羅は、すなわち、この念を作《な》せり『われ等は、毎《つね》に自ら思惟す、設《も》し記を授けらるることを得ば、亦《また》、快《こころよ》からざんや』と。即ち座より起ちて、仏の前《みまえ》に到り、頭面に足《みあし》を礼して、倶に仏に白《もう》して言わく『世《せ》尊《そん》よ、われ等も此《ここ》においで、亦、応《まさ》に分《ぶん》有るべし。唯《ただ》、如来のみ有《ましま》して、われ等の帰する所なり。また、われ等は、これ一切世間の天・人・阿修羅に知識せらるる所なり。阿難は常に侍《じ》者《しゃ》となりて法蔵を護持し、羅睺羅はこれ仏の子なり。若《も》し仏にして阿耨多羅《あのくたら》三藐三《さんみゃくさん》菩提《ぼだい》の記を授けられなば、わが願は既に満ち、衆《もろもろ》の望も亦、足るならん』と」

本章の冒頭にある文章です。お釈迦さまの従兄弟である阿難と実子である羅睺羅は、「私たちもお釈迦さまの予言を受けて仏となろう」と考えました。そして、座を立ってお釈迦さまの両足のもとにひれ伏して尊敬の意を表し、次のように語ったのです。

「私たちに恩恵をいただく機会（授記）を与えてください。お釈迦さま、あなたは私の父であり、保護者であります。また、阿難はお釈迦さまの侍者であり、教えの蔵を護り続けている者です。お釈迦さま、私たちにこの上ない完全な悟りに到達するであろうと予言していただけますなら、まことにありがたいことであります」

このように、阿難と羅睺羅の記別への懇請《こんせい》から話が進んでいきます。前にも記しましたように、このお二方への記別は十大弟子の中（優波《うば》離《り》は除く）でも最後になってしまいました。次から次へと将来の成仏の保証が与えられていくなかで、お釈迦さまの身内のお二方は、ジーッと我慢の子状態でありました。ところが、この章に至って、堰《せき》を切ったように授記を願い出られるのです。

日蓮聖人は、このお二方につきまして、『開《かい》目抄《もくしょう》』で次のように述べられているのです。

「阿難尊者《そんじゃ》は斛飯王《こくぼんのう》の次男、羅睺羅尊者は浄飯王《じょうぼんのう》の孫なり。人中《にんちゅう》に家高き上証果の身となって成仏をさへられたりしに、八

年の霊山《りょうぜん》の席にて山海慧《さんかいえ》・踏七宝華《とうしっぽうけ》などん如来号をさづけられ給《たま》ふ」（定遺五六二頁）

阿難と羅睺羅の出自について、どういう理由か判りませんが、お釈迦さまの従兄弟、実子とは表現されず、「斛飯王の次男」「浄飯王の孫」とされているのです。そして、法華経に来たって二乗作仏《さぶつ》が明かされ、これによって阿難と羅睺羅の授記がなり、お二方にとって法華経が最も重要な経典とされるのです。

◆阿難という人

ここで、阿難につきまして少し触れようと思います。十大弟子の中にありまして重要な事項があるからです。阿難はサクヤ族（釈迦族）の出身で、お釈迦さまの従兄弟にあたり、極悪非道人とされる提婆達多《だいばだった》とは兄弟となる方です。

冒頭の文章中に、「常に侍者となりて法蔵を護持し」とありますように、常にお釈迦さまの傍《かたわ》らにあり、最後までお仕《つか》えした方でもあります。従いまして、法華経の序品《じょほん》に最初にあります「如是我聞《にょぜがもん》」の「我」は阿難であり、これから判断すれば最もお釈迦さまの言葉を聞いた人ということになります。まことにうらやましい限りの方であります。

お釈迦さまが亡くなられた後に、仏法をまとめる作業が行われました。それを結集《けつじゅう》といい、第一回目の結集がマガダ国の首都・王舎城《おうしゃじょう》郊外の七葉窟《しちようくつ》という所で催《もよお》されました。この結集でリーダーとなったのが阿難であり、五百人の仏弟子たちが集まって、「お釈迦さまはこのようにいわれました」と文言を摺《す》りあわせをし、その結果、現在私たちの見るお経の原型がまとめられたのです。法華経をはじめさまざまなお経を私たちが拝することができるのは、「阿難あったからこそ」といってもよいのです。

お釈迦さま最後の旅にお供したのも阿難でした。それは王舎城からの旅でした。旅の途で鍛《か》冶《じ》工チュンダの供養を受けます。この供養が原因でお釈迦さまは激しい腹痛に襲われ、齢《よわい》八十でその生涯を閉じられます。

激しい腹痛によって、お釈迦さまは嘔吐《おうと》と下《げ》痢《り》を繰り返されたのでありましょう。齢八十のからだには過酷な状態であったに違いありません。脱水症状となったお釈迦さまは阿難に最後の頼みをします。

「私は水が欲しい」

と。喉が渇ききったお釈迦さまは、幾度も阿難に川から水を汲んでくることを頼まれたのです。

実はこのことが元となって今日の日本でも儀式として行われている風習があるのです。そうです。「末期《まつご》の水」がそれなのです。あの世へ逝《い》く、臨終を迎えた方への手向けの儀式が、お釈迦さまの最後になぞらえて生まれたものなのです。

お釈迦さの最後の言葉を聞いたのも阿難でした。お釈迦さまの状態を見た阿難は、

「これから私たちは一体どうすればよいのでしょうか。お釈迦さまのいない僧伽《そうぎゃ》（サンガ、仏弟子の集団のこと）は考えられません」

と、嘆き悲しみの言葉を発します。

お釈迦さまは阿難を諭《さと》しながら、次のような遺言をされるのです。まず、腹痛の原因をつ

くったチュンダを責めてはならないとの気遣いをされ（順序には諸説あり）、そして、

①法灯明《ほうとうみょう》…私が遺《のこ》した法を依《よ》りどころとしなさい

②自《じ》灯明…自分自身、自らを依りどころとしなさい

③諸行《しょぎょう》無《む》常《じょう》…私であっても、「諸《もろもろ》の事象は滅びゆく」という諸行無常の理によって死に逝く者である

④常精進《じょうしょうじん》…「弟子たちよ、怠ることなく努め励めよ！」、常に精進することが大切である

と阿難に告げ、この世を去られたのです。

多聞《たもん》第一の阿難のことを、「聞き過ぎた悲劇の人」と評することがあります。一番そばにいてお釈迦さまの言葉を聞き過ぎたが故に、自ら判断することができず第一結集の直前に阿羅漢となったといわれます。しかし、私は身内であったが故に法華経では第九章に至ってようやく将来の成仏の保証が与えられ、それもお釈迦さまから直接のものであったことが重要と考えるのです。

さて、授学無学人記品には、次のように記されています。

「その時、仏は阿難に告げたもう。汝《なんじ》は来世において、当《まさ》に仏と作《な》ることを得《う》べし。山海慧自在通王如来《さんかいえじざいつうおうにょらい》・応供《おうぐ》・正偏知《しょうへんち》・明《みょう》行足《ぎょうそく》・善逝《ぜんぜい》・世間解《せけんげ》・無上士《むじょうじ》・調御丈夫《じょうごじょうぶ》・天人師《てんにんし》・仏・世尊と号《なづ》けん」

十の徳目（十号）を備えた山海慧自在通王如来という仏に未来世になるであろうとの保証が与えられ、

・国名…常立勝幡《じょうりゅうしょうばん》（国土は清浄にして瑠璃《るり》の地）

・仏の寿命…無量千万億の阿僧祇劫《あそうぎこう》

と、具体的な国名、寿命まで触れて記別が授けられたのです。

◆羅睺羅という人

さらにお釈迦さまは、実子・羅睺羅に対して、

「その時、仏は羅睺羅に告げたもう。汝は来世において、当に仏となることを得べし。蹈七宝華《とうしっぽうけ》如来・応供・正偏知・明行足・善逝・世間解・無上士・調御丈夫・天人師・仏・世尊と号けん」

と、阿難と同じように未来世の成仏の保証、記別を羅睺羅にも与え、如来の十号を備えた蹈七宝華如来という仏名を授けられるのです。

お釈迦さま唯一の子、羅睺羅。その実像については諸説ありますが、法華経にはとても重要な事項が説示されているのです。前文の後に、

「われ太子《たいし》たりし時　羅睺（羅）は長子と
なれるをもって、われ、今、仏道を成ずる
ときも　法を受けて法子《ほうし》となるなり。未来
世の中において　無量億の仏を見たてま
つり　皆、その長子となりて　一心に仏道
を求めん。羅睺羅の密行《みつぎょう》は、唯、われの
み、能《よ》くこれを知れり」

羅睺羅という名は、障碍《しょうげ》、邪魔なものと訳されます。全く理解に苦しむ名前が付けられたものです。羅睺羅（サンスクリット語でラーフラ）とは、「月食《げっしょく》」のことも意味します。一説では月食の日に生まれたからこの名があるともいわ

れています。

果たして羅睺羅は、お釈迦さまにとって邪魔な存在だったのでしょうか。今もって私には大いなる疑問のひとつなのです。

羅睺羅はお釈迦さまの長子としてこの世に生を享《う》け、お釈迦さまが悟りを得、その法を受けて仏法を相続する者になったと説かれています。

古代インドにおいて、自分を相続する男子が生まれることによって出家ができるという考え方がありました。お釈迦さまは、サクヤ国（釈迦国）の王子として生まれ、耶輸陀羅《やしゅだら》を妻として娶り、一子・羅睺羅を授かります。一子が生まれたことにより、私流にいえば、愛する妻子と国を捨て、いわば「蒸発男」となって出家されたのでした。もし、男子・羅睺羅がなかったたなら、お釈迦さまの出家、極論すれば仏教は無かったといえるのです。

インドの古い考え方の中に、出家して修行の途でいのちを亡くして供養を受けない者は、悪道に堕ちるというものがあったのです。従いまして、お釈迦さまは一子・羅睺羅が授かったことにより、安心して出家を決意されたということなのです。

羅睺羅はお釈迦さまの実子であったがために、期待を一身に集めたがために他の仏弟子にはとても目につく存在であったと想像されます。常に父と比較されることを定められた辛い日々、存在であったに違いありません。しかし、衆目注視のなか、「密行第一」といわれる十大弟子のひとりに数えられるようになるのです。重圧をはねかえした羅睺羅は立派だという一言に尽きましょう。

お釈迦さまは羅睺羅のことについてしばしば「智慧第一」の舎利弗《しゃりほつ》に相談され、出家を決せられたのでした。そして、出家した後、その教育指導をお釈迦さま自身が当たるのではなく、舎利弗と「神通第一」の目連《もくれん》に委ねたのでした。

このお二方に託した判断は、お釈迦さま自身の子への盲愛に陥《おちい》ってはならない、また他の仏弟子から羅睺羅を特別扱いしていると見られるのを避けるための措置と私は考えるのです。

またここに、現代僧風子弟教育の原点があると思うのです。今日の日蓮宗のお寺さんの約八割が親子の師弟関係（私もそうですが）、父が師匠で子が弟子であるようです。もし、お寺の子が僧侶になることを決意したならば、その教育は他者に任せる。「可愛い子には旅をさせる」「他人の飯を食う」修行がとても大切ではないか、その一番の手本がお釈迦さまと実子・羅睺羅にあるのです。お釈迦さまでも羅睺羅の直接の指導はされなかったのです。

ここで羅睺羅について、お釈迦さまの二大精舎《しょうじゃ》（祇園《ぎおん》精舎と竹林《ちくりん》精舎）のうち、コーサラ国にありました祇園精舎で起こったエピソードを紹介しましょう。

お釈迦さまが祇園精舎に滞在されていることを聞きつけた仏弟子たちは、仏法を聞くことを楽《ねが》い、精舎に続々と集まってきました。しかし、お釈迦さまは瞑想中で、瞑想から覚めるまで待たなければなりませんでした。

精舎の収容能力を超えた人々が来訪したため、羅睺羅は長老に自分の部屋を明け渡しお釈迦さまの部屋（香室《こうしつ》）近くの廊下で寝ることになりました。

瞑想から覚められた時、羅睺羅の様子をご覧になったはずなのですが、一言も発せず集った人々に法を説いたといわれます。この行動に「わが子を思いやらぬ人だ」と批判する者もありました。皆さんはどう思われますか？

お釈迦さまは次のようにいわれています。

「全ての人々に『等心《とうしん》』（等しい心）でもって接する」

お釈迦さまを中心にした僧伽には「きまり」（戒律）がありました。それに従って羅睺羅は長老に部屋を譲り、自身は廊下に寝たに過ぎないのです。「きまり」によってそうしたのであって、その行為は褒《ほ》めることでもなく当然のことであるのです。決してお釈迦さまが冷たくしたということではないのです。私はそう思います。

「密行第一」と称された羅睺羅。密行とは、戒律の細目までも実践することをいいます。つまり、「きまり」を教えられた通り忠実に実行する人が羅睺羅であったのです。

——この章に至りまして、阿難に山海慧自在通王如来、羅睺羅に蹈七宝華如来、二千人の僧侶たちに同一の宝相《ほうそう》如来という未来世における成仏の保証が与えられて、法華経迹門《しゃくもん》（序品から安楽行品までの十四品）の中の「正宗分《しょうしゅうぶん》」（方便品から授学無学人記品までの八品、主要な教義が説かれた本論の部分）が終了します。

ここに、法華経迹門の大テーマ「二乗作仏」が説き顕《あらわ》されたことになるのです。

南無妙法蓮華経

法師品《ほっしほん》 第十

◆「願生」の大切さ

　前章の授学無学人記品《じゅがくむがくにんきほん》第九で、法華経の迹《しゃく》門《もん》の本論である「正宗分《しょうしゅうぶん》」が説き終わり、法《ほっ》師品《しほん》第十から安楽行品《あんらくぎょうほん》第十四に至る五品は、迹門の「流通分《るづうぶん》」といわれる品々《ほんほん》になります。流通分とは、教えを後の世に伝え流すため、さまざまな仏や菩薩方の実例が説かれている部分、章なのです。併《あわ》せて、法華経迹門の流通分では、本門《ほんもん》に至る序章も説かれているのです。

　日蓮聖人は、この法師品にある文をしばしば引用されています。それは後に記しますが、それだけ日蓮聖人が法華経の品々にあっても重要視されていた証ともいえるのです。

　法師品は、古代インドの言葉サンスクリット語では「ダルマバーナカ」といい、「教えを説く者」という意味です。お釈迦さまは、仏弟子たち、教えを説く者に対して、その心構えを「このようにしなさい」ということが説かれているのです。

　お釈迦さまは、法師品の冒頭で薬王《やくおう》菩薩《ぼさつ》や八万の菩薩方に向かって、次のように告げられます。

「薬王よ、汝《なんじ》はこの大衆《だいしゅ》の中の無量の諸《もろもろ》の天・龍王・夜叉《やしゃ》・乾闥婆《けんだつば》・阿修羅・迦《か》楼羅《るら》・緊那羅《きんなら》・摩睺羅伽《まごらが》と、人と非人《にんとひにん》と、及び比丘《びく》・比丘尼《に》・優婆塞《うばそく》・優婆夷《うばい》と、声聞《しょうもん》を求むる者、辟支仏《ひゃくしぶつ》を求むる者も仏道を求むるとを見るや。かくの如き等の類にして、咸《ことごと》く仏前において、妙法華経の一偈《げ》一句を聞きて、乃至《ないし》、一念も随喜《ずいき》する者には、われは、皆、記を与え授く『当《まさ》に阿耨多羅三藐三菩提《あのくたらさんみゃくさんぼだい》を得《う》べし』と」

お釈迦さまは、全ての生きとし生ける者が仏さまの前で法華経の一偈一句を聞いて一念でも随喜すれば、悉《ことごと》く未来世において成仏の保証が与えられる（記別《きべつ》を授ける）といわれるのです。

さらに、この後の文章には、「法華経の一偈を受け持ち、読み、誦《じゅ》し、解説したり、書写したりして五種法師の修行をして法華経を敬う人々。この法華経によって仏に対して尊敬の念いをおこし、仏を崇め尊び供養する人々。また、花・香木・香水・華鬘《けまん》・香油・香粉・衣服・傘蓋《さんがい》・旗・幟・吹流し・音楽などを供養する人々は、かつて数多くの仏を供養し、そのもとで大願（誓願）を立てた者（大菩薩）である」とあり、その大願とは、

「衆生《しゅじょう》を愍《あわれ》むが故に、この人間に生まれたるなり」

この後の文章にも、繰り返し、

「衆生を哀愍《あいみん》するをもって、願って、此《こ》の間に生まれ、広く、妙法華経を演《の》べ分別《ふんべつ》するなり」

とあるのです。過去世において種々の修行、供

養をした人々は大菩薩であり、生きとし生けるものに憐れみ（愍み）の心を起こして、願って人間として生まれ、広く法華経を説くと、語られているのです。

私は、この**「願生《がんしょう》」**、「願って生まれる」という言葉に大いなる敬服の念を抱くのです。と申しますのは、今の世、テレビや新聞紙上で毎日凶悪な事件が報じられ、いとも簡単に尊い生命が奪われています。まことに残念至極な時代となってしまいました。

このような時代となった背景には、さまざまな因由《いんゆう》があるでしょうが、私は、罪意識の希薄化とともに「何故、この世に生まれたのか」という生命誕生への価値観、さらに言及すれば宗教的誕生意識の欠如にあると思うのです。

しばしば、次のようなことを耳にします。

「親は子を選ぶことができるが、子は親を選ぶことはできない」

と。私は、たまたまこの世に生を享《う》けたと受けとるのではなく、この世に何か目的をもって「願って生まれた」と受けとめる方が、積極的な人生、プラス思考で日々を過ごすことができますし、他者の生命を尊ぶという気持ちが育まれると思うのです。「願生」という言葉は、本当に素晴らしい響きを有した語なのです。

◆「況滅度後」の文と法華行者の自覚

この法師品でお釈迦さまはご自身が説かれた数多くの経典の中で、法華経が第一に優れているが已《すで》に説いた経典、今説いている経典、当《まさ》に説く経典の中で、最も信じ難《がた》く解《さと》り難いことが明かされます。そして、

「しかもこの経は、如来の現在にすら、猶《なお》、怨嫉《おんしつ》多し、況《いわん》や滅度の後をや」と、法華経を行じることによって迫害されることは必定であると述べられているのです。

この文章から、日蓮聖人は自らが法華経の実践者、行者であるとの自覚に至るのです。まず、「如来現在　猶多怨嫉」というお釈迦さまに加った迫害を、日蓮聖人は**「九横《くおう》の大難《だいなん》」**と表現されたのです。

それを「十宿業《しゅくごう》」ともいいますが、日蓮聖人は九横の大難と表現されました。いずれにせよお釈迦さま及びその仏弟子たちが仏法を弘《ひろ》める中で被《こうむ》った迫害をいうのです。その二例をあげてみましょう。

・**乞食空鉢《こつじきくうはつ》**…お釈迦さまが阿難などを率いてある城に至った時、仏法を説こうとしたが、王は布施を制止したために人々は仏法を聞かず空《から》の鉢を出した。

・**調達《ちょうだつ》**（提婆達多《だいばだった》）**が山を推《お》す**…提婆達多がお釈迦さまを殺そうとして、耆闍崛山《ぎしゃくっせん》（霊鷲山《りょうじゅせん》）より大石を押し、通りかかったお釈迦さまめがけて投げつけたが、幸いにも足の親指の負傷だけですんだ。

このような迫害が、九あるいは十あったと仏典では伝え、それを法師品の文に確認され、さらに、

「況滅度後の大難は龍樹《りゅうじゅ》・天親《てんじん》・天台《てんだい》・伝《でん》教《ぎょう》いまだ値《あ》ひ給《たま》はず。法華経の行者ならずといわばいかでか行者にてをはせざるべき。…日蓮二十七年が間、弘長元年辛酉五月十二日には伊豆の国へ流罪。文永元年甲子十一月十一日頭にきずをかほり左の

手を打ちをらる。同じき文永八年辛未九月十二日佐渡の国へ配流《はいる》、又頭の座に望。…日蓮末法に出《い》でずは仏は大妄語の人」（『聖人御難事』定遺一六七二～三頁）

と、私・日蓮が被ってきた迫害は、法華経実践の先駆者である龍樹・天親の両菩薩、天台・伝教の両大師がいまだかって経験されていないお釈迦さま滅後の大難であり、それは**「況滅度後」**（況や滅度の後をや）の文に符合します。もし、私が迫害に遭わなければ、法師品のこの文は虚言《そらごと》となり、お釈迦さまは大ウソツキということになってしまう…と、ご自身が法華経の行者であることへの自負心を披露される時に、法師品のこの文章を経証として引用されているのです。

このように日蓮聖人は、法師品の「而此経者。如来現在。猶多怨嫉。況滅度後」の文によって、自らがお釈迦さまの意志を継承する法華経の行者であるという自覚に至られたのですが、殊に、文永八年（一二七一）十一月一日の塚原三昧堂に始まる約二年五ヶ月間の佐渡流刑の生活は、三証（現証・文証・理証）にあてはめましても、

・**現証**＝佐渡流刑
・**文証**＝法師品の「況滅度後」の文

となり、佐渡流刑は日蓮聖人が法華経を自ら身体で読んでいる（法華経色読）という自覚をさらに深める出来事となったのです。

ひと冬が過ぎた初夏の五月五日、下総国《しもうさのくに》（千葉県）中山に住した有力檀越《だんのつ》・富木常忍《ときじょうにん》氏に宛てられた書簡（『真言諸宗違目』）の末文には、

「日蓮当流罪者　教主釈尊以衣覆之歎」（日

蓮流罪に当れば、教主釈尊衣《ころも》をもって之《これ》を覆《おお》いたまわん）（定遺六四一頁）

と、厳しい状況に追いこまれたが故に、お釈迦さまが衣でもってわが身を守護されているのだという宗教的一体感の境界を吐露されているのです。

実は、この文章の元ともいうべきものが法師品の「況滅度後」の後文にあるのです。

「薬王よ。当《まさ》に知るべし、如来の滅後に、それ能く書持《しょじ》し、読誦《どくじゅ》し、供養し、他人のために説く者は、如来は則《すなわ》ち、ために衣をもってこれを覆いたもう」

とあるのです。これに似た文章は、普賢菩薩勧発品《ふげんぼさつかんぼっぽん》第二十八にも説かれていますが、生涯中最大の危機、死をも覚悟された日蓮聖人は、法華経を介して眼前にお釈迦さまがましますま実体験をされたに違いないのです。

◆高原鑿水の譬

法師品の前章（迹門の正宗分）までで、お釈迦さまの弟子たちが次々と未来成仏の保証（授記、記別）を与えられたのに対し、この章では生きとし生けるもの全てに対し、法華経に感激することによって成仏すると説かれます。さらに、法華経を一句だけでも説くことがあれば、その人は如来の使いであり、全ての人々を救うために働く者であると示されているのです。

そして、この法華経を聴き、親しみ、会得しようとする求道者は仏に近づけるということを「高原鑿水《こうげんさくすい》の譬《たとえ》」という譬え話で示されているのです。

「薬王よ。譬えば、人あり、渇乏《かつぼう》して水を

須《もと》めんとして、彼の高原を穿鑿《うがちほ》りて、これを求むるに、猶《なお》、乾ける土を見れば、水、なお遠しと知るも、功を施すこと已《や》まずして転《うた》た、湿《うるお》える土を見、遂に漸《ようや》く泥に至れば、その、心は決定《けつじょう》して水、必ず近しと知るが如し」

インドには砂漠地帯、降雨の少ない高原地帯が存在します。インドライオンが住むインド北西部のラジャスタン州の砂漠、アジャンタやエローラという世界遺産の石窟《せっくつ》群があるデカン高原のような場が舞台となったのでしょう。

譬え話を要約すると、次のようになります。

ある人が乾ききった高原で水を探し求めていたとしましょう。その人は水を得るために荒れ果てた乾いた高原の地に井戸を掘ろうとします。普通の土地でありますと、二、三メートル掘っていくと水を含んだ土にぶつかり、水が近いことを感じてどんどん掘り進みますと水脈にあたり水がわき出てくるものです。

ところが、乾燥地帯の高原でありますので、なかなか水気を含んだ土にぶつかりません。「もう、これ以上掘っても水は出てこない」と諦めながらも掘っていきますと、僅かながらも土に湿り気を確かめることができるようになりました。このことに勇気付けられ、「まことに水は近い」と信じ、掘り進みますと水脈に当たるというような譬え話が示されるのです。

この譬え話から、求道者が法華経を求める在り方も同じであると記していることが窺《うかが》えるのです。つまり、水の感触が全くない間、すなわち、法華経を聴くことも、学ぶことも、理解することも、没頭することも、考えもしない間は、大きな志をもつ求道者といえども仏となることはできないのです。

しかし、水が近きにあると感じた時、すなわち、法華経を聴き、学び、信奉し、読誦し、親しみ、崇め尊ぶ時、大きな志をもつ求道者は仏に近づくことができると「高原鑿水の譬」をもってお釈迦さまは示されたのです。

◆弘経の三軌（衣・座・室）

この後の文章には、法華経を求める善男子《ぜんなんし》・善女人《ぜんにょにん》たちが、お釈迦さまの入滅後にその教えを説こうとする時の心構えが説かれます。

「薬王よ、若し善男子、善女人ありて、如来の滅後に、四衆《ししゅ》のために、この法華経を説かんと欲せば、云何《いか》んが、応《まさ》に説くべきや。この善男子、善女人は、如来の室に入り、如来の衣を著《き》、如来の座に坐して、しかしてすなわち、応に四衆のために、広くこの経を説くべし。如来の室とは、一切衆生の中の大慈悲心これなり。如来の衣とは、柔和忍辱《にゅうわにんにく》の心、これなり。如来の座とは、一切法の空《くう》、これなり」

いわゆる「弘経《ぐきょう》の三軌《さんき》」あるいは「衣《え》・座《ざ》・室《しつ》の三軌」といわれる教えが説かれます。

これは法華経を説く者の心構えを説いたもので、あらゆる四衆＝比丘《びく》（男性の出家者）・比丘尼《に》（女性の出家者）・優婆塞《うばそく》（在家の男性信者）・優婆夷《うばい》（在家の女性信者）を真実の教えへと導く心得ともいうべきものなのです。

・如来の室…悟りを開いたお釈迦さまは、全ての人々を救うという大慈悲心の部屋に常にあり、法華経を説く者はその部屋にあるがような心持ちにならなければならない。

・**如来の衣**…悟りを開いたお釈迦さまは、どんな事態にも対応できる柔らかな心を持《たも》ち、何事にも堪《た》え忍ぶという柔和《にゅうわ》忍辱《にんにく》の心に満ちた衣服をもちあわせた方であり、法華経を説く者はそのような衣服を頂戴して行動しなければならない。

・**如来の座**…悟りを開いたお釈迦さまの座は、全ての存在が空という最高の境地を表したもので、法華経を説く者はそれを体感し、その境地と一体化しなければならない。

この弘経の三軌は、お釈迦さまの滅後における法華経布教の心構えについて語られたものです。日蓮聖人が認《したた》められた文章中に、この弘経の三軌について触れられることはあまりありませんが、そのご生涯そのものが弘経の三軌といえるのです。

◆「変化の人」に守られる

この弘経の三軌が説かれた後に、お釈迦さま滅後において法華経を弘める者には、お釈迦さまが「変化《へんげ》の人」を遣《つか》わして守護に当たることが明かされます。

「われは化《け》の四衆たる　比丘・比丘尼と及び清信《しょうしん》の士・女とを遣《つか》わして　法師を供養せしめ　諸の衆生を引導して　これを集めて法を聴かしめん。若し人、悪と刀・杖及び瓦・石を加えんと欲せば、則ち変化の人を遣わして　これがために衛護《えご》となさん」

日蓮宗の檀信徒の皆さんがしばしば訓読みします「欲令衆《よくりょうしゅ》」というお経の中にある文章です。「欲令衆」は、方便品《ほうべんぼん》の「一大事因縁《いちだいじいんねん》」、譬喩品《ひゆほん》の「三車火宅《さんしゃかたく》の譬」、法師品のこの文「則《そっ》遣変化人《けんぺんげにん》」、そして見宝塔品《けんほうとうほん》の「多宝《たほう》如来の証明《しょうみょう》」の四つの文章から構成されています。

この法師品の文章を詳しく見ますと、お釈迦さま滅後において、法華経を説く勇気のある者のために、神通力によって護るであろう、僧も尼僧も、男性信者も女性信者も、供養するであろう、土塊を投げつけられたり、棒でなぐられたり、脅迫や非難が加えられたりするようなことがあれば神通力によって出現した者が衛護するであろう、といわれているのです。

ここでいう「変化の人」とは、一体どのような人をいうのでしょう。私たちは困難に遭遇した時、物心両面から面倒を見てくれた人のことを、多分、「人生の恩人」として崇めるでありましょう。

ところが、法華経を身体をもって行じている人にあっては、同じ「人生の恩人」であっても、その人はお釈迦さまが遣わされた「変化の人」として受けとるのであります。つまり、法華経を知り、法華経を行じているという自覚に立った時、同一人物であっても「変化の人」であることを実感するのです。

それを最も実感されたのは日蓮聖人でありましょう。「変化の人」を眼前に見られたケースが二例あると私は考えているのです。そのうちの一つは、弘長元年（一二六一）五月十二日、伊豆伊東に配流された時の船守《ふなもり》弥《や》三郎《さぶろう》夫妻であ

ります。同年六月二十七日に認められた『船守弥三郎許御書《もとごしょ》』には、

「ことに五月のころなれば米もとぼしかるらんに、日蓮を内内にてはぐくみ給しことは、日蓮が父母の伊豆の伊東川奈と云ふところに生れかわり給ふか。法華経の第四に云く。及清信士女供養於法師云々。法華経を行ぜん者をば、諸天善神等、或はをとことなり、或は女となり、形をかへ、さまざまに供養してたすくべしと云ふ経文也。弥三郎殿夫婦の士女と生れて、日蓮法師を供養する事疑なし」（定遺二二九〜二三〇頁）

とあります。弥三郎夫妻については明らかでないことが多いのですが、法師品の文章を引かれた後に「変化の人」であることを明言されているのです。

もう一つは、日蓮聖人の生涯にあっての一番の難局、佐渡流刑にありました。千人中九百九十九人までがお題目の信仰を捨てたという周囲環境、北国寒山の地で初めて迎える冬に、日蓮聖人は死をも覚悟されたのです。殊に食糧事情は厳しいものがあったに違いありません。それを救ったのが阿仏房日得《あぶつぼうにっとく》とその妻・千日尼《せんにちあま》でありました。

弘安元年（一二七八）七月二十八日、身延《みのぶ》より佐渡の地に宛てられた『千日尼御前御返事』には次のように綴られているのです。

「日蓮が庵室に昼夜に立ちそいて通う人あるをまどわさんとせめしに、阿仏房に櫃《ひつ》をしをわせ、夜中度々御わたりありし事、いつの世にかわすらむ。只父母の佐渡の国に生れかわりて有るか」（定遺一五四五頁）

阿仏房は元々、順徳上皇に近侍した北面の武士で、上皇のお伴をして佐渡に渡り、上皇崩御《ほうぎょ》の後も御陵《ごりょう》を守り、阿弥陀信仰に篤かった人といわれています。

佐渡流刑となった日蓮聖人のウワサを聞き、一時はこらしめようとの企てを立てますが、その学徳と威徳に触れるうちに深く帰依するようになり、日蓮聖人が佐渡在島中の約二年五ヶ月の間、日々供養の品々《しなじな》を届けたというのです。千日尼という名の由来は、この日数にあるといいます。

高齢の阿仏房に櫃《ひつ》を背負わせ食糧を運ばせた千日尼に対し、日蓮聖人は「悲母の佐渡の国に生れかわりて有るか」と表現されています。「変化の人」という言葉ではありませんが、『船守弥三郎許御書』と同様、「生れかわりて有るか」は「変化の人」と同意語といってもよいと私は考えるのです。

阿仏房夫妻は日蓮聖人が身延へ入山された後も追慕の念捨てがたく、阿仏房は齢九十近くにありながら荒海、山河を越え、三度にわたり身延へと詣で、死後もその意志を継いだ子・藤九郎は父の遺骨をもって登詣し埋葬を果たしているのです。現在、日蓮聖人の御廟所《ごびょうしょ》の左にある阿仏房の墓は、霊山往詣後も日蓮聖人を慕っている証《あかし》と見ることができるのです。

◆サウイフホッシニ　ナットクレ

法師品の一番最後の末文には、

「若し法師に親近《しんごん》せば　速かに菩薩の道を得　この師に随順して学ばば　恒沙《ごうしゃ》の仏を見たてまつることを得ん」

とあります。法を説く者を頼りとした人々は、速かに求法者となり、親しくして交わる人々には、ガンジス河の砂のように数多くの仏を見ることができる、と述べられています。

この文章は、私たち僧侶が遷化《せんげ》（化を他界に遷《うつ》す。この娑婆《しゃば》世界での生命を終えた後、お釈迦さまがいらっしゃる霊鷲山《りょうじゅせん》の浄土＝霊山《りょうぜん》浄土へ往《い》っても、人々を教化《きょうけ》するという意）した時に、回向文《えこうもん》の中で読まれる文章でもあります。

法華信仰の詩人・宮沢賢治の「雨ニモマケズ」は、正に「自行化他《じぎょうけた》」の菩薩行実践の志、とみることができますが、その末文は、

「ミンナニデクノボートヨバレ　ホメラレ
モセズ　クニモサレズ　サウイフモノニ
ワタシハナリタイ」

という文章で結ばれています。賢治のこの文章は自身がこのような人になりたいという願いを表したものですが、法師品の文章は、他者（僧侶）に対し、あの世でもそのようになって下さいとの念いをこめての文章であるのです。

霊山浄土へと往った僧侶に向かい、あの世でも法師品にあるような良い法師となって頑張れ！　と。賢治風にいいますと、「サウイフホッシニ　アナタハ　ナッテクレ」との願いで回向するのです。

南無妙法蓮華経

見宝塔品《けんほうとうほん》 第十一

◆舞台は「虚空会」に

法師品が終わりますと、「虚空会《こくうえ》」（本書24頁の図を参照して下さい）といわれる品々《ほんほん》に入ります。

その一番はじめにある章が見宝塔品で、見宝塔とは「宝塔が地より涌《わ》き出《い》でて大衆《だいしゅ》がそれを見る」という意味であります。サンスクリット語では「ストゥーパ・サンダルシャナ」といい、直訳すると「塔の出現」となります。

虚空会とは、「塔の出現」とありますように虚空＝大空に大きな塔が出現し、その場がお釈迦さまの説法する所となることをいい、見宝塔品から嘱累品《ぞくるいほん》に至る十二の品々を指します。従いまして、この虚空会の前までの十章を、お釈迦さまが法を説かれた場、霊鷲山《りょうじゅせん》（耆闍崛《ぎしゃくっ》山《せん》）であることから「前霊山会《ぜんりょうぜんえ》」といい、嘱累品の次の章、薬王菩薩本事品《やくおうぼさつほんじほん》より法華経の最終章である普賢菩薩勧発品《ふげんぼさつかんぼっぽん》に至る六章を「後《ご》霊山会」というのです。

そして、法華経が説かれた場が霊鷲山と虚空の二ヶ所であり、その場が三度変わることから

「二処三会《にしょさんえ》」といいます。

文永十二年（一二七五）二月十六日、日蓮聖人のご聖誕の日、身延《みのぶ》より安房国長狭郡《あわのくにながはざまのごおり》に住した「重恩の人」領家《りょうけ》の尼《あま》に宛てられた『新尼御前御返事』というお手紙には、虚空会の品々の関連を、次のように示されています。

「法華経の中にも迹門《しゃくもん》はせすぎて、宝塔品より事をこりて寿量品に説き顕《あらわ》し、神力《じんりき》品嘱累品に事極りて候《そうろう》」（定遺八六七頁）

ここに「起《き》・顕《けん》・竟《きょう》」という日蓮聖人独自の法門が説かれます。末法の人々を救う大事は見宝塔品に起こり（起）、如来寿量品で明確となり（顕）、如来神力品と嘱累品でその付嘱《ふぞく》が終結する（竟）といわれるのです。

◆巨大な宝塔の出現

それでは見宝塔品に入りましょう。まず、その冒頭で信じられない光景が示されます。

「その時、仏の前《みまえ》に、七宝《しちほう》の塔あり、高さ五百由旬《ゆじゅん》、縦広《たてよこ》二百五十由旬にして、地より涌出《ゆじゅつ》し、空中に住在せり。種種の宝物をもって之を荘校《かざ》り、五千の欄楯《てすり》ありて、龕室《へや》は千万なり。無数の幢幡《どうばん》を、もって厳飾《かざり》となし、宝の瓔珞《ようらく》を垂れ、宝の鈴は万億ありて、その上に懸かれり。四面には、皆、多摩羅跋《たまらばつ》と栴檀《せんだん》の香《かおり》を出して、世界に充遍せり」

この見宝塔品に至りまして、とんでもない出来事が起こるのです。大地より、大きな大きな宇宙船ともいっていいような宝の塔が涌出（涌き出るように出現）するのです。

その大きさは、高さ五百由旬、縦と横がその半分の二百五十由旬。以前に記しましたように、一由旬にはさまざまな説がありますが、一説では牛が「モー」となく声が聞ける距離の八倍をいうといいます。その距離は約十五キロメートル、従いまして、高さ七千五百キロメートル、縦と横がそれぞれ三千七百五十キロメートルという途方もない大きさの宝塔が、突如として大地より出現して大空にとどまったのです。

その大きな塔には、七宝が散りばめてありました。七宝とは、七種の宝、金・銀・瑠璃《るり》・頗《は》璃《り》・硨磲《しゃこ》・瑪瑙《めのう》・珊瑚《さんご》でありまして、この七種の宝で大塔はまことにきらびやかに飾られていたのであります。

この光景を眼前に見た人々は、夢物語と驚いたに違いありません。では、この信じがたい出来事をどのように理解したらよいのでしょうか。私は次のように考えているのです。

さまざまな七種の最高の宝で飾られたということは、この上ない最上の場で、最も素晴らしい仏法が説かれることを意味し、大きな大きな宇宙船のような大塔の出現は、時間や空間を超えた真理、仏法が説かれることを表していると、私は思うのです。

そういえば、私たちが信仰の対象とする「お曼荼羅《まんだら》」（日蓮宗の曼荼羅本尊）は、この見宝塔品から始まる虚空会の世界をイメージして日蓮聖人が独自に図顕されたものといえるでしょう。文永十年（一二七三）四月二十五日、日蓮聖人が配所の地・佐渡で著された「法開顕《ほうかいけん》」の書、『観心本尊抄《かんじんほんぞんしょう》』には、ご本尊の様相を次のように綴《つづ》られています。

「その本尊のていたらく、本師の娑婆《しゃば》の上に、宝塔空に居し、塔中の妙法蓮華経の左右に、釈迦牟尼仏・多宝仏。釈尊の脇士は上行《じょうぎょう》等の四菩薩なり。文殊・弥勒等の四菩薩は、眷属《けんぞく》として末座に居し、迹《しゃっ》化《け》・他方の大小の諸菩薩は、万民の大地に処して雲閣・月卿を見るが如し」（定遺七一二〜三頁）

『観心本尊抄』を認《したた》められてから約百日後の七月八日（八日はお釈迦さまのご聖誕と成道の日）に、初めてお曼荼羅として図に顕《あらわ》されたのでした。

◆証明仏・多宝如来

さて、想像を絶した世界、宝塔が現れた後、その塔の中から、

「その時、宝塔の中より大音声《だいおんじょう》を出して、歎《ほ》めて言《のたま》う『善いかな、善いかな、釈迦牟尼世尊は、能《よ》く平等の大慧《だいえ》、菩薩を教える法にして、仏に護念せらるるものたる妙法華経をもって、大衆《だいしゅ》のために説きたもう、かくの如し、かくの如し。釈迦牟尼世尊よ、説く所の如きは、皆これ真実なり』と」

と、多宝如来が大音声を発せられるのです。この文章は前項に記しました「欲令衆《よくりょうしゅ》」の末文にあり、「証明《しょうみょう》」ともいわれています。

多宝如来はサンスクリット語で「プラブータ・ラトナ」といい、「多くの宝玉」「大宝」「宝勝」という意味です。多宝如来は東方宝《ほう》浄《じょう》という世界の教主で、遠い昔の仏さまであり、法華経が説かれる時にその教えが真実であ

ると証明することを誓願とした「証明仏」でもあるのです。

何を証明するかといいますと、それは二つあると考えられます。その一つは、今まで法華経でお釈迦さまが語ってこられたこと、殊に永久に成仏しないとされた二乗（声聞乗と縁覚乗）の人々が仏となる、つまり、全ての人々が仏となると説かれたことが偽りでないと証明されたのです。

もう一つは、これから説かれる法華経の教え、殊に如来寿量品を中心にした永遠なる生命を有したお釈迦さまの存在を明かすことへの証明とも受けとることができるのです。

日蓮聖人は、しばしばご自身の文章の中に「釈迦・多宝」と表現されています。私はこの語に注目したいと思うのです。何故ならば、見宝塔品のこの後の文章で示されるお釈迦さまと多宝如来との同座を、端的にそう表現されたのではないか、同じ場、同じ時間を共にするお二方の存在を表した言葉と受けとれるのでありす。

お釈迦さまは、化城喩品《けじょうゆほん》で明らかになりましたように、私たちが住む娑婆世界、地球の主であります。そのお釈迦さまは、過去の仏、他の世界の主である多宝如来と同座することが見宝塔品で示されます。このことは、冒頭で述べました宝塔の涌出と同様に、時間や空間を超えた出来事と理解しなければならないのです。

さらに言及しますと、過去仏との同座は、お釈迦さまにも実は遠い遠い昔の物語があったという暗示である、如来寿量品で明かされる「久《く》遠開顕《おんかいけん》」の端緒と見ることができるのです。

◆三変土田と十方分身諸仏の来集

突如、大地より現れた大きな宝塔が虚空に止まり、そして、その中から、

「お釈迦さま！　あんたのいうこと本当だよ！」

と、多宝如来が大音声でもって法華経が真実であることを証明されたのです。

しかし、声はすれどもお姿が全く見えなかったのです。透明人間現る、否、失礼しました、透明多宝如来が出現されたのでしょうか。大音声を聞いた人々は不思議であったに違いありません。

そこで、皆を代表して大楽説《だいぎょうせつ》菩薩（サンスクリット語でマハープラティバーナ、偉大な雄弁家と称される菩薩）が、このことを申し上げますと、お釈迦さまは次のように述べられます。

「大楽説よ。今、多宝如来の塔は、法華経を説くを聞かんがための故に、地より涌出して、讃《ほ》めて『善いかな、善いかな』と言いたもうなり」

さらに、大楽説菩薩はお釈迦さまに申し出をされるのです。

「世尊よ、われ等は、願くは、この仏身を見たてまつらんと欲す」

と多宝如来のお姿を拝したいと懇願したのでした。これに対し、お釈迦さまはさらに次のように返答されるのです。

「この多宝仏に深重《じんじゅう》の願あり『若し、わが宝塔にして、法華経を聴かんがための故に、諸仏の前《みまえ》に出《い》でん時、それ、わが身をもって、四衆《ししゅ》に示さんと欲することあら

ば、彼《か》の仏の分身《ふんじん》の諸仏の、十方世界に在りて説法したもうを、尽《ことごと》く還《かえ》して一処に集め、然して後に、わが身を乃《すなわ》ち出現せしめんのみ』と。大楽説よ、わが分身の諸仏にして、十方世界に在りて説法したもう者を、今、応当《まさ》に集むべし」

多宝如来には本当に尊い願いがありました。それは、

「法華経が説かれる時、私の全身を祀る宝塔は法華経を聴くために諸仏のみ前に現れようとするでしょう。わが身を人々の前に示そうとするならば、十方の国々においで説法されている仏さま方がその場の一処に集まられた後、私は姿を現すでしょう」

というものでした。そして、さらにお釈迦さまは大楽説菩薩へ、十方の世界で説法しているわが分身の諸仏をここに集めよう、といわれたのです。

十方分身諸仏を集めるために、序品と同じように、お釈迦さまはまず東方の国土から、ご自身の眉間の白毫《びゃくごう》から一条の光を十方の国土に放ったのです。十方でありますから、東→東南→南→南西→西→西北→北→北東、そして上と下。ありとあらゆる空間に住みたもう諸仏を映し出したのです。たぶん、灯台の灯のような一条の光は、諸仏が集まるための合図であったのでしょう。

諸仏が住みたもう国土は、一様に頗璃《はり》（水晶のこと）の大地で、宝樹・宝衣を飾りとし、七宝と黄金の綱で覆われ、仏さま方が魅力のある声で人々に法を説いていました。

この十方の国土に住みたもう仏さま方は、それぞれに付き添っていた菩薩に、

「善男子よ、われは今、娑婆世界の釈迦牟尼仏の所に往き、並びに多宝如来の宝塔を供養すべし」

といわれたのです。そうしますと、また、不思議なことが起こったのです。十方の国土の素晴らしい光景が映し出されたことに呼応するように、私たちが住む娑婆世界が輝きを増して清浄な地となったのです。大地が瑠璃《るり》（ラピスラズリのこと）で敷きつめられ、宝樹や黄金の縄などで飾られ、いいようのない香りや素晴らしい曼《まん》陀羅華《だらけ》が地に散りばめられたのです。

このような国土の大変化は、一度だけではなく三度もあったのです。まず、娑婆世界、次に八方の二百万億那由佗《なゆた》の国土、さらに八方の二百万億那由佗の国土を次々と清浄なさしめたのです。

この出来事を「三変土田《さんべんどでん》」といいます。中国天台宗を開かれた天台大師《てんだいだいし》智顗《ちぎ》（五三八〜五九七）は、この三変を三惑《さんわく》、人々の身心を惑わす三種の根本的な煩悩《ぼんのう》に配当されました。娑婆世界の第一変を見思《けんじ》の惑、八方の二百万億那由佗の第二変を塵沙《じんじゃ》の惑、八方の二百万億那由佗国土の第三変を無明《むみょう》の惑と断じたことを意味するとされたのです。

三変土田の結果、

「通じて一仏国土となり、宝地は平正《びょうじょう》にして、宝をもって交露《きょうろ》せる幔《まく》は遍《あまね》くその上を覆い、諸の幡蓋《ばんがい》を懸け、大宝の香を焼き、諸の天の宝華は、遍くその地に布けり」

「その時、東方の釈迦牟尼仏の分ちたもう所の身の、百千万億那由他の恒河《ごうが》の沙に等しき国土の中の諸仏にして各各説法したもうは、ここに来集したまえり。かくの如く次第に、十方の諸仏は、皆、悉く来集して、八方に坐したもう」

国土は何の障害もない平らかな世界となり、芳《かんば》しい香料の香りがただよい、宝樹が生《お》い茂っていたのです。とうとう待ちに待った時が来ようとしています。十方で説法していた分身《ふんじん》諸仏が来《きた》り集まり、多宝如来がそのお姿を現される場が整ったのでした。

ここで私は二つのことに注目したいのです。その一つは「三変土田」であり、もう一つは**「十方諸仏の来集」**ということであります。この二つの出来事も全く夢物語のようでありますが、そこには何かを暗示する事柄があると考えるのです。

「三変土田」は、場を清浄に整える、来集する方々のために清らかな場にするということですが、最高の場を整えるということは、これまでに説かれたことがない最上で魅力的な仏法が説かれるため、お釈迦さまが最高の教えを説くために整えられたといえるのです。また、天台大師の解釈から判断しますと、三惑の身心を清浄にして最高の教えが説かれるために準備態勢を整えたとも受けとれるのです。

もう一つの分身来集についてですが、お釈迦さまがご自身の眉間の白毫から一条の光を放って十方を照らし、それに応じて分身の諸仏が来集したということは、お釈迦さまと分身諸仏が古《いにしえ》より深甚《じんじん》の縁があったということの証であると考えるのです。遠い過去世からお釈迦さまと分身諸仏との関係があったからこそ、それは成り立ったといえるのです。それは偶然の出来事ではないのです。このことも如来寿量品の久遠開顕の前ぶれと見ることができるのです。

◆三箇の勅宣と法華経受持の難しさ

いよいよ場が整い、多宝如来のお姿が現れる時を迎えるのです。

来集された十方分身の諸仏、その侍者たちも集まったのを知り、お釈迦さまは席を立って空中に止まり、

「釈迦牟尼仏は、右の指をもって、七宝の塔の戸《とぼそ》を開きたもうに、大音声を出すこと、関《けん》・鑰《やく》を却《のぞき》て大城の門を開くが如し」

と、空中にそびえ立った大宝塔の中央の一扉を右手の指で左右に開きました。そうしますと、身体がやせ細った多宝如来が、禅定に入るが如く坐られているのが見えたのです。

多宝如来は、「私は法華経を聴くためにここへ来たのです」との言葉を発し、さらに「お釈迦さま、どうかここに坐りたまえ」と招かれたのでした。すると、

「即時《そのとき》、釈迦牟尼仏は、その塔の中に入り、その半座に坐して、結跏趺坐《けっかふざ》したもう」

ここに多宝如来とお釈迦さまとの**「二仏並坐《びょうざ》」**が実現するのです。前述しましたように、過去の仏である多宝如来との同座は、時間と空間を超えた時と場を示し、共にあるということでお釈迦さまも遠い昔からの仏である、如来寿量品の久遠開顕の前ぶれともいえるのです。

並坐したお釈迦さまは、早速、次の言葉を発せられます。

「誰か能くこの娑婆国土において、広く妙法華経を説かん。今、正しくこれ時なり。如来は久しからずして、当に涅槃に入るべし。仏は、この妙法華経をもって付《ふ》嘱《ぞく》して、在《とどま》ることあらしめんと欲するなり」

文永八年（一二七一）十月二十二日、日蓮聖人は流刑の島・

「二仏並坐」を表す像
（向かって左がお釈迦さま、右が多宝如来）

佐渡へと向かうため、順風待ちで逗留《とうりゅう》した寺《てら》泊《どまり》（現在の新潟県寺泊町）から下総中山に住した有力檀越・富木常忍氏へ宛てられた書簡『寺泊御書』において、次のような表現をされています。

「宝塔品の三箇《さんか》の勅宣《ちょくせん》は霊山《りょうぜん》虚空《こくう》の大衆に被《こうむ》らしむ」（定遺五一五頁）

この他、『開目抄』（定遺五八三頁）には、具体的に先ほどの見宝塔品の文を引いて「第一の勅宣《ちょくせん》」といわれ、これ以降の文章を引いて「第二の鳳詔《ほうしょう》也」「第三の諫勅《かんちょく》也」と表現され、これらを総じて**「三箇の勅宣」**といわれたのです。三箇の勅宣は、三箇の告勅《ごうちょく》、三箇の鳳詔、三箇の諫勅ともいい、お釈迦さまが霊山虚空会に集まった大衆に対して、大声でもって三度、

「私が滅度した後に法華経を受持《じゅじ》し弘経《ぐきょう》する者は、誓いの言葉を述べなさい」

と勧め命じたことをいいます。

『開目抄』によれば、法華経の「第二の鳳詔也」とは、

「この方便をもって　法をして久しく住せしむるなり。諸の大衆に告ぐ。わが滅度の後に誰か能くこの経を護持し読誦するや　今、仏の前において　自ら誓の言葉を説け」

お釈迦さまと多宝如来との並坐、十方分身諸仏の来集の意図するところは、法華経を永遠にこの娑婆世界に弘経するということにあります。三仏（お釈迦さま・多宝如来・十方分身諸仏）の前において、お釈迦さま滅後に弘経の志ある者は誓いの言葉を述べなさいと命じられるのです。そして、さらに、

「諸の善男子よ　各、諦《あきら》かに思惟せよ。これはこれ難事なり　宜《よろ》しく大願を発《おこ》すべし」

と、法華経を末法の世に弘経する者に委《ゆだ》ねたいとお釈迦さまは願ったのですが、「それに応えることは非常に難しい、大願を発せよ」と死身《ししん》弘法《ぐほう》（命を賭して法を弘《ひろ》める気持ち）の態度を要求されたのです。

さらにお釈迦さま滅後において、法華経の救いを持《たも》ち伝えることの難しさを「六難九易《ろくなんくい》」という譬えをもって示されます。

《六難》

①法華経を説く。

②自ら法華経を書き持ち、他人をして書かしめる。

③法華経を読む。
④法華経を持って、一人のために説く。
⑤お釈迦さまの滅後、法華経を聴いてその趣旨を問う。
⑥お釈迦さまの滅後に法華経を持《たも》つ。

《九易》

①法華経以外の無数の経典を説き尽くす。
②須弥山《しゅみせん》をちぎって他の国土に投げおく。
③足の指をもって大千世界を動かし、遠くの他国に投げる。
④色界《しきかい》の最も上にある有頂天《うちょうてん》に立って、法華経以外の無数の経典を説く。
⑤虚空の中で遊行《ゆぎょう》する。
⑥大地を粉にして爪の先端にかき集め、それを投げ捨てに行くごとに梵天《ぼんてん》の世界に昇る。
⑦この世の終わりを告げる劫火《こうか》の中で枯れ草を背負っても焼けない。
⑧八万四千の法蔵と十二部経を信奉し、人々に演説し、聴いた人々に六種類の神通力を体得させる。
⑨ガンジス河の砂の数のような多くの人々に小乗の聖者・阿羅漢《あらかん》の悟りと六種類の神通力を得させる。

この九項目を実現することは困難であると思われますが、お釈迦さまは法華経の救いをわが滅後に持《たも》ち伝えることはもっと難儀であると述べられるのです。そして、この難儀にも怯《ひる》むことなく、弘経するようにとの要請の「第三の諌勅也」が示されるのです。

お釈迦さまが多宝如来と並坐されて発せられた言葉は、三度にわたる「私が滅度した後に、誰か法華経を説く者はいないか」でありました。法華経の中味がまだわからない、法華経の趣旨が理解できない段階で、お釈迦さまが三度弘経の要請をされたのは不可解なこととといえましょう。

日蓮聖人は、法華経受持《じゅじ》（信じて受け持《たも》つこと）の難しさについて、次のように綴られています。

「受《う》くるはやすく、持《たも》つはかたし。さる間成仏は持つにあり。此《こ》の経を持たん人は難《なん》に値《あ》ふべしと、心得て持つなり」（『四條金吾殿御返事』定遺八九四頁）

法華経は「信じ難《がた》く、解《さと》り難い」（難信難解《なんしんなんげ》）の経典であるため、他人から誤解されやすく、受持する者は迫害を受けることとなる、といわれています。お釈迦さまは法華経が「難信難解」であるため、迫害必定《ひつじょう》であるため、覚悟して弘経する者はいないかと、誠にストレートないい方で、真っ向大上段に三度要請されたのであります。

見宝塔品の末文には、日蓮宗の僧侶や檀信徒の方々にとってはお馴染《なじ》みの、勤行《ごんぎょう》において唱題《しょうだい》（お題目を唱えること）をした後で、木柾《もくしょう》（日蓮宗の勤行で用いられる鳴らし物）の独特なリズムに合わせて読む「宝塔偈《げ》」、すなわち「此《し》経難持《きょうなんじ》」の九十六文字の経文があります。

「しばらくも法華経を持つ人は、無上の仏道を得、平静な境界《きょうがい》に達し、一瞬でも法華経を説く人は、学識があるとして人々から礼拝されましょう」

と、法華経を持《たも》つ人の功徳が甚大であることが明かされているのです。

南無妙法蓮華経

提婆達多品《だいばだったほん》 第十二

◆悪人成仏と女人成仏の教え

日蓮聖人の言葉、
「二箇《にか》の諫暁《かんぎょう》、提婆品にあり」（定遺五八一二頁）
は、『開目抄《かいもくしょう》』にあります。

日蓮聖人は提婆達多品に説かれます二大テーマを、端的に「二箇の諫暁」と表現されています。私は実に的《まと》を射《い》た言葉と感心するのです。

「諫暁」とは、相手をいさめることをいいます。「二箇」の内容とは、提婆達多品の前半部で説かれる悪人・提婆達多の成仏（悪人成仏）と、後半部で説かれる八歳の龍女《りゅうにょ》の成仏（女人《にょにん》成仏）をいいます。

この「悪人成仏」と「女人成仏」の二つの教えを、日蓮聖人は末法《まっぽう》の濁世《じょくせ》に生きる人々のための手本と受け入れるようにいさめ勧められたのであります。それを「二箇の諫暁」と表現されたのであります。

◆提婆達多の成仏

それでは、提婆達多品の内容に入っていくことにしましょう。前半部の主人公は、提婆達多(陀羅尼品《だらにほん》では調達《ちょうだつ》と訳されています)であります。

むかし、むかし、ある国の王が仏となるための智慧を求めて六波羅蜜《ろくはらみつ》の修行をし、国位を捨てて、政治を子である太子に委《ゆだ》ね、

「誰か、私のために大乗を説く方はいないでしょうか。私は終身、その方のために尽くすでありましょう」

と四方に求めたのでした。

そうしますと、一人の仙人がいて次のように語りました。

「私は、大乗の中で最も勝《すぐ》れたお経である妙法蓮華経を持《たも》っています。もし、あなたが私に仕《つか》えることを承諾するならば、その教えを聴かせましょう」

といいましたので、王は踊りあがって喜び、

「あなたにお仕えします」

と約束したのでした。そして、草や薪《たきぎ》、水、球根、果実などを集める召使いの仕事、玄関番をもして仙人に仕えたのです。一千年の歳月が過ぎ去った時、

「仏は、諸《もろもろ》の比丘《びく》に告げたもう『その時の王とは、即ちわが身これなり。時の仙人とは、今の提婆達多これなり。提婆達多は善知識《ぜんちしき》たりしに由《よ》るが故に、われをして六波羅蜜と、慈《じ》・悲《ひ》・喜《き》・捨《しゃ》と三十二相《さんじゅうにそう》と八十種好《はちじゅっしゅごう》と紫磨金色《しまこんじき》と十力《じゅうりき》と四無所畏《しむしょい》と四摂法《ししょうぼう》と十八不共《じゅうはちふぐ》と神通《じんづう》と道力《どうりき》とを具《ぐ》足《そく》せしめたり。等正覚《とうしょうがく》を成《じょう》じて、広く衆《しゅ》生《じょう》を度《すく》うことも、皆、提婆達多という、善知識に因《よ》るが故なり』」

と。

お釈迦さまは次のようにいわれます。その時の、

・王＝今のお釈迦さま
・仙人＝今の提婆達多―（将来）→天王如来《てんのう》

であると示され、提婆達多という善知識（善き教えを与えてくれる師や友人のこと）があったからこそ、次の十一の徳目を備えることができたとおっしゃいます。

①六波羅蜜（布施・持戒《じかい》・忍辱《にんにく》・精進・禅定《ぜんじょう》・智慧）
②四無量心《むりょうしん》（慈・悲・喜・捨）
③三十二相（仏の身体にある三十二の吉相）
④八十種好（三十二相に付随《ふずい》して仏身を荘厳《しょうごん》する八十種の福相）
⑤紫磨金色（紫色を帯びた黄金色の皮膚の色）
⑥十力（十種の力、宿命《しゅくみょう》力・天眼《てんげん》力などの仏が所有する十の力）
⑦四無所畏（四種の自信）
⑧四摂法（菩薩が人々のために親愛の心を起こさせ善いことをさせるための四種の行為、布施・愛語《あいご》・利行《りぎょう》・同事《どうじ》の四種）
⑨十八不共（十八種の優れた特質）
⑩神通（偉大な超能力）
⑪道力（十方における人々を救う力）

お釈迦さまはさらにおっしゃいます、「私があるのは正に提婆達多のおかげである」と。

ここに僅かなお話ではありますが、お釈迦さま前世の話（前生譚《ぜんしょうたん》）が示され、提婆達多は未来世において天王如来（神の王）という名前の仏になる記別《きべつ》（授記《じゅき》）が与えられ、「悪人成仏」が結実するのです。

◆提婆達多こそお釈迦さまの善知識

さて、私には大きな疑問があるのです。それは「提婆達多はそんなに悪い者だったのか」ということなのです。

諸説ありますが、お釈迦さまの「家系図」（本書10頁の図を参照して下さい）にもとづきますと、提婆達多はお釈迦さまの従弟《いとこ》にあたり、多聞《たもん》第一といわれた阿難《あなん》の兄といわれます。提婆達多はお釈迦さまの近親の出家者であるが故に、仏教教団の中で重きを置かれたといいます。

しかし提婆達多は、お釈迦さまの晩年、教団の改革派のリーダーとなりお釈迦さまに反逆したことから、極悪の者として扱われるようになったといわれています。

ところが、近年の研究では、提婆達多が改革したのは教団に属した人々の生活の営みを厳格にしようとしたもので、本来の姿に戻そうとした運動であったといわれるのです。そして、その考えを受け継ぐ人々も存在し、「三蔵法師」こと玄奘《げんじょう》三蔵のインド旅行記『大唐西域記《だいとうさいいきき》』には、七世紀の東インド地方に提婆達多教団が存在することが紹介され、戒律を厳しく守りながら特殊な儀礼を行っていたといいます。

法華経の提婆達多品では、一般にいわれている極悪非道人としてではなく、どちらかといえば「お釈迦さまの善知識」とされるように好意的に扱われているといってもよいでありましょう。私は、だからこそ法華経は素晴らしい経典、価値のある経典であると思うのです。

お釈迦さまはさぞや「提婆達多は皆がいって

いるような、そんな悪人ではないんだよ！」といいたかったのではなかろうかと考えるのです。であるからこそ、「善知識」と表現されたのでありましょう。

この善知識とは、よき指導者とか、正しく仏道へ導く人ということです。日蓮聖人は善知識という語に特別な意義を持っておられたようです。『種種御振舞御書《しゅじゅおふるまいごしょ》』という御遺文《ごいぶん》には、

「釈迦如来の御《おん》ためには提婆達多こそ第一の善知識なれ」（定遺九七二頁）

と、お釈迦さまにとって提婆達多は第一の善知識、仏道へと導き入れた一番の恩人といわれ、ご自身については次のような見解を示されるのです。

「相模守殿《さがみのかみどの》こそ善知識よ。平左衛門《へいのさえもん》こそ提婆達多よ。念仏者は瞿伽利尊者《ぐきゃりそんじゃ》、持斉《じさい》等は善星比丘《ぜんしょうびく》。在世は今にあり、今は在世なり」（定遺九七一頁）

日蓮聖人に対して迫害を加える人々、敵対者があってこそ、自らが法華経を色読、身体でもって法華経を追体験している、つまり、

・相模守（北条時宗《ほうじょうときむね》）＝善知識
・平左衛門 尉 頼綱《じょうのよりつな》＝提婆達多

として、お釈迦様とご自身との法華経提婆達多品を通しての宗教的一体感を「在世は今にあり、今は在世なり」と表現されているのであります。

◆提婆達多品と回向

一般的には、極悪非道人として評判高い（？）、つまり、お釈迦さまを殺害しようとしたり、マガダ国の王子・阿闍世《あじゃせ》をそそのかして

阿闍世の父・頻婆娑羅王《びんばしゃらおう》を殺させ、母・韋提希《いだいけ》夫人《ぶにん》を牢獄へ幽閉させた提婆達多でありますが、法華経では善知識として、どちらかというと好意的に描かれているのです。

さらに提婆達多は将来仏になるという記別《きべつ》が次のように与えられているのです。

・仏名…天王如来（神の王）

・世界…天道《てんどう》（神の階段）

・仏寿…二十中劫

永遠に地獄から脱出することができないとされていた提婆達多と阿闍世でありましたが、この章に至りましてお釈迦さまが提婆達多に将来成仏の保証（記別、授記）を与えたことは、周りにいた人たちにとって大きな驚きであったに違いありません。

そこで、お釈迦さまはショックを収めるためでありましょうか、修行者たちに、私たち日蓮宗僧侶がしばしば読む文章を、次のように告げられるのです。

「未来世の中に、若し善男子・善女人ありて、妙法華経の提婆達多品を聞き、浄心に信敬して疑惑を生ぜざれば、地獄・餓鬼・畜生に墜ちずして、十方の仏前に生れ、所生の処には、常に此の経を聞かん。若し人・天の中に生るれば、勝妙《しょうみょう》の楽《らく》を受け若し仏前に在らば、蓮華のなかに化生《けしょう》せん」

この文章を私たちは、お葬式やご法事における回向文《えこうもん》の中に引用します。

特に「妙法華経の提婆達多品を聞き」の箇所を「妙法蓮華経を聞いて」と換えて回向に使うことがあります。

それでは何故、この文章が回向文として用いられるのでしょうか。それは、提婆達多品に説かれる全ての教え、これまで説かれてきた法華経の教えが、この文言のなかに集約されているからなのです。すなわち、お釈迦さまの滅後、いつでも、どこにあってもこの正しい教え、法華経を聞いて、疑いをもつことなく信心すると、仏となることができますよ、と。その例は極悪非道の人・提婆達多がそうであるように、また、これより説かれる八歳の龍女の場合も同じであるといわれるのです。

従いまして、私たちが回向でこの文言を用いますのも、この文章がお釈迦さまの滅後、未来世の人々、私たちのため説かれたと受けとって、亡き人のために仏国土に生まれるように願って読むのです。

◆八歳の龍女の成仏

前半部が終わりますと、「二箇の諫暁」のうちの「女人成仏」、八歳の龍女の成仏が例として説かれるのです。その序章には、次のように説かれています。

「時に、下方《げほう》の多宝世尊《たほうせそん》に、従う所の菩薩あり、名を智積《ちしゃく》と曰《い》い、多宝仏に啓《もう》す『当《まさ》に本土に還りたもうべし』と。釈迦牟尼仏は、智積に告げて曰《のた》もう『善男子よ、且《しば》らく、須臾《しゅゆ》を待て。ここに菩薩あり、文殊師利《もんじゅしり》と名づく、ともに相見るべし。妙法を論説して、本土に還るべし』と」

この章（提婆達多品）で悪人成仏というびっくりするような教えが説かれましたので、もうこれで充分であると思い込んだ多宝如来の眷属《けんぞく》である智積（理智の頂《いただき》という意）菩薩は、「自分がいた世界に帰ります」といい出します。

これを聞いたお釈迦さまは、

「ともかく今は帰る時ではありません。しばらく待っていなさい。ここに私の意を知っている文殊師利菩薩という者がいます。少しの間、彼と議論した後に、あなたの世界へ帰ってはどうでしょうか」

と勧められたことから後半部が始まります。

お釈迦さまが智積菩薩に留まるように勧められたのは、もちろん、もうちょっと法華経の素晴らしい教えを聞いては如何でしょうか、これから説かれるであろう女人成仏をしっかりと受けとめてほしい、と願われたことから発せられた言葉と解せましょう。

そこで、智積菩薩は思い留まり、文殊師利菩薩との対話が始まります。三度ほどの往復があった後、智積菩薩は、

「この法華経は意味が非常に深く、普通の人の智慧では解《わか》らない、諸経の中の宝で、世にあることは極めて稀なものであるといわれています。もし、この法華経の教えに従って勤加精進《ごんかしょうじん》して、本当に仏となることができた者があったのでしょうか」

と、自身には未だ解らないと文殊師利菩薩に問うたのです。

これに対し、文殊師利菩薩は八歳の龍女の例をあげて語りだすのです。

「文殊師利の言《のたま》わく『有り。娑竭羅《しゃから》龍王の女《むすめ》は、年、始めて八歳なり。智慧は利根にして、善く衆生の諸根の行業《ぎょうごう》を知り、

陀羅尼を得、諸仏の説きし所の甚深《じんじん》の秘蔵を悉く能く受持し、深く禅定に入りて、諸法を了達し、刹那の頃《あいだ》に、菩提心《ぼだいしん》を発《おこ》して、不退転《ふたいてん》を得たり。弁才は無礙《むげ》にして、衆生を慈念すること、猶《なお》、赤子《しゃくし》の如し。功徳を具足して、心に念じ、口に演《の》ぶることは、微妙《みみょう》・広大にして慈悲・仁譲《なさけ》あり。志意《こころね》は和雅《わげ》にして、能く菩提に至れり』と」

ここに文殊師利菩薩の口より成仏の例が示されるのです。その例は、サーガラ（娑竭羅）龍王の娘でありました。その娘のもつ素晴らしい特質を列記しますと、次のようになります。

①年齢は八歳の龍女。
②素晴らしい智慧がある。
③身・口・意にわたる完全無欠の修行をしている。
④教えを長く心に持《たも》つ能力を有している。
⑤あらゆる仏が語った深い意義を感得している。
⑥心が少しも散乱せず、いつも安定している。
⑦あらゆる道理を理解して、一瞬のうちにその真実がわかる。
⑧仏の教えを遺憾なく他人に説き伝える力を具えている。
⑨母が赤子を見るような慈悲の心を持っている。
⑩他人を救い、他人を利益《りやく》する力が具《そな》わっていて、彼女が心に競い、口に演《の》ぶることが必ず役に立つ。
⑪人々に楽を得せしめんという心、人々か

ら苦を除こうとする心、なさけ深く謙遜な心を持っている。

⑫心持ちがやわらかで、ものに逆らわない。

文殊師利菩薩は、サーガラ龍王の娘の紹介をしたのですが、智積菩薩はまだ納得がいきません。仏になるということが非常に難しいということを力をこめていい、

「この女《むすめ》の、須臾《しゅゆ》の頃《あいだ》において、便《すなわ》ち正覚《しょうがく》を成《じょう》ずることを信ぜざるなり」

と、ましてサーガラ龍王の娘が一瞬のうちに仏になったというのは信じられないと語るのであります。

◆変成男子の真実とは

智積菩薩は、サーガラ龍王の娘がたちまちのうちに仏となったことが信じられないと語りましたが、その疑いは周りにいた者にとっても同じ思いであったに違いありません。

法華経以外のさまざまな経典には、女性は成仏できないとか、次の五種の地位を女性が得たことがないと説かれております。

①梵天《ぼんてん》（ブラフマン）の地位

②帝釈天《たいしゃくてん》（インドラ）の地位

③四天王《してんのう》（持国天《じこく》・増長天《ぞうちょう》・広目天《こうもく》・多聞天《たもん》という四方を守る神々）の地位

④転輪聖王《てんりんじょうおう》（全世界を統一する大帝王）の地位

⑤ひるむことのない求法《ぐほう》者の地位

では、提婆達多品においてサーガラ龍王の娘はどのようにして成仏したのでありましょう。

サーガラ龍王の娘は、身の飾りとしてこの上

もない立派な宝珠を持っていました。それをお釈迦さまに差し上げますと、即座に受けとられました。そこでサーガラ龍王の娘は、次のようにいいます。

「私が仏となることは、今、お釈迦さまが宝珠を受けとった一瞬よりももっと早い時間なのです。それを皆さんの前で証拠立てて見せてみましょう」

といって、次の文章が説かれるのです。

「皆、龍女の忽然《こつねん》の間に変じて男子と成り、菩薩の行を具して、すなわち、南方の無垢《むく》世界に往き、宝蓮華に坐して、等正覚を成じ、三十二相・八十種好ありて、普《あまね》く十方の一切衆生のために、妙法を演説することを見たり」

この文章中でしばしば問題視されますが、「変成男子《へんじょうなんし》」（男子となる）という語であります。古代のインド社会においては、男性に重きを置いた習慣があったからこの語があるという見方をされることもありますが、私はそうではないと考えるのです。

この語は、女性を差別したものではなく、男性・女性を超越したものと解釈できるのです。そのキーワードとして、私は仏の「三十二相」（仏の身体にある三十二の吉相）中の、「陰馬蔵相《おんめぞうそう》」にあると思うのです。

先の文章を、サンスクリット語原文からの現代語訳でみてみますと、次のようになります（現代語訳は岩波文庫『法華経』坂本幸男・岩本裕訳注のものをそのまま引用させていただきました）。

「そのとき、サーガラ龍王の娘は、世間のすべての人々が見ているところで、また長老シャーリ＝プトラの眼前で、彼女の女性の性器が消えて男子の性器が生じ、みずから求法者となったことを示した」

ある檀信徒の方から、「仏さまは男性ですか、それとも女性ですか」と尋ねられたことがあります。私は一瞬戸惑ったのですが、「確かどちらでもありませんよ」と返答しましたが、その方はキョトンとしていました。

仏さまは男女の性を超越した存在であり、そのお姿を表す三十二の相好の中に「陰馬蔵相」があるのです。外見から判断できませんが、男性の性器が身体の内に隠れていることを「陰馬蔵相」といいます。

従いまして、女性であるサーガラ龍王の娘は三十二相中の「陰馬蔵相」を満足して仏となった、それが端的に「変成男子」と漢訳されたと理解できるのであります。

◆年齢や地位による差別の否定

さらに仏になったサーガラ龍王の娘は、十方の者たちに法華経を説いたのでした。

「その時、娑婆世界の菩薩と声聞と天・龍の八部と人《にん》と非人《ひにん》とは、皆、遥かに彼《か》の龍女の、成仏して普く時の会《え》の人・天のために法を説くを見、心、大いに歓喜して悉く遥かに敬礼《きょうらい》せり。無量の衆生は、法を聞いて解悟《さと》り、不退転を得、無量の衆生は、道の記を受くることを得たり。無垢世界は、六反《ぺん》に震動し、娑婆世界の三千の衆生は、不退の地に住し、三千の衆生は菩提心を発《おこ》して、記を受くることを得たり」

提婆達多品の末文にある言葉です。私はこの部分の文章を読誦するたびに法華経の崇高な教えの一端が披瀝《ひれき》されていることを実感するのであります。

八歳のサーガラ龍王の娘が成仏した時、その後の周囲の素晴らしき状況に教えられることが大いにあるのです。

サーガラ龍王の娘は、

・年齢…八歳
・性別…女性
・龍王の娘…十界《じゅっかい》中の畜生界に位置するのであります。つまり、成人より年下、そして、十界のランクからいいますと、地獄界より上位の三番目、人間界より下位の二番目の存在である畜生界の者となります。

ところが、そのサーガラ龍王の娘が仏と成った時、周囲の者たちの反応はどうであったのでしょうか。

「龍女ごときの者が、何故成仏するんだ。バカバカしい!」

というような批判的な声があがったのでしょうか。いいえ、そうではなかったのです。

「本当に素晴らしいことだ、見事だ!」

といって、サーガラ龍王の娘が成仏し、法華経を説いたことに大いに歓喜し、畏敬の念を表して礼拝したのであります。

この様子をご覧になっていたお釈迦さまは、英断を下されたのでした。歓喜し、敬礼した者たちにも記別を与えられ、将来の成仏を保証されたのでありました。

この提婆達多品に描かれた情景に、私たちは学ぶところが多いと考えるのです。私たちは、応々にして自分より年下、地位の下の者が先に出世したり、上司に重用されますと、やっかみ、「よし、あいつの足を引っぱってやろう！」と思うのが常であります。そうではなく、年下の者であっても、自分より地位が低い者であっても、その者が成仏した時には心底から喜び讃えてやることが、却ってその人の人格を高め、他者から良い評価を受けることになるのです。提婆達多品では、そのような人間になることを勧めているのです。

日蓮聖人は『開目抄』において、

「龍女が成仏此《これ》一人にはあらず、一切の女人の成仏をあらわす。法華経已前《いぜん》の諸小乗経には女人成仏をゆるさず」（定遺五八九頁）

と示されていますが、私たちはこの文言を重く受けとめなければならないと思うのです。

サーガラ龍王の娘の成仏は、ただ一例として説示されたのではなく、全ての女性の成仏を示されたことであり、他の諸経典には説かれてはいないと訴えられているのです。

提婆達多品では全ての「女人成仏」と共に、前述のような人の在り方そのものを問うているといっても過言ではないでしょう。

南無妙法蓮華経

勧《かん》持《じ》品《ほん》 第十三

◆日蓮聖人の生涯を支えた教え

これより法華経の第十三章、勧持品に入ります。この章のタイトルにあります勧持とは、「持《たも》つことを勧める」という意で、法華経をただ学ぶだけではなく、法華経を深く信じ、その信仰を持ち続けて身に行い、それを他の人々に、世の中に弘めるということであります。

まず、それをお釈迦さまに誓ったのが薬王《やくおう》菩薩や大楽説《だいぎょうせつ》菩薩たちであったのです。

さて、「勧持品」という語のサンスクリット原語は「ウトサーハ」といい、直訳すると「絶《た》えざる努力」「常精進《じょうしょうじん》」というような意になりますが、これを「忍耐と名づける章」と訳されている方がいらっしゃいました。私はどちらかといいますと、後者の方がしっくりとするのです。

なぜなら、この勧持品は、お釈迦さま滅後の布教の在り方、菩薩方が忍耐しながら布教に当たることを誓う、これをメインテーマとしているからなのであります。

日蓮聖人にとりましても、勧持品は法華経の品々にあっても重要な章として受けとめられていました。殊に、末文の二十行の偈文《げもん》をお釈迦さまの「未来記《みらいき》」（お釈迦さまが未来を予見した文章）として受容されたのでした。

つまり、末法において法華経を布教する時には、必ず迫害や弾圧、非難中傷が起きるとあり、ご自身がそれを追体験することによって、「私・日蓮こそが法華経を身体で読む（法華経色読《しきどく》）者である」ということを確信し、ついには、六万恒河沙《ごうがしゃ》（ガンジス河の砂の数の六万倍）もいらっしゃる「地涌《じゆ》の菩薩」の最上首《さいじょうしゅ》（リーダー）、「上行菩薩《じょうぎょう》」のご自覚に至るのです。この証拠の経文が、勧持品の二十行の偈文であるとされたのです。

詳細につきましては後述しますが、とにかく、その勧持品の末文の二十行の偈文が、日蓮聖人の忍難慈勝《にんなんじしょう》の一生涯を支える最も重要な文章のひとつであることは間違いありません。

◆摩訶波闍波提と耶輸陀羅の成仏

今、勧持品の末文の二十行の偈文のことばかり申し上げましたが、もちろん勧持品の前半部にも、尊いことが説かれています。私たちは、「女人成仏《にょにん》」といいますと、往々にして提婆達《だいばだっ》多品《たほん》を思い浮かべてしまいます。実はそうばかりでもないのです。

提婆達多品の後半部で明かされた「女人成仏」の例を、お釈迦さま在世時に関わる人々の具体的事実として説示されたのが勧持品の前半部であるのです。

その代表として、お釈迦さまの生母・摩耶夫《まやぶ》人《にん》の妹であり、夫人亡き後のお釈迦さまの養母・摩訶波闍波提《まかはじゃはだい》と、お釈迦さま出家前の妻である耶輸陀羅《やしゅだら》があるのです。この二人の女性は、出家を志しましたが、最初、お釈迦さまは許しませんでした。しかし、恩ある摩訶波闍波提の申し出と仏弟子・阿難《あなん》からの口添えもあり出家が実現し、比丘尼《びくに》の第一号となったのでした。

「何が故に、憂いの色にて如来を視るや。汝《なんじ》が心に、将《ある》いは、われ汝の名を説いて阿耨多羅三藐三菩提《あのくたらさんみゃくさんぼだい》の記を授けず、と謂《おも》うことなしや。憍曇弥《きょうどんみ》よ、われは、先に総じて一切の声聞《しょうもん》に皆、已《すで》に記を授くと説けり」

お釈迦さま誕生後間もなくこの世を去った摩耶夫人に代わり、養育に当たったのが夫人の妹・摩訶波闍波提でありました。彼女はお釈迦さまのもとで女性出家者の第一号となった人であったのですが、未だに成仏の保証が与えられていませんでした。

法華経においては、お釈迦さまの周りにいた人々が次々と記別を授けられ、提婆達多品に至って八歳の龍女が成仏することが説示されますが、摩訶波闍波提はいつまでもそのままでした。彼女は心中、

「何故なのだろう」

との思いをいだきながら、憂い顔で見上げたのでした。

そうしますと、お釈迦さまはその心を見抜き、

「心配には及ばない。摩訶波闍波提よ。現に私はこれまで総《すべ》ての人々に成仏の保証を与えてきたではありませんか。あなたは

六千人の比丘尼と共に一切《いっさい》衆生《しゅじょう》喜見《きけん》如来と名づく仏となることを保証しますよ」と慰め、大法師となることを告げられたのでした。その時、羅睺羅《らごら》の母である耶輸陀羅も次のような思いを持っていたのです。

「その時、羅睺羅の母、耶輸陀羅比丘尼は、この念を作《な》せり『世尊は、記を授くる中において、独り我が名を説きたまわず』と」

この文章には、耶輸陀羅のことを「釈尊の妻」（妃）ではなく、「羅睺羅の母」と表現されています。このいいまわしは、お釈迦さまは出家者であり仏となられた方という意識を強く表した文言と解釈できるのではないでしょうか。

耶輸陀羅も摩訶波闍波提と同じ思いを、次のようにいだいていたのです。

「お釈迦さまは、未だ私の名をあげて成仏の保証を与えていただけません。何故なのでしょうか」

と。

お釈迦さまは、直《す》ぐさまその思いを察し、

「あなたにお話ししておきましょう。あなたも未来世において菩薩行を修めて大法師となり、具足《ぐそく》千万《せんまん》光相《こうそう》如来という仏になるでありましょう」

と告げられました。

・六千人の尼僧を従えた摩訶波闍波提比丘尼↓一切衆生喜見如来

・四千人の尼僧を従えた耶輸陀羅比丘尼↓
具足千万光相如来

となることを、二人に保証されたのでした。このことを聞いた二人の比丘尼は大いに歓喜の声をあげたのです。

以上のように、勧持品の前半部において提婆達多品を具体的に継承する形で、最も身近な人々、かつての養母と妻に「女人成仏」が明かされるのです。

この法華経の手続きに、お釈迦さまの尊い教化の在り方があると私は考えるのです。お釈迦さまが摩訶波闍波提に「総《すべ》ての人々」と示されたように譬喩品《ひゆほん》から提婆達多品に至るまで優れた仏弟子、永年従ってきた人々、そして悪人、八歳の龍女に優先して成仏の保証を与えられ、この章に至って最も身近な人々にそれを授けられたのでした。

ここにお釈迦さまの身内への毅然とした姿勢、他者に対しての配慮を看取《かんしゅ》できるのです。私たちはしばしば近親者には甘くという態度をとってしまいますが、そうではなく、近親者であるが故に後まわしにし、厳しく…というお釈迦さまの素晴らしき心構えを、私たちは大いに学ばなければならないと思うのです。

記別を与えられました摩訶波闍波提と耶輸陀羅などは、

「私たちは一生懸命に他方の世界でこの法華経を布教することに努めます」

と誓います。

そうしますと、お釈迦さまは八十万億那由佗《なゆた》という数えきれない菩薩方を見渡します。すると、彼らは座席から立ち上がり、

「私たちも法華経を布教するのでしょうか。どのようにすれば良いのでしょうか」

との念もいだきましたが、お釈迦さまへの畏敬の思いを持ち、獅子がほえるように十方世界で法華経を布教することを約束し、さらに声を合

わせて、前述の末文二十行の偈文を説くのであります。

◆二十行の偈文と三種の増上慢

この勧持品のメインテーマはお釈迦さま滅後の布教の在り方、菩薩方が忍耐しながら布教に精進すると誓うことにあります。それは勧持品の末文の二十行の偈文にあります。

その偈文とは、次のようなものです（ここでは煩雑を避けるため全文ではなく一部のみを示します）。

「唯、願わくは慮《うらおもい》したもうべからず　仏の滅度の後　恐怖《くふ》の悪世の中において
われ等は、当《まさ》に広く、説くべし。諸《もろもろ》の無智の人の　悪口《あっく》・罵詈《めり》などし　及び刀杖《とうじょう》を加うる者あらんも　われ等は、皆、当に忍ぶべし…」

殊に、この二十行の偈文中に、三種の増上《ぞうじょう》慢《まん》の存在が明かされます。増上慢とは、いまだ十分でないにもかかわらず、自分は十分であると過信したり、いまだ悟りを得ていないのに、自分は悟りを得たと思い、おごり高ぶることをいいます。この三種の増上慢の人々が法華経を布教する人に危害や困難を与えることが説かれています。

このことに一番着目したのが、中国天台宗の第六祖・妙楽大師《みょうらくだいし》湛然《たんねん》（七一一～七八二）でありました。妙楽大師は、天台大師が著された法華経の文言の解説書『法華文句《もんぐ》』に、さらに注釈を加えた『法華文句記』という書物を著し、その第八巻に勧持品の二十行の偈文を、次のように解釈されているのです。

「次の文に三あり。初《はじめ》に一行は通じて邪人《じゃにん》を明かす。即ち俗衆《ぞくしゅ》なり。次に一行は道門《どうもん》増上慢の者を明かす。三に七行は僣聖《せんしょう》増上慢の者を明かす」

勧持品の二十行の偈文を俗衆・道門・僣聖という三種の増上慢に分け、その部分を示されているのです。三種の増上慢の意は、次の通りです。

①**俗衆増上慢**…俗衆とは俗人、在家の男女のことで、正法《しょうぼう》を布教する者に危害を加える人々のことをいう。

②**道門増上慢**…道門とは出家者のことで、俗衆を煽動《せんどう》して正法を布教する者に危害を加える僧のことをいう。

③**僣聖増上慢**…僣聖とは道門の中でも特に名誉欲が強い僧のことをいい、権力者に近づいてその力を利用し、正法を布教する者に危害を加える。

それでは、勧持品の偈文の、三種の増上慢に該当する箇所をそれぞれ見ていくことにしましょう。

第一の俗衆増上慢とは、

「諸の無智の人の　悪口・罵詈などし　及び刀杖を加うる者あらんも　われ等は、皆、当に忍ぶべし」

という文で、お釈迦さまの教えを信仰する仏教徒でありながら、その本心を説いた法華経を布教する者に対して悪口をいったり、罵声を浴びせたり、杖でなぐりつけたり、刀をふりかざして危害を加えようとする人々がありましょうが、それに臆すことなく迫害を耐え忍んでいきましょう、とあるのです。

第二の道門増上慢とは、

「悪世の中の比丘は　邪智にして心に諂曲《こびへつらい》あり　未だ得ざるに、為《こ》れを得たりと謂《おも》い　我慢の心、充満せん」

という文で、恐怖にみちあふれた劣悪の状態の社会の中で、僧でありながらよこしまな知恵と欺瞞《ぎまん》に心を占拠され、いまだ悟りを得ていないにもかかわらず、自身はそれを体得していると思いこみ、おごり高ぶる者が現れるのです。このような悪心に侵されている僧から、法華経を布教する者はさまざまな迫害を受けることになりましょうが、耐え忍んでいきましょう、とあるのです。

第三の僭聖増上慢とは、

「或は阿練若《あれんにゃ》に　納衣《のうえ》にて空閑《しずけきところ》に在りて　自ら真《まこと》の道を行ずと謂《おも》いて　人間を軽《きょう》賤《せん》する者あらん。利養に貪著《とんじゃく》するが故に　白衣《びゃくえ》のために法を説きて　世のために恭敬《くぎょう》せらるること　六通の羅漢の如くならん。この人は悪心を懐《いだ》き　常に世俗の事を念《おも》い　名を阿練若に仮りて　好んでわれ等の過を出し　しかもかくの如き言《ことば》を作《な》さん　『この諸の比丘等は　利養を貪《むさぼ》らんがための故に　外道《げどう》の論議を説き　自らこの経典を作りて　世間の人を誑惑《たぶらか》し　名聞《みょうもん》を求めんがための故に　分別してこの経を説くなり』と。常に大衆の中に在りて　われ等を毀《そし》らんと欲するが故に　国王・大臣・婆羅門《ばらもん》・居士《こじ》　及び余の比丘衆に向いて　誹謗《ひほう》し、わが悪を説きて　『是れ邪見の人なり　外道の論議を説くなり』と謂わん」

という文で、ここに説かれる増上慢の僧は、人里離れた静かな僧院に住んで、自分だけが本当の仏道修行をしていると威張り、他の人々を軽んじ、名誉を得ることばかりに執着し、巧みに仏法を説いて人々から尊ばれ、まるで六神通（六種の神通力）を有した仏のようにあがめられます。

　このような信頼を背景に、悪心を起こし、法華経を布教する者のことを、「この者たちは名利を求めてばかりで、お釈迦さまの教えにない理論を展開し、勝手にお経を作って人々を惑わしている」などと批判を加えるのです。しかし、このような苦難があろうとも耐え忍んでいこう、と誓うのであります。

　妙楽大師は、この三種の増上慢にあっても、

「初（俗衆）は忍ぶ可《べ》し。次（道門）は前に過ぐ、第三（僣聖）最も甚《はなはだ》し」

と、第三の僣聖増上慢が法華経を布教する者にとって最も厄介な存在であると明かされているのです。

　日蓮聖人もこの三種の増上慢についてしばしば触れ、聖人在世時における具体的名称を佐渡配所の地にあって認《したた》められた『開目抄《かいもくしょう》』に明示されているのです（定遺五九四～六頁）。

①俗衆増上慢…「経文の第二の悪世中比丘と第三の納衣の比丘の大檀那等」

②道門増上慢…「法然等の無戒邪見の者なり」

③僣聖増上慢…「華洛《からく》には聖一《しょういつ》等、鎌倉には良観《りょうかん》等にたり」

と、法然、聖一、良観という鎌倉時代の仏教界を指導した僧の名をあげられているのです。日

蓮聖人は、三種の増上慢の名称をあげ、自らが二十行の偈文を追体験、つまり、法華経を色読されることによって、法華経の行者としての自覚を強くされていったのです。

「法華経の行者あらば必ず三類の怨敵《おんてき》あるべし。三類はすでにあり」（定遺五九九頁）

「大難四《し》か度、小難数知れず」と表現される日蓮聖人の生涯を精神的に支えた文言が、勧持品の二十行の偈文でありました。

ちなみに、耐え忍ぶことに法悦を実感した日蓮聖人の人生に、高名なキリスト教の指導者・内村鑑三《うちむらかんぞう》（一八六一～一九三〇、『代表的日本人』）や矢内原忠雄《やないはらただお》（一八九三～一九六一、『余の尊敬する人物』）が大きな賛辞をおくったことは、よく知られています。

南無妙法蓮華経

安《あん》楽《らく》行《ぎょう》品《ほん》 第十四

◆法華経布教者の心持ちとは

法華経前半（迹門《しゃくもん》）の最終章、安楽行品に入ります。いわば、迹門の締めくくりの章ともいえるでしょう。

前章の勧持品の末文にあります二十行の偈文《げもん》で、菩薩方がいかなる困難、迫害があろうとも忍耐しながら法華経の布教に精進することを誓いました。この章に入り、法華経を布教する者の心持ち、内面の在り方について詳しく説かれることになります。

往々にして私たちは、安楽行といいますと、少しも苦労しないで楽な修行をすることと思いがちですが、実はそうではないのです。

どんな困難が来たろうとも、安らかな心持ち、喜びの心持ち、安穏なる心持ちでもって修行することをいうのです。また、それは外から与えられるものではなく、自分自身で切り開いていかなければならないものなのです。

日蓮聖人は佐渡配所の地にあって、自ら魂魄《こんぱく》の書と表現されました『開目抄《かいもくしょう》』（文永九年＝一二七二年二月選述）に摂受《しょうじゅ》・折伏《しゃくぶく》という教化法について触れられています。その中で安楽行品を次のように解釈されています。

「夫《それ》摂受折伏と申す法門は水火のごとし。火は水をいとう。水は火をにくむ。摂受の者は折伏をのろう。折伏の者は摂受をかなしむ。無智悪人の国土に充満の時は摂受を前《さき》とす。安楽行品のごとし」（定遺六〇六頁）

摂受と折伏は、ともに法華経に導き入れるための教化法であり、お釈迦さまの大慈悲心の発露でもありましょう。

日蓮聖人は、摂受と折伏が水と火との関係にあるように全く違う教化法であり、それは時によるとされるのです。世の中が無智悪人の多い状況にある時は摂受という教化法をとり、安楽行品のごとくしなさいといわれているのです。

「安楽行品のごとし」とは、前述しましたように私たちの内面をいかに整備しておくか、心持ちをどのようにたもつかが大事であるということなのです。

では、安楽行品はどんな人々を対象にして説かれているのでしょうか。多くの方は、勧持品は修行を本当によく積まれた深位《じんい》の菩薩方、安楽行は修行をまだ余り積んでいない浅位《せんい》の菩薩方を対象として説かれていると解釈されていますが、私はそうではないと考えているのです。

安楽行品は布教する菩薩の内面、心持ちはいかにあるべきかを説いた章であります。文殊師《もんじゅし》利《り》菩薩を相手として法が説かれますが、文殊師利菩薩は非常にお徳が高い方、深位の菩薩であります。提婆達多品《だいばだったほん》にも登場され、八歳の龍《りゅう》女《にょ》を仏へと導いた方でもあるのです。

◆四安楽行とは何か

それでは本文に入ることにしましょう。文殊師利菩薩がお釈迦さまに、次のように冒頭で語ることからはじまります。

「今、ここにまします菩薩方は皆お釈迦さまのことを有難いと思い、大誓願を発こして悪世に法華経を布教する決心をしています。そこで、お釈迦さま、布教するための心持ちをどのようにしたらよいのでしょう」

と尋ねるのです。これに対し、お釈迦さまは、

「仏は文殊師利に告げたもう『若し菩薩・摩訶薩《まかさつ》にして、後の悪世において、この経を説かんと欲せば、当《まさ》に四法《しほう》に安住《あんじゅう》すべし。一には菩薩の行処《ぎょうしょ》と親近処《しんごんしょ》とに安住して、能《よ》く衆生《しゅじょう》のために、この経を演説すべし』」

と、悪世においてこの法華経を説くためには四法＝四安楽行に安住する境界《きょうがい》に達しなければならないとされるのであります。

四安楽行とは、次の四つの項目をいいます。

一、身《しん》安楽行

二、口《く》安楽行

三、意《い》安楽行

四、誓願《せいがん》安楽行

では、四安楽行のそれぞれを見ていくことにしましょう。

◆身安楽行

身安楽行とは、

・行処《ぎょうしょ》

・親近処《しんごんしょ》

の二つに安住することであるとされます。

《行処《ぎょうしょ》について》

行処については、次のように説かれます。

「文殊師利よ、云何《いか》なるを、菩薩・摩訶薩の行処と名づくるや。若し菩薩・摩訶薩にして、忍辱《にんにく》の地に住し、柔和善順《にゅうわぜんじゅん》にして卒暴《そつぼう》ならず、心も亦《また》、驚かず、又復《またま》た、法において、行ずる所なくして、しかも諸法は如実の相なりと観じて、亦、行ぜず、分別もせざれば、これを菩薩・摩訶薩の行処と名づくるなり」

これより説かれる身安楽行は、菩薩の修行を積む方の身の処《しょ》し方、「菩薩の戒」ともいうべき方法論が示されているのです。はじめにその概要ともいえる行処について述べられるのです。

まず、「忍辱の地に住す」ことが肝要であると示されます。他人から悪口をいわれても、他人から馬鹿にされても、他人から迫害を加えられても、決して怒らず。また逆に他人からほめられても、他人から持てはやされても、決して驕《おご》らない境地に達していなければならない、これが忍辱の地に住することなのです。

次に、「柔和善順」とあります。これはただ顔つきだけがおだやかになったり、言葉使いを丁寧にしたりすることではないのです。自分中心の考え、我執を捨てることなのです。

「卒暴ならず」とは、他人に対して挙動が常に落ち着いていて、相手をいらだたせるような心を起こさせてはならないことをいいます。法華経を布教する者が、相手に不快な思いをさせてはならないのです。

「驚かず」とは、突如どんな境遇が生じようとも、少しも心に動揺がない、いつも覚悟ができていて不動の信仰心を持っていればどんなことにもひるまないというのです。

「又復た、法において、行ずる所なく」とは、何も実行しないというのではなく、自分だけが法華経を信仰している偉い人物と思ってはならない、法華経という有難い教えを学んで従っていくのみであるという心持ちになることをいうのです。

このような心の状態、自然に心奥からにじみ出てくる信仰の日々を送りますと、心に偏った見方をすることがなくなり、ありとあらゆるものの本性、道理がよくわかってくるようになります。これが「諸法如実の相を観ずる」ことなのです。

「亦、行ぜず」とは、作為的にならない、わざわざ世間的に目立つようにしないということです。そして、分別もせざればとあります。自分の好きな者だから親切にしたり、嫌いな者だから排除するという心は誰しも持ってしまいます。そのような親疎《しんそ》の別を超え、分けへだてなく扱う心を持たなければならないというのです。

以上のようなことを実行するのが菩薩摩訶薩の行処であるといわれるのです。私たちはややもしますと、行いはなんとか遂げられますが、心の底までとなるとなかなか難しいものがあります。常に自身を省みながら行処の心持ちをたもたなければならないとされているのです。

次に、行処のもっと具体的な内容を説いた親近処について記すこととします。

《親近処《しんごんしょ》について》

親近処とは行処の具体的内容を示したものといえます。

「云何なるを、菩薩・摩訶薩の親近処と名づくるや」

と、まず菩薩方が人と交わっていく上で、具体的にどのような人と接し、どのような人から遠ざかるべきであるかを示されます。

ここにあります親近処とは、遠ざけるべき人を否定するのではなく、あくまでも布教する者の内面をいうのです。親しくなってしまうが故に相手方の機嫌をとったり、妥協する気持ちが生じることによって仏法を汚すというのです。

私はここで付記しておきたいことがあります。それは親近しないようにとの表現は、決して差別的意識の上から語られたのではなく、布教する者にとって妥協に繋《つな》がる、それを留意して人と接するようにという意識から発せられたものであるということです。また、この章はまだ迹門の世界であり、如来寿量品に至って、「親近」「不親近」も関係なく全てのものの救いの世界が表されることになるのです。

では、親近処の具体的事項について、見ていくことにしましょう。親近処には、**「初《はじめ》の**（第一の）**親近処」**と**「第二の親近処」**の二つがあります。

「初の親近処」は、次のような十一の項目から成っています。

①「国王・王子・大臣・官長に親近せざれ」

国王や王子、大臣やその従者という権力にある者に親しみ近づいてはならない、その理由はそのような人々にとりこまれ優遇されようとして仏法を曲げ、妥協するからだとされるのです。

②「諸の外道《げどう》・梵志《ぼんし》・尼犍子《にけんし》等と、及び世俗の文筆《ふみ》・讃詠《うた》の外書《げしょ》を造るものと、及び路伽耶陀《ろかやだ》・逆路伽耶陀《ぎゃくろかやだ》の者とに親近せざれ」

仏教以外の異教を説く人、現在のインドでも見られるサドゥといわれる修行者、文筆や歌をもてあそぶ人、何事も人のいいなりになる主義の人、何事も反対してしまう主義の人に親しみ近づいてはならないとされるのです。

一人で修行する者は、往往にして世で悩む人たちに対して情がない、また、修行は他人に見せびらかすものではないとされます。世間からほめたたえられることを意識して迎合するような書物を書いてはならない、さらに極端にいいなりになったり反対するのも良くないといわれるのです。このような人たちとつきあってばかりいると自身もそうなってしまうことを警戒されたのです。

③「亦、諸有《あらゆる》、凶戯《たわむれ》、相扠《うちあい》、相撲《すもう》と、及び那羅《なら》等の種種の変現の戯《たわむれ》とに親近せざれ」

勝負事、ボクシングのような格闘技、相撲をとったり、力比べをしたり、人を驚かすようなことをしてはならないとされるのです。このような人たちと親しくなると、勝負ごとにのめりこんだり、相手を傷つけることになんとも思わず平気になってしまう心持ちを警戒されたのです。

④「又、旃陀羅《せんだら》と及び猪・羊・鶏・狗を畜い、畋猟《のかり》し、漁捕《すなどり》する諸の悪律儀《あくりつぎ》のもとに親近せざれ」

仏教徒が守らなければならない戒め、その代表的な戒めが五戒であります。その第一にありますのが不殺生です。法華経を布教する者は、生きものを殺してはならないという観点からの「不親近」と解せましょう。

⑤「又、声聞を求むる比丘《びく》・比丘尼《に》・優婆《うば》塞《そく》・優婆夷《うばい》に親近せざれ。亦《また》、問訊《おとずれ》もせざれ」

世間から離れて清らかな行いをし、自分一人が仏法を守っていると思っている人たちは、世間を冷ややかに見、他人のことなど念頭にない、また、そういう人たちに意見を求めても碌《ろく》なことがないとされるのです。

⑥「文殊師利よ、又、菩薩・摩訶薩は、応《まさ》に女人の身において、能く欲の想を生ずる相を取って、ために法を説くべからず。亦、見んことを楽わざれ」

五戒中の不邪婬に対しての警戒と見ることができるでしょう。婦女子への布教の心構えについて、相手に乱れた心を起こさせるような態度をとらず、心にすきをつくらず、厳格に法華経を説くことを勧められるのです。

⑦「亦、また、五種の不男の人に近づいて、もって親厚をなさざれ」

男らしくない男性に懇意になってはならないとされていますが、このような人を相手に布教するには、普通の人に対するより一層のいたわりの心を持って接しなければならない、覚悟してあたれという意が含まれているのです。

⑧「独り他家に入らざれ。若し因縁ありて、独り入ることを須《もち》いる時には、但《ただ》、一心に仏を念ぜよ」

法華経を説く時、一人で他人の家に入ってはならない、往往にしてそのような時、相手に応じて一人よがりの法を説いてしまいかねない、複数の時は用心して法を説くものである、もし、一人で説く時は必ず仏を一心に念じなさいとされるのです。

⑨「若し女人のために、法を説くときは、歯を露にして笑わざれ。胸臆《むね》を現わさざれ。乃至《ないし》、法のためにも、猶《なお》、親厚せざれ。況《いわ》んや、また余の事をや」

女性に法華経を説く時に、機嫌をとるために笑いを誘うようなこと、衣服をだらしなく着るような行儀の悪い行為は、間違いに通じるから注意しなさいとされるのです。

⑩「楽《ねが》って年少の弟子・沙弥《しゃみ》・小児を畜《やしな》わざれ。亦、与《とも》に師を同じくすることを楽わざれ」

かわいい沙弥や子供を自分の家で世話してはならない、また、子供や沙弥だからといって師の所へ通う仲間となってはならない、先輩師匠として厳格に後輩を育てるようにとされるのです。

⑪「常に坐禅を好み、閑《しずか》なる処に在りて、その心を摂《おさ》むることを修《なら》え」

一日のうち少しでも静かに坐って考え、心が乱れず修める鍛錬《たんれん》をしなさいとされるのです。

以上の十一項目が、「初の（第一の）親近処」の概要であるのです。

「初の親近処」で身の処し方を示されたお釈迦さまは、次に、その心の持ち方はこのようにあらなければならないと、「第二の親近処」を説かれます。

「復次《またつぎ》に、菩薩・摩訶薩は、一切法は、空《くう》なり、如実の相なり、顚倒《てんどう》ならず、動ぜず、退せず、転せず、虚空の如くにして所有《しょう》の性無く、一切の語言《ごごん》の道《どう》断え、生ぜず、出でず、起らず、名無く、相無く、実に所有無く、無量・無辺・無擬・無障なりと観ぜよ。但、因縁をもって有るのみ、顚倒より生ずるが故に常・楽と説くなり。かくの如きの法相《ほっそう》を観ずる、これを菩薩・摩訶薩の第二の親近処と名づくるなり」

「第二の親近処」を要約しますと、次のようになります。

全ての事象、存在するものは、実体がなく、我がない。実体があるととらわれてはならないし、逆に存在しないととらわれてもならないとする「空」という考え方。また、変化とか差別を離れる見方を持つことが真実の相（実相）を見ることになる…そのような考え方、見方を勧められるのです。

もっと身近なことでいいますと、動いたとか、退いたとか、転じたとか目の前に起こっている事象にとらわれたり、自分の好みで、親しくなったり、疎《うと》くなったり、嫌いになったり、自己中心の考えによって物事を進めることは、さまざまな差別を立てることになってしまいます。そのような、とらわれ、差別は健全な心を育くむ妨げとなります。それらから離れ、真実の理を観ぜよ、とお釈迦さまは勧められているといえましょう。これが「第二の親近処」であるのです。

ここで私は、親近処について疑問に思うことがあるのです。それは、お釈迦さまが「初の親近処」で「近づかないように」との身の振舞いの注意を促したのにも拘らず、「第二の親近処」ではその差別から離れるようにと勧められたことであります。

「初の親近処」と「第二の親近処」とでは、お釈迦さまがおっしゃっていることが違うではないか、矛盾するではないか、と私ばかりでなく読者の皆さんも思われるに違いありません。

実は、お釈迦さまは世の人々の心の有様を熟知した上でこのような相反したことをいわれたのではないかと考えるのです。

このような人々とはつきあってはならない、懇意になってはならないと、「初の親近処」では説かれるのです。これは現実を直視した見方といえるでしょう。如来寿量品で示される、はじめから絶対平等の立場から出発するのは、理想といえましょう。しかし、人々が煩悩の中でうごめく現実社会にあって、まず、布教する者はそれを実感し行動しなければなりません。そのためには、「初の親近処」という手段も必要となるのです。

ところが、最終目標、理想は絶対平等、差別を離れた布教者とならなければならない、そのような心を体しなければならないとおっしゃったと理解できるのです。現実に立脚した布教の在り方に触れられた上で、あくまでも理想を追求しなければならないとお釈迦さまは訴えられたのです。従いまして、お釈迦さまの言葉に矛盾はないと考えるのです。

◆口安楽行

それでは、次に口《く》安楽行、安穏なる心持ち、安らかなる心持ちとなるには口に関する振舞いをどのようにすればよいかについて語られます。

「文殊師利よ、如来の滅後に、末法の中において、この経を説かんと欲せば、応に安楽行に住すべし。若しくは口に宣説し、若しくは経を読まん時には、楽って人及び経典の過を説かざれ。また、諸の余の法師を軽慢《きょうまん》せざれ」

末法の世において法華経を説いたり、人の前で読経する時には、決して人のあやまちやお経の間違いを喜んで指摘してはならないといわれるのです。

この他、身心を清浄にして法華経を説きなさい、質問があった時には丁寧に応えなさい、僧や尼、優婆塞や優婆夷等の信徒、国王や王子のためには「微妙《みみょう》の義」つまり、この上ない深い思考を持ち、和らいだ柔和な顔と姿をもって説かなければならない、私心を離れて仏法を説くようにと、数多くの口に関わる事項について注意を促《うなが》されているのです。

◆意安楽行

次に、第三番目の意《い》安楽行に入ります。意とは、訓読みにしますと、「こころ」となります。安穏なる境地に達するためにこころの在り方をこのようにすればいいというのが意安楽行であります。

この意安楽行を末法の世において成就する者は、法華経を布教する時、他からの妨げがあったとしてもそれに打ち勝って悩むことがない、そして、必ず布教者と志を同じくする者が出てきて、はじめのうちは少人数でありますが、次第次第に数が増え、教えを聴き、聴き終えて持《たも》ち、持ち終わって能く誦《よじゅ》し、誦し終わって説き、説き終わって能く書く人々が出てくるというのです。

それでは、どのようなこころへと整備すればよいのでしょうか。お釈迦さまは偈文で次のように指摘されるのです。

「若しこの経を説かんと欲せば、当に嫉《ねたみ》・恚《いかり》・慢《おごり》と諂《へつらい》・誑《あざむき》・邪偽《いつわり》の心を捨てて、常に質直《しつじき》の行を修すべし。人を軽蔑《けいべつ》せず、亦、法を戯論《けろん》もせず、他をして疑悔《ぎけ》せしめて『汝は仏を得ず』と云わざれ。この仏子にして、法を説かんときは、常に柔和にして能く忍び、一切《いっくし》を慈悲み、懈怠《けだい》の心を生ぜざれ」

私たちがわが身にあてて考えなければならない言葉の連続であります。法華経を布教する者は、嫉妬《しっと》・いかり・おごり、そして、こびへつらい・邪心を捨てて素直な心を耕す修行をしなさい。そのためには他人を軽んじたり、空論に陥《おちい》ってはならない、仏になることができないという疑いを起こさせてはならない、よく忍辱し、全てをいつくしみ、怠ける心を起こしてはならないとされるのです。

◆誓願安楽行

これまで、安楽行品における法華経布教者、菩薩の心得、あるいは心持ちについて、身・口・意という三項目の安楽行について記してきました。

安楽行の第四項目にある誓願安楽行及び法華《ほっけ》七喩《しちゆ》中の第六番目にあります「髻中明珠《けいちゅうみょうじゅ》の譬《たとえ》」について綴《つづ》り、法華経前半十四章＝迹門の締めくくりとすることにします。

意安楽行の説かれた後、誓願安楽行は次のように説かれます。

「文殊師利よ。菩薩・摩訶薩にして、後の末の世の、法の滅さんと欲する時において、この法華経を受持する者有らば、在家・出家の人の中においては、大慈の心を生じ、菩薩に非ざる人の中においては大悲の心を生じて、応にこの念を作《な》すべし。『かくの如き人は、則ち為《こ》れ大いに失《あやま》ちて如来の、方便して宜《よろ》しきに随《したが》える説法を聞かず、知らず、覚らず、問わず、信ぜず、解せざるなり。その人はこの経を問わず、信ぜず、解せずと雖《いえど》も、われは阿耨多羅三《あのくたらさん》藐三菩提《みゃくさんぼだい》を得ん時、随って何《いず》れの地に在りとも、神通力と智慧力とをもって、これを引きて、この法の中に住することを得せしめん』と」

誓願とは、大慈と大悲との心をもって人々にのぞみ、仏への世界へ誘《いざな》い、導こうとする誓いであります。お釈迦さまは、まず「文殊師利よ！」と呼びかけられ、末世に仏法が滅し、普通の教えを誰も信じる者がないという世の中になった時、法華経を受け持つ者はどのような心掛けをしたら良いであろうか、と問われます。

その心掛けとして、大慈と大悲の心を起こすべきであるとされます。出家・在家を問わず、与楽《よらく》、楽を与える。全ての人々に輝かしく生きる智慧を授ける、本当の生き甲斐を教えていく、これが大慈の心であるのです。

しかし、他を思いやることのできない人々に対しては大悲の心を起こすべきである。大悲とは、相手をあわれむ心であります。表現が悪いかも知れませんが、相手を気の毒に思い、最善の策を講じて素晴らしい境地に向かわしめよといわれるのです。他人のことなど考えない、一人よがりなことばかり考える人々は、お釈迦さまの本当の心が判からずつまらない教えを信じることになります。もし、自身が仏智を得た時、そのような人々のところへ行って、神通力や智慧の力をもって導き安心を得るようにしてあげることが大切であり、それが誓願安楽行であるとされ、この誓願安楽行を実践する者は、人々から尊敬され、供養され、昼夜にわたって諸天善神から衛護《えいご》されると説かれるのです。

◆髻中明珠の譬

さらに、安楽行品の末文には、全てを統括《とうかつ》する意から「髻中明珠の譬」が次のように説示されます。

むかし、むかし。武力によって覇王《はおう》となった王さまがいました。その王さまが小国の王に従うように呼びかけましたが、反抗する王もいました。王さまは兵を起こして小国を制圧してしまいました。

この戦いで、勇敢に抜群の功績をのこした兵に対し、王さまは数多くの褒美《ほうび》を与えました。田んぼや宅地、あるいは着物。金や銀、瑠璃《るり》、硨磲《しゃこ》などの財宝、象や馬、車などをその軍功に応じて授けたのでした。ところが、王さまの頭の髻《たぶさ》の中にある宝石は決して与えようとはしませんでした。王さまにとってはかけがえのない宝石、もし、それを軍功だとして誰かに与えたならば、王族の人々は大いに怪しむから与えなかったというのです。これと同じように、お釈迦さまが法華経を説く時の有様も同様であると説かれるのであります。

転輪聖王《てんりんじょうおう》は、この世界で最高の大王でありますが、お釈迦さまは、三界《さんがい》（欲界《よくかい》・色界《しきかい》・無色《むしき》界《かい》）の中で最高の大法王であり、全ての人々を救うために尊い仏法を説かれた方であります。

ある時、お釈迦さまの教えを妨げる魔王がどうしても従わなかったとしましょう。その時、非常に優れた武将たちが魔王を征伐《せいばつ》したとします。お釈迦さまは、それを聞いて喜ぶのですが、最高の教え法華経は説かれないのです。

ところが、覚《さと》りに目覚めた聖者が、五陰魔《ごおんま》（五陰とは身と心の全ての働きをいい、身や心の力があるにも拘《かかわ》らず努力せず、いい加減なところでやめてしまうことをいう）、煩悩魔《ぼんのうま》（迷いのために心がくらみ、正しい教えが容易にわからないことをいう）、死魔《しま》（死が近いといってなげやりになり、怠けることをいう）というような魔と闘い、三毒《さんどく》、貪欲《とんよく》（むさぼり）・瞋恚《しんに》（いかり）・愚痴《ぐち》（善悪の判断がつかず、おろかなこと）を滅して悪魔の網を打ち破った時、お釈迦さまは大いに喜び、次のような言葉を文殊師利に発せられ、法華経を説かれることになるのです。

「文殊師利よ、この法華経は、これ諸の如来の第一の説にして、諸の説の中においてもて、最も為《こ》れ甚深《じんじん》なるものなれば、末後に賜い与うること、彼の強力《ごうりき》の王の、久しく護れる明珠を、今、すなわち、これを与うるが如し。文殊師利よ、この法華経は、諸の仏、如来の秘密の蔵なれば、諸の経の中において、最もその上に在りて、長夜《じょうや》に守護して、妄《みだ》りに宣説《せんぜつ》せざりしを、始めて今日において、すなわち、汝等の与《ため》に、しかもこれを敷演《ふえん》するなり」

さまざまなお釈迦さまの教え、仏法が存在するけれども、最上の教えというものは、説くべき時と、説くべき対象が整わなければそう軽々しく説いてはならない、また、受けとった者も自身の機根に適《かな》っているからとして軽んじて扱ってはならないと教示されるのです。他者を攻め打ち破るのではなく、自分自身の中にあるさまざまな魔を破り、身心共に整った時にこそ、最高の教え法華経を受け容れる態勢にあるとされたのであります。

安楽行品の最末文は、次のような言葉で締めくくられています。

「若し後の悪世の中にて　この第一の法を説かば　この人は大利を得ること　上の諸の功徳の如くならん」

身・口・意・誓願の四安楽行に親しみ、悪世の中で法華経を説く者があれば、最も大きな利《り》益《やく》を得、最も大きな功徳を積むことになると結ばれているのです。

南無妙法蓮華経

従《じゅう》地《じ》涌《ゆ》出《じゅっ》品《ぽん》　第十五

◆本門のはじまりの章

前章の安楽行品をもって法華経前半＝迹門《しゃくもん》の十四章が終わり、いよいよ後半＝本門《ほんもん》の十四章に入ります。

本門の本とは「本地《ほんじ》」（本来の姿、実体）のことで、私たちの住むこの娑婆《しゃば》世界に出現されたお釈迦さまが弥勒菩薩《みろくぼさつ》をはじめとする人々の要請に応じ、その本地を明らかにすることであります。また、門とは法門、その教えのことをいうのです。

法華経本門の大きなテーマは、**「永遠なる生命を有したお釈迦さま」**（久遠実成《くおんじつじょう》本仏《ほんぶつ》の釈尊）の存在が説き明かされると共に、その救いの世界や救いの世界を弘める人々が求められることにあるのです。

殊に、日蓮聖人は、この本門、如来寿量品を中心とした教えを最重要視され、日蓮聖人の思想と行動の基底となったことは読者の皆さんも知るところでありましょう。なお日蓮宗には、「本門寺《ほんもんじ》」という名前のお寺が数多く存在します。それだけ、本門ということを日蓮宗が大切に扱っているという証《あかし》ともいえるでしょう。その代表的な寺には、日蓮聖人入滅《にゅうめつ》の地、東京都大田区池上にある池上本門寺、六老僧のお一人・白蓮阿闍梨日興上人《びゃくれんあじゃりにっこうしょうにん》ゆかりの静岡県富士宮市にある北山本門寺などがあります。

◆地涌の菩薩の登場

それでは、従地涌出品の本文に入ることにしましょう。まず、他方の国土より来たった八恒《ごう》河沙《がしゃ》（インドの大河、ガンジス河の砂の八倍）の数を超える無数の菩薩方が、「私たちが、お釈迦さまの滅後に法華経を布教しましょう」と申し出ます。

ところが、お釈迦さまは次のような言葉を発せられるのです。

「止《や》めよ、善男子《ぜんなんし》よ。汝等《なんだち》の、この経を護《ご》持《じ》することを、須《もち》いず。所以《ゆえ》はいかん。わが娑婆世界に、自ら六万の恒河《ごうが》の沙《すな》に等《ひと》しき菩薩・摩訶薩《まかさつ》有り、一一の菩薩に各《おのおの》、六万の恒河沙の眷属《けんぞく》あり」

お釈迦さまは、せっかくの申し出に対し、「止善男子」（「止《や》みね、善男子よ」ともよむ）と制止され、私たちが住むこの娑婆世界＝地球に、これまた無数ともいえる六万恒河沙の菩薩方がその任にあたるといわれたのです。

読者の皆さんの中には、お釈迦さまとはなんと冷酷な方だろうと思われる人がいらっしゃるかも知れません。しかし、私はこの表現には特別な深い意味があると考えるのです。

それは、法華経がそのステージをこの娑婆世界、私たちの住む世界、地球においているということであるのです。つまり、他の世界の方々に委《ゆだ》ねるというのではなく、この世界に有縁《うえん》の方々によって、自らの手によって努力していくという姿勢を如実に表した文章と解しなければならないと思うのです。

キリスト教では天国を、浄土教では極楽浄土を説き、この世を去ってその地へ到達することを大いなる悦《よろこ》びとします。ところが、法華経は娑婆世界の住人によって、自身の力によって仏の世界にしようとすることを宣言しているのです。

では、お釈迦さま滅後の布教を託《たく》された方々の登場とまいりましょう。

「仏、これを説きたもう時、娑婆世界の三千大千の国土は、地、皆、震裂《しんれつ》して、その中より、無量千万億の菩薩・摩訶薩ありて、同時に涌出《ゆじゅつ》せり。この諸《もろもろ》の菩薩は、身《み》、皆、金色《こんじき》にして、三十二相と無量の光明とあり」

「従地涌出品」という章名のサンスクリット原語を直訳すると、「求法者《ぐほうしゃ》たちが大地の割れ目から出現した」となりますが、その章名にいわれる地涌の菩薩方の存在が明かされることになるのです。まさに、法華経の後半の大きなテーマの序章がはじまったといえるのです。

大地が震裂して涌出した（涌《わ》き出るように出現した）菩薩方の特徴について記してみますと、次のようになります。

①**地より涌出**する。（後述）
②身は金色である。
③三十二相を有す。
④無量の光明が有る。
⑤菩薩方には、地涌の菩薩の数と同じ六万

お釈迦さま（中央）と上行・無辺行・浄行・安立行の四菩薩
（立正大学石橋湛山講堂。写真提供：立正大学）

恒河沙を上限として数多くの眷属（随行《ずいこう》者、従者）があり、中には「単己《たんご》無《む》眷属《けんぞく》」といわれる、眷属を持たない菩薩も存在する。（後述）

⑥菩薩方の中に次のような四導師《どうし》（四人のリーダー）＝「四菩薩」が存在し、

・上行《じょうぎょう》菩薩＝一番上の行い、この上ない善い行いをする菩薩
・無《む》辺《へん》行《ぎょう》菩薩＝広大無辺なる仏法をしっかりと学ぼうとする菩薩
・浄行《じょうぎょう》菩薩＝心を浄《きよ》くし、迷いをなくすことにつくす菩薩
・安立《あんりゅう》行《ぎょう》菩薩＝多くの人々が安らかな心をもって身を立てるように努力する菩薩

と、それぞれの役割を果たしながら地

涌の菩薩のリーダーを務める。（後述）

地涌の菩薩の特徴について六項目あげましたが、特に、①と⑤と⑥が重要な事柄であると私は思うのです。

①地より涌出する。

菩薩方は、天より降りてくるのではなく、地より力強く涌き出てきたのです。天から降りてくれば、あまり障害物はありません。ところが、地からとなれば、固い幾重もの地層を突き破ってこなければなりません。

例えば、花の種を地中に植えますと、気温や日照時間が適度になりますと、必ず種は芽を出して花を咲かせてくれます。同様に、その時機が来たった時、固い固い地層を幾度も破って、つまり、どんな困難をも打ち破れる基礎体力を養って菩薩方は登場したということを表したものと解せるのです。

⑤「単己無眷属《たんごむけんぞく》」の菩薩。

菩薩方は、数多くの眷属（随行者、従者）を伴なっていますが、眷属を持たない一人ぼっちの菩薩の存在も明かされます。

茂田井教亨《もたいきょうこう》先生は、この単己無眷属についてしばしば口にされました。

二十五年程前、私が全国日蓮宗青年会の執行部の一員に加わっていた時、とにかく日蓮聖人の人開顕《にんかいけん》の書『開目抄《かいもくしょう》』を冒頭から最後まで一気に読んでみよう、そして解説もしていただこうという、欲ばりな一泊二日の企画を二年連続で企画したのでした。

催《もよお》しものの名称は、「デスマッチ『開目抄』」。

約百名ほどの会員が全国より、京都大本山妙《みょう》顕寺《けんじ》に集結し、寝食を共にしながら、『開目抄』を拝読し、茂田井先生の講義を拝聴したのでした。

その企画の締《し》めとして、二年目には茂田井先生と、大谷大学名誉教授で涅槃経《ねはんぎょう》・法華経研究の第一人者である横超慧日《おうちょうえにち》先生との対談を催したのです。この時、茂田井先生は「単己」について熱く語られたのでした。

話が佳境に入った時、茂田井先生が次のような質問を横超先生にしました。

「先生のような法華経研究者でありましたなら、救いは浄土教の阿弥陀さまではなく、法華経の久遠実成の釈尊のほうが納得いくのではないですか？」

と、これに対し横超先生は、京都弁で、

「いや茂田井先生、わてみたいなアホな人間は阿弥陀さんの救いにお願いするしかないんですわ」

すると間髪を入れず、茂田井先生は、

「阿弥陀さんもわからないではないですが、法華経には横超先生もよくご存知の単己無眷属というボンクラ菩薩もおります。法華経を知った上は、そのような菩薩であっても伝える義務があるのです。私の隠居《いんきょ》所は単己庵《たんごあん》といいます。私のような者でも、法華経を行じることで救われるのです…」

と話したのです。横超先生はただ頷《うなず》くだけで言葉を発しませんでした。

この時、茂田井先生は「単己無眷属で良い！肩肘《ひじ》を張らずに一番最後からついて行く地涌の菩薩もおられるのだ」と訴えられたのです。

⑥「四菩薩」＝地涌の菩薩のリーダー。

末法における法華経の布教をリードする四菩薩（上行・無辺行・浄行・安立行）が登場しますが、日蓮聖人はその中にあっても最上首《さいじょうしゅ》である上行菩薩としての自覚へと至られたことは皆さんもよくご存知のことと思います。

さて、その自覚へと至った経緯は法華経色《しき》読《どく》、度《たび》重なる迫害を被《こうむ》ることによって育まれていったのです。殊に文永八年（一二七一）に起こった「頸《くび》の座」をはじめとする佐渡流罪《さどるざい》は日蓮聖人生涯中の一番の難儀《なんぎ》でありました。佐渡配所《はいしょ》生活がはじまった直後、下総国中山《しもうさのくになかやま》に住む有力檀越《だんのつ》・富木常忍《ときじょうにん》氏に宛てたお手紙には佐渡の様子が綴《つづ》られ、その中に、

「天台伝教《てんだいでんぎょう》はほぼ釈し給《たま》へども之《これ》を弘《ひろ》め残せる一大事の秘法をこの国に初《はじめ》て之を弘む。日蓮豈《あ》にその人に非《あら》ずや。…経ニ云《いわ》ク有四導師一名上行云々《うんぬん》」（定遺五一六頁）

と、ご自身が上行菩薩であるとの表明と受けとることができる文章があります。

読者の皆さんの中には、地涌の菩薩の中にあっても自分が最上首の上行菩薩であるというのは、ちょっと増上慢《ぞうじょうまん》ではないかと思われる方もいらっしゃるのではないでしょうか。

俺は偉いから最上首だ、という低レベルの意識からではなく、法華経を弘める知教《ちきょう》者の意識、どんな迫害に遭遇しようともお釈迦さまの意志を受け継いで、「仏使《ぶっし》」（仏の使い、如来使《にょらいし》）として跡《あと》を継ぐ者であるとの自覚が、上行菩薩であるという表明であったのです。

◆弥勒菩薩の問いと久遠開顕の暗示

上首四菩薩をはじめとする六万恒河沙という無数の地涌の菩薩の出現に、周りにいた人々は驚きの声をあげたに違いありません。皆を代表して弥勒菩薩が次のように問います。

「時に、弥勒菩薩・摩訶薩は、八千の恒河沙の諸の菩薩等の心の念《おも》う所を知り、并《なら》びに自ら疑う所を決せんと欲して、合掌《がっしょう》して、仏に向って、偈《げ》をもって問うて曰く

『無量千万億の大衆《だいしゅ》の諸の菩薩は、昔より未だ曽《かつ》て見ざる所なり　願わくは両足《りょうそく》尊《そん》よ、説きたまえ。これは何《いず》れの所より来《きた》れるや　何の因縁をもって集まれるや』」

弥勒菩薩をはじめ八千恒河沙の菩薩方は、不思議な念いで一杯でありました。急に大地が振動して、さけ目から顕《あらわ》れ出た金色に輝く年老いた菩薩たち、それらの菩薩たちはやけにお釈迦さまに親しく次のようなことを問うて尋ねたのでした。

「お釈迦さま、お久しぶりでございます。無事息災《そくさい》にお過ごしでしょうか。お釈迦さまが今、住みたもう所の人々は、理解力があり、指導しやすく、教化しやすく、煩《わずら》わすことはありませんでしょうか」

このような会話は、お釈迦さまと急にではなくずっと以前から近しい関係にあったからこそできるものであります。

そこで弥勒菩薩が代表して、「このような地涌の菩薩方は、何処《どこ》から来たのでしょうか。はたまたお釈迦さまとどのような関係があるのでしょうか」との疑念を抱いて問うたのです。

これに対し、お釈迦さまは次のような言葉を発せられます。

「その時、釈迦牟尼《むに》仏は、弥勒菩薩に告げたまえり『善いかな、善いかな、阿逸多《あいった》よ。乃《なんじ》は能《よ》く、仏にかくの如きの大事を問えり。汝等《なんだち》は、当《まさ》に共に一心に、精進の鎧《よろい》を被《き》、堅固《けんご》なる意《こころ》を発《おこ》すべし。如来は今、諸仏の智慧と諸仏の自在《じざい》の神通《じんづう》の力と諸仏の師子奮迅《ししふんじん》の力と諸仏の威猛《たけだけ》しき大勢の力とを顕発《けんぽつ》し、宣示《せんじ》せんと欲するなり』と」

この文章から、法華経本門十四章中の本論、すなわち「正宗分一品二半《しょうしゅうぶんいっぽんにはん》」（従地涌出品の後半・如来寿量品・分別功徳品の前半）がはじまります。いわば、法華経の最重要部ともいえる文章が語られることになるのです。

この一品二半について、五大部（『立正安国論』など日蓮聖人の重要な五つの著書）につぐ御遺《ごい》文《ぶん》と評されます『法華取要抄《ほっけしゅようしょう》』の中で日蓮聖人は、次のように述べられています。

「寿量品の一品二半は始めより終わりに至るまで正しく滅後の衆生《しゅじょう》の為なり。滅後の中には末法今時の日蓮が為なり」（定遺八一四頁）

如来寿量品を中心とした久遠開顕《くおんかいけん》、永遠なる生命を有したお釈迦さまによる救いの世界が明かされ、救いの法を弘める仏使（遣使還告《けんしげんごう》）の登場が説かれます。この法は正しく末法の人々のために、殊に私・日蓮のために説示されたのである、と法華経一品二半の文言を主体的に受けとめられたのです。

弥勒菩薩の疑念に対し、お釈迦さまはまず仏法を受け容れる心掛けを説かれます。「あなたが尋ねたことは善いことだ、皆心を一にして雑《ま》じり気《け》のない心となり、確固たる信念を持ちなさい。仏はすぐにその智慧を示され、いつでも全力でもって教えを説き、人々を感化されようとしています。これからのことをしっかりと聴かなければなりません」と諭《さと》されるのです。

そして、お釈迦さまと地涌の菩薩との関わりについて、次のように述べられます。

「われは今、実語を説かん。汝等よ、一心に信ぜよ。われは久遠より来《このかた》　これ等の衆《しゅ》を教化《きょうけ》せしなり」

ここに至りまして、如来寿量品の久遠開顕の暗示と受けとれる表現が示されるのです。つまり、私は久遠の昔より地涌の菩薩を教化してきたのだ、と表明されたのであります。

◆不染世間法　如蓮華在水

法華経本門十四章中の本論（正宗分、一品二半）、従涌地出品の後半部に入り、お釈迦さまと数え切れない六万恒河沙という地涌の菩薩方との関わりについて、お釈迦さまはご自身から、「実は、久遠の昔より、これらの菩薩方を教え導いてきたのです」と表明されます。

このお釈迦さまの言葉を聞いた弥勒菩薩をはじめ周りの人々は、その言葉を聴いて、きっと驚いたに違いありません。そこで、また、皆を代表して弥勒菩薩が疑問をなげかけられるのです。このように疑念を抱くことを「動執生《どうしゅうしょう》疑《ぎ》」といいます。

動執生疑とは、今までの教化の仕方に執着している者に敢えて動揺を与え、新しい疑問を生じさせることをいいます。

弥勒菩薩は次のように訊《たず》ねます。

「その時、弥勒菩薩・摩訶薩と及び無数《むしゅ》の諸の菩薩等は、心に疑念を生じ、未曽有《みぞうう》なりと怪《あやし》みて、この念を作《な》せり『云何《いか》にして、世尊は少時の間において、かくの如き無量・無辺の阿僧祇《あそうぎ》の諸の大菩薩を教化して、阿耨多羅三藐三菩提《あのくたらさんみゃくさんぼだい》に住せしめたまえるや』と」

どうやってお釈迦さまは、この世にいらっしゃる僅かな時間にあって、本当に数えきれないほどの六万恒河沙という菩薩を悟りへと到達するように鼓舞《こぶ》し、成熟されたのでありましょうか、と問うたのでした。

弥勒菩薩の疑念はさらに募《つの》るばかり、具体的にお釈迦さまへ次のように尋ねられるのです。

「世尊よ、如来は太子《たいし》たりし時、釈《しゃく》の宮《みや》を出《い》でて、伽耶城《がやじょう》を去ること遠からず。道場に坐して、阿耨多羅三藐三菩提を成ずることを得たまえり。これより已来《このかた》、始めて四十余年を過ぎたり。世尊よ、云何にしてこの少《しばし》の時において、大いに仏事を作《な》したまえるや。仏の勢力《せいりき》をもってなりや。仏の功徳をもってなりや。かくの如き無量の大菩薩衆を教化して、当《まさ》に阿耨多羅三藐三菩提を成ぜしめたもう」

この文章を意訳してみますと、

「お釈迦さま。お釈迦さまはサクヤ族の王子としてこの世に生まれ、齢《よわい》十九で都カピラ城を出て出家し、三十歳にしてガヤーという街からほど遠くない所で悟りを得られ、仏となられました。以来、今日に至るまで四十余年、この僅かな時間に、どのようにしてこのような測り知れないほど多くの大菩薩を教化されたのでありましょうか」

となります。

そして、さらに面白い譬《たと》え話を出してお釈迦さまに問われるのです。

「例えば、お釈迦さま、ここに一人の青年がいるとしましょう。その青年の髪の毛は黒く、最高の若々しさを具《そな》えた二十五歳の若者でありました。この若者が、『これが私の息子たちであります！』といって、百歳の人々を紹介し、息子といわれた百歳の人々も、『この若者は、私たちの本当の親であります！』といったとしましょう。お釈迦さま、このようなことは信じることができず、世間の誰一人も信用しないでありましょう」

このような問いを、弥勒菩薩は、重ねて行うのですが、従地涌出品の末文の偈文《げもん》の問いの中に次のような文章があるのです。

「久しく已《すで》に仏道を行じて　神通・智力《ちりき》に住せり。善く菩薩の道を学びて　世間の法に染まらざること　蓮華の水に在るが如し」

弥勒菩薩はこれら地涌の菩薩方をたたえ、永く修行を重ねられてきた方であり、蓮が汚れた泥にありながら、まことに素晴しい華を咲かせるように、世間の悪の中にありながら、清らかな心を持ち続ける修行を貫き通される方であると述べられているのです。

建長五年（一二五三）四月二十八日、日蓮聖

人は千葉県安房《あわ》にある清澄山《せいちょうざん》上において高らかに「南無妙法蓮華経」のお題目を唱えられ、立教開宗《りっきょうかいしゅう》を宣言されます。

伝えるところによりますと、お題目の始唱《ししょう》と共にご自身の名、是聖房蓮長《ぜしょうぼうれんちょう》を「日蓮」と改名され、以後そのように名乗られたのでした。

「濁水《じょくすい》にも月入《いれ》ぬればすめり。明《あきら》かなる事日月にすぎんや。浄き事蓮華にまさるべきや。法華経は日月と蓮華となり。故に妙法蓮華経と名《なづ》く。日蓮又日月と蓮華との如くなり」（『四條金吾女房御書』定遺四八四頁）

私は日蓮聖人の「日蓮」という名は、名であると共に法華経そのものを代表した言葉であり、それを日蓮聖人ご自身が選びとったと考えるのです。つまり、

・日＝如日月光明　能除諸幽冥　斯人行世間　能滅衆生闇（日月の光明の　能く諸の幽冥を除くが如く　斯《こ》の人は世間に行じて能く衆生の闇を滅す）＝如来神力品第二十一

・蓮＝不染世間法　如蓮華在水（世間の法に染まらざること　蓮華の水に在るが如し）＝従地涌出品第十五

如来神力品と従地涌出品のそれぞれの文章中の「日」と「蓮」であるのです。

しばしば、日蓮宗という宗名は宗祖の名をとったものであるから怪《け》しからんという声を耳にしますが、私は決してそうは思わないのです。確かに宗名は、明治九年（一八七六）十月、宗教行政を円滑に進めるという目的で、明治維新政府により日蓮教団をひとまとめにするために付けられたという歴史があります。しかし、

「日蓮」という名は、前ほども触れましたように日蓮聖人ご自身が法華経より抽出された最も大切な文字であり、法華経そのものを言い表すといえるのです。日蓮宗は「法華経宗」であるのです。

日蓮聖人が法華経から選びとられたのには理由がありました。もちろん、法華経至上主義をとられたのですが、日蓮聖人のお考えを支えた言葉の中に、涅槃経の「依《え》法《ほう》不《ふ》依《え》人《にん》」（法に依《よ》りて人に依らざれ）というものがありました。この言葉により、法華経からその名をとられたと私は思うのです。

いよいよ弥勒菩薩の疑念に応えるべく、お釈迦さまが自ら言葉を発せられる如来寿量品に入ります。

如来寿量品《にょらいじゅりょうほん》 第十六

◆法華経の「要」の章

いよいよ法華経の要《かなめ》、本門《ほんもん》十四品《ほん》中の正宗《しょうしゅう》分《ぶん》の中心の章、如来寿量品に入ります。日蓮聖人は、如来寿量品の存在について次のように述べられているのです。

「一切経の中に此《この》寿量品ましまさずば　天に日月無く　国に大王無く　山河に珠無く　人に神《たましい》のなからんがごとく」（『開目抄』定遺五七六～七頁）

弥勒菩薩《みろくぼさつ》などの「何故、六万恒河沙《ごうがしゃ》という厖《ぼう》大《だい》な数の地涌《じゆ》の菩薩方を短時間のうちに教化《きょうけ》されたのか」との疑念に応えるべく、お釈迦さまは、まず次のように言葉を発せられます。

「その時、仏は、諸《もろもろ》の菩薩及び一切の大衆《だいしゅ》に告げたもう　『諸の善男子《ぜんなんし》よ。汝等《なんだち》は、当《まさ》に如来の誠諦《まこと》の語《ことば》を信解《しんげ》すべし』と」

このような言葉をお釈迦さまは、弥勒菩薩をはじめとします求法《ぐほう》者たちに三度にわたって声をかけられるのです。大きな疑念を抱いた方々に向かい、「如来の誠諦の語を信解すべし」といわれます。この「誠諦《まこと》」（じょうたい）という語の、「誠」とは誠心（いつわりのないまごころ）から出た言葉、「諦」とはものごとの道理をつまびらかにするという意であります。このことから、「誠諦」とは、真実ということになります。

「お釈迦さまの、真実の言葉、本当の言葉を聴きなされ！」と三度にわたって発せられたのでした。これに応えるかたちで弥勒菩薩たちは、

「この時、菩薩の大衆は、弥勒を首《はじめ》となして、合掌《がっしょう》して仏に白《もう》して言わく『世尊《せそん》よ、唯《ただ》、願わくはこれを説きたまえ。われ等《ら》は当に仏の語《みこと》を信受したてまつるべし』と」

と、これまた三度にわたりまして、お釈迦さまに尊敬の念を表し「その訳をお話し下さい。私たちは語られたことを信頼します」と懇願《こんがん》したのでした。これを三誠三請《さんかいさんしょう》（お釈迦さまの「誠」が四回、弥勒菩薩たちの「請」が各々四回という説もあります。「かくの如く、三たび白《もう》して已《おわ》りて、また言わく…その時、世尊は諸の菩薩の三たび請いて止《や》まざるを知り、而《すなわ》ちこれに告げて言《のた》もう『汝等《なんだち》よ、諦《あきら》かに聴け…』」）といいます。

この各々《おのおの》三度に及びます、いわば儀式的な受け応えをどのように理解したらよいのでありましょうか。仏教はインドに興《おこ》りました。しばしば、インドの人たちは数学に強いとか、話し好きで哲学的であるといわれます。議論好きな国民性を反映した証《あかし》が経典にもあり、繰り返しというのもその例であるということをある先生から伺《うかが》ったことがあります。

しかし、私はこの如来寿量品に限っては特別

な意味を持たせてのものと考えるのです。前章の従地涌出品で無数の大菩薩方、その容姿はまことに威厳がある方たちばかりが突然大地より涌出《ゆじゅつ》され、お釈迦さまはこれらの菩薩方を教え導いてきたのだ、といわれたのでした。

それはあたかも、二十五歳の若者が百歳の老人を指して「わが子である」というようなものです。このような本当に大きな疑念を抱いた弥勒菩薩をはじめ大衆に対し、お釈迦さまは今まで説いたことのない仏法であるから、奥深くて計り知れない教えであるから「しっかりと聴きなされ！」と叱咤激励し、目を覚まそうとしたことが、この「三度（四度）」にあると思うのです。

◆歴史上のお釈迦さまの事跡を踏まえる

この後、お釈迦さまは次のように語られます。

「その時、世尊は、諸の菩薩の三たび請いて止まざるを知り、而《すなわ》ちこれに告げて言《のたま》う『汝等《なんだち》よ、諦《あきら》かに聴け、如来の秘密・神通《じんづう》の力を。一切世間の天《てん》・人《にん》及び阿修羅《あしゅら》は、皆、今の釈迦牟尼《むに》仏は、釈氏《しゃくし》の宮《みや》を出《い》でて、伽耶城《がやじょう》を去ること遠からず、道場に坐して、阿耨多羅三藐三菩提《あのくたらさんみゃくさんぼだい》を得たりと謂《おも》えり。然《しか》るに善男子よ、われは実に成仏してより已来《このかた》、無量無辺百千万億那由《なゆ》佗劫《たこう》なり』」

三度にわたりますす懇請に、お釈迦さまが応える場面を迎えます。

お釈迦さまは、皆が理解ができないから「秘密にしておきなさい！」といわれるのではなく、仏法というものは限りなく無限で、全ての人々を救う働きを有している。これからのことを心して聴きなさい…と、まず語られ、次のように続けられます。

「皆は、今、私（お釈迦さま）がサクヤ族の王家から出家し、ガヤー（今のブッダガヤー）という都市の近郊でこの上ない悟りを得たと思っているでありましょう。しかし、そうではなく、実は成仏して今日に至るまで数で表すことのできない歳月が経っているのですよ」

と。

私は、この如来寿量品の文章の流れに、大いに注目したいのです。

私たち日蓮宗徒は、永遠なる生命を有したお釈迦さま＝**「久遠実成《くおんじつじょう》の釈尊」**を最重要視します。私もその一人であることに間違いはないのですが、「ちょっと待てよ」とも思うのです。

「久遠実成の釈尊」が明かされる時、突然、それが説かれるのではなく、如来寿量品では歴史的事実を踏まえられた上で語られているのです。お釈迦さまが十九歳で出家し、三十歳で悟りを開かれたという生涯を踏まえた上で、永遠なる生命が明かされているのです。

このような手続きは、如来寿量品だけでなく、迹門《しゃくもん》の方便品《ほうべんぽん》において、久遠開顕《くおんかいけん》を暗示する文章の前にも見られるのです。

「久遠劫より来《このかた》　涅槃の法を讃《ほ》め示して

生死《しょうじ》の苦を永く尽《つ》くす」

という文章があります。いわゆる「小善成《しょうぜんじょう》仏《ぶつ》」の後にあるのですが、この文章の前においても歴史的事実、つまり、お釈迦さまが悟りを開かれた後、ベナレス近郊のサールナート（鹿野苑《ろくやおん》）へ行き、五比丘《びく》のために初転法輪《しょてんぼうりん》されたということが説かれているのです。

私たち日蓮宗徒は、往々にしまして四月八日に誕生され、十二月八日に成道《じょうどう》され、二月十五日に入滅《にゅうめつ》された歴史上のお釈迦さまよりも、永遠なる生命を有したお釈迦さま、「久遠実成の釈尊」に重きを置いてしまいがちです。

ところが、法華経では、迹門の方便品で久遠が暗示される時も、そして、この如来寿量品で久遠が説き明かされる時も、歴史上のお釈迦さまを踏まえているのです。

実は、歴史上のお釈迦さま（歴史上の釈尊）↓永遠なる生命を有したお釈迦さま（久遠実成の釈尊）という法華経の手続きは、法華経の意を継承された日蓮聖人の文章にも見られるのです。

私たちは、日蓮聖人のお釈迦さまへの念《おも》いを察します時、前にも記しましたように「久遠実成の釈尊」のみに重きを置かれると思いがちですが、実はそうではないのです。インドに応現されたお釈迦さまへの追慕《ついぼ》の念も大きなものがあったのです。日蓮聖人は、お釈迦さまのご降誕と成道の日である八日に、「八日講《こう》」という講を開き、鎌倉幕府への第三の国諫《こっかん》の日として文永十一年四月八日という日を選ばれたのでした。そしてお釈迦さまのご入滅の日、二月十五日にはそのご遺徳《いとく》を偲《しの》んでいらっしゃるのです。これらのことからも、歴史上のお釈迦さまを重要視されていたことが窺《うかが》われるのです。

日蓮聖人の数多くある著書の中でも最も重要な三つの著書＝「三大部」は、

・『立正安国論《りっしょうあんこくろん》』文応元年（一二六〇）七

月十六日
・『開目抄《かいもくしょう》』　文永九年（一二七二）二月
・『観心本尊抄《かんじんほんぞんしょう》』　文永十年（一二七三）四
月二十五日

のことをいいますが、このうち「人開顕《にんかいけん》の書」といわれます『開目抄』と、「法開顕《ほうかいけん》の書」といわれます『観心本尊抄』に、歴史上のお釈迦さまを重要視されていたことを見ることができるのです。

　まず、『開目抄』においては、
「此《この》過《か》去《こ》常《じょう》顕《あらわ》るる時、諸仏皆釈尊の分身《ふんじん》なり」（定遺五七六頁）
と、お釈迦さまの久遠実成が説き顕されることにより、全ての仏さま方が分身仏になる、さまざまな経典、法華経迹門の時まで数多くの仏さま方は、お釈迦さまと同じように各々《おのおの》修行して仏となられましたが、久遠実成開顕により、今、全ての仏さま方がお釈迦さまの眷属《けんぞく》となりました…と日蓮聖人は述べられています。

　この「過去常」＝久遠実成という表現の前には、如来寿量品の歴史上のお釈迦さまが説かれている文章があり、それを踏まえた上にあるのです。

　次に、『観心本尊抄』を見てみますと、
「今本時《ほんじ》の娑婆《しゃば》世界は三災《さんさい》を離れ四劫《しこう》を出《いで》たる常住《じょうじゅう》の浄土なり。仏既《すで》に過去にも滅せず未来にも生ぜず。所化《しょけ》以《もっ》て同体なり。此れ即ち己心《こしん》の三千具足三種の世間也」
（定遺七一二頁）

　いわゆる「四十五字法体段《しじゅうごじほったいだん》」という有名な文章があります。原文は漢文四十五文字から成り、久遠開顕による、永遠なる生命を有したお釈迦さまと、お題目を受持《じゅじ》する者との感応道交《かんのうどうきょう》の世界、永遠なる時と空間での救いの世界が示されています。実は、この文章の前には次のようなことが記されているのです。

「夫《そ》れ始め寂滅《じゃくめつ》道場華蔵《けぞう》世界より沙羅林《しゃらりん》に終るまで五十余年之《の》間」（定遺七一二頁）

お釈迦さまが悟りを開かれてより、入滅に至ります五十年の間、という歴史的事実について語られているのです。

ここまで、如来寿量品における久遠実成のお釈迦さまが明かされる時の経緯、そして、その意を継承した日蓮聖人の文章を、『開目抄』『観心本尊抄』について見てきました。

それらからわかることは、いきなり永遠なる生命を有したお釈迦さまが明かされるのではなく、きちんと歴史上のお釈迦さまを踏まえられた上、という手続きをとられているのです。では、このような手続きを一体どのように受けとれば良いのでしょうか。

それは、久遠実成のお釈迦さまはこの娑婆世界と永遠なる縁を有した方、架空の仏さまではないという表明と受けとることができるのです。そして、その序章が第七章・化城《けじょうゆ》喩品で説かれます、三千塵点劫《じんでんごう》の昔に娑婆国土に遣《つか》わされた有縁《うえん》の方ということにあるのです。

◆金光明経・無量寿経と法華経の違い

ここでさらに如来寿量品の特徴を明らかにするため、仏さまの久遠の生命が説かれる代表的な経典を二つ見、比較してみることにしてみましょう。

①金光明経《こんこうみょうきょう》

法華経、仁王般若経《にんのうはんにゃきょう》とともに「護国《ごこく》三部経」のひとつとして古くから多くの人からの信仰を集め、国分寺《こくぶんじ》や四天王寺《してんのうじ》での最勝会《さいしょうえ》、放生会《ほうじょうえ》などの法要で読経されてきた経典です。

この金光明経の第二章が、法華経のそれと同じ「如来寿量品」という名前の章なのです。如来寿量品という章名からも仏さまの寿命が長遠であることが説かれます。

王舎城《おうしゃじょう》に信相《しんそう》という菩薩があり、信相菩薩はお釈迦さまが八十の寿命であることに疑念を懐《いだ》き、それに対し東・南・西・北の四方を護る、

・東方…阿閦《あしゅく》如来
・南方…宝相《ほうそう》如来
・西方…無量寿《むりょうじゅ》如来（＝阿弥陀如来）
・北方…微妙声《みみょうしょう》如来

という四如来が、お釈迦さまの寿命について、

・数（数える）
・量（量る）
・算（算える）
・計（計る）

ことができないほど「無量無辺」であると表明されるのです。

金光明経の如来寿量品においては、お釈迦さまの久遠の寿命が四方を守護する四如来によって明かされているのです。これに対し、法華経の如来寿量品においては、周りの方々、別の方々ではなく、お釈迦さま自らが、

「実は、私は成仏して以来、数え切れないほどの時が経《た》っているのです」

と明かされているのです。

私は、この「お釈迦さま自らが」いうことに大きな意義を感じるのです。それは、第二章・方便品《ほうべんぽん》の「如我等無異」（われの如く等しくして異ること無からしめん）と同じように、自らの責任と自身による衆生救済の大慈悲心の表明と受けとることができるのです。

②無量寿経《むりょうじゅきょう》

阿弥陀経・観《かん》無量寿経とともに「浄土三部経」のひとつに数えられ、阿弥陀仏の修行時代のこと、誓願、四十八願について説かれています。もう少し詳しく記しますと、阿弥陀仏が法《ほう》蔵比丘《ぞうびく》として修行している時に四十八の本願を満足し、十劫《じっこう》という大昔に仏となって西方十万億土を過ぎた国土、安楽《あんらく》世界に住んでいると説示されています。

さらに、その浄土の素晴らしく荘厳なるさまが明かされ、念仏することによって全ての人々が安楽世界（その世界は極めて安楽な浄土＝極楽浄土）へと往生《おうじょう》することが示されるのです。

法華経においては、阿弥陀仏は二度登場します。第七章の化城喩品と第二十三章の薬王菩薩《やくおうぼさつ》本事《ほんじ》品であるのですが、化城喩品では大通智《だいつうち》勝《しょう》仏の十六王子の中にあって法華経説法のため西方国土へと遣《つか》わされたことが述べられ、薬王菩薩本事品ではお釈迦さまの分身としての存在が説かれているのです。

法蔵比丘が阿弥陀仏となったことを、しばしば「十劫正覚《じっこうしょうがく》の阿弥陀仏」といいます。一劫とは、時間の長さをいい、極めて長い時間のことをいいます。諸説があり、四十三億二千万年とか、四方がそれぞれ四十里の硬い石に、天人が三年に一度舞い降りて衣でふき払い、その石が磨滅《まめつ》して無くなる時間を一劫といいます。その十倍でありますから、阿弥陀仏となったのは本当に遠い遠い大昔ということになります。

そこで法華経の如来寿量品と比較してみますと、凡《およ》そ次のような違いがあるのです。

○仏さまの所在地

・如来寿量品のお釈迦さま＝**娑婆世界**（此《し》土《ど》）

・阿弥陀仏＝**安楽世界**（西方十万億土、他土《たど》）

○仏さまの成道の時

・如来寿量品のお釈迦さま＝**久遠**（限りない昔）

・阿弥陀仏＝**十劫という昔**（限りある昔）

◆「塵点劫」と「六惑示現」

金光明経は四方を護る四如来からの寿命長《ちょう》遠《おん》を説くが、法華経の如来寿量品ではお釈迦さま自らが説かれ、無量寿経は他土の仏（阿弥陀仏）であり、限りある昔（十劫正覚）を説くが、法華経の如来寿量品ではお釈迦さまは常に此土（娑婆世界）にあり、限りない昔（久遠）に成道されたと説かれていることを記してきました。

お釈迦さまは、自らが久遠の仏であると明かされた後文には、次のような時間的な譬《たと》えが示されます。

「譬えば、五百千万億那由佗《なゆた》阿僧祇《あそうぎ》の三千大千世界を、仮使《たとい》、人ありて抹《す》りて微塵《みじん》となし、東方五百千万億那由佗阿僧祇の国を過ぎて、乃ち一塵を下《くだ》し、かくの如く、東に行《ゆ》きて、この微塵を尽《つく》さんが如き、諸《もろもろ》の善男子よ、意《こころ》においていかん。この諸の世界は、思惟《しゆい》し校計《かんがえはか》りて、その数を知ることを得《う》べしや、不《いな》や」

ここにあります、世界を微塵としてという、いわゆる「塵点劫《じんでんごう》」という時間の数え方につきましては、法華経の第七章・化城喩品の時に触れましたので省《はぶ》くことにしますが、如来寿量品では「譬えば」とありますが、**「五百億塵点劫」**という具体的な数字をあげてお釈迦さまが仏となった時が示されているのです。

中国天台宗を開かれた天台大師《てんだいだいし》智顗《ちぎ》（五三八～五九七）は、『法華文句《ほっけもんぐ》』第九のなかで、お釈迦さまの寿命が無量であることの譬えであり、お釈迦さまの寿命はあくまでも無限であり常に在《ましま》すということを述べています。

私には、この五百億塵点劫と共に注目したい語句があるのです。それは**「東方」「東行」**という語であります。

この「東」に、私は拘《こだわ》りたいのです。以前にも記しましたが、お釈迦さまの出家に関わる故事、**「四門出遊《しもんしゅつゆう》」**も東からはじまります。お釈迦さまは若き日に、居城《きょじょう》カピラヴァストゥからそれぞれの門を出た時に遭遇した事象（老苦・病苦・死苦）を実感し、出家を決意されたといいます。東→南→西→北という順序は、実は太陽の巡りの順番でもあるのです。

この四門出遊の順序、そして如来寿量品の東方という表現は、仏教が農耕民族の価値観を基として育くまれた証であると共に、太陽をとても大事に扱う証でもあると思うのです。

では、東方あるいは東行というのは如何なる意を含んでいるのでしょうか。東は、太陽の出ずる方角であります。日の出は、「始まり」「物事が起こる始まり」ということをイメージでき、物事が起こった過去を指しているといえるのではないでしょうか。法華経の第十一章において記しましたように証明仏《しょうみょうぶつ》として登場された多宝《たほう》如来は、東方から来《きた》った過去仏でありました。

ちなみに、西といいますと、太陽の沈む方角、日没ということになります。西方で有名な仏は、阿弥陀仏でありますが、日没は終わり、物事の結末、そして将来・未来・来世というイメージを抱かせるものであります。

従いまして、五百千万億那由佗阿僧祇の国を過ぎた遠い遠い東方ということは、天台大師がいわれるように、本当に数えきれない遠い昔を表現しているといえるのであります。

日蓮聖人は、この五百億塵点劫と化城喩品の三千塵点劫を重要視され、次のように述べていらっしゃいます。

「今法華経と諸経とを相対するに一代に超過すること廿種之《にじっしゅこれ》有り。其中《そのうち》最要二有り。所謂三五《いわゆるさんご》の二法也《にほうなり》」（『法華取要抄』定遺八一一頁）

「三五の二法」とは、「三千塵点劫」＝三、「五百億塵点劫」＝五であり、さらに、佐渡配所《さどはいしょ》（塚原三昧堂《つかはらざんまいどう》）で認《したた》められた『開目抄』の「三大誓願」の前文に次のような表現をされています。

「久遠大通《だいつう》の者の三五の塵をふる、悪知識に値《あう》ゆへなり。善に付け悪につけ法華経をすつる、地獄の業なるべし」（定遺六〇一頁）

法華経・如来寿量品のお釈迦さまによる久遠の過去の「法華経（お題目）下種」、化城喩品の「法華経結縁《けちえん》」ということを忘れ、今日に至るまで仏道を成《じょう》ずることができなかったのは、悪知識に出会ったためである。善きにつけ、悪しきにつけ、法華経を捨てる行為は地獄へ堕ちることになってしまう、と五百億塵点劫の久遠下種と三千塵点劫の法華経結縁の重要性を強く訴えられているのです。

この「三五の塵」で表される遠い過去より、お釈迦さまは下種、あるいは結縁という形で全ての人々をあらゆる手段を尽して救うという大慈悲心が次のように示されています。

「如来の演《の》ぶる所の経典は、皆衆生を度脱《すくわ》んがためなり。或《ある》いは己《おの》が身を説き、或いは他の身を説き、或いは己が身を示し、或いは他の身を示し、或いは己が事を示し、或いは他の事を示せども、諸の言説《ごんぜつ》する所は、皆実にして虚《むな》しからざるなり」

六度、「或《あるいは》」（わく）という語があることから「六或示現《ろくわくじげん》」といわれる文章であります。

お釈迦さまが久遠劫以来、説いてこられた仏法は、全ての人々を救うためのものであり、そのためにあらゆる手だて、さまざまな言葉や文字、声や姿を駆使して導びかれているのです。ある時には仏の姿をもって、また、ある時には仏ではない姿で説き、ある時には仏の姿をもって示し、また、ある時には仏ではない姿を示し、ある時には仏の行為をもって、また、ある時には仏ではない行為をもって人々を救済することが明かされているのです。

「六或示現」に似た事例は、法華経第二十五章の主役である観世音菩薩《かんぜおん》にも見ることができます。観世音菩薩は、人々を得度《とくど》（救うこと）するために仏の身をはじめとして三十三身を現すことが説かれています。

日蓮聖人は、この「六或示現」について、次のような興味ある解釈をされています。

「経に云《いわ》く、或説己身或説他身等云云《うんぬん》。即ち仏界所具《ぶっかいしょぐ》の十界也《じゅっかいなり》」（『観心本尊抄』定遺七〇五頁）

仏界から地獄界の十界に、それぞれ十界が備わっているという「十界互具《ごぐ》」を証明する経《きょう》文《もん》、殊に、仏界に地獄界から仏界までの十界が存在することを明らかにする経証《きょうしょう》として「六或示現」の文を用いられているのです。日蓮聖人が「仏界所具の十界」を証明する経文として、「六或示現」を採用された理由は、「己」は仏界、「他」は仏界を含む十界と解釈されたのではないかと考えるのです。

◆難解な「如・非・実・有・無」

この後の文章には、私たち僧侶が葬儀の時、故人をお釈迦さまが常にまします仏国土＝霊《りょう》山浄土《ぜんじょうど》へと導く「引導文《いんどうもん》」にしばしば引用する箇所が説かれています。

「如来は如実に三界《さんがい》の相は、生まれること死すること、若《も》しくは退すること若しくは出ずること有ることなく、亦《また》、世に在るもの及び滅度する者もなく、実に非《あら》ず、虚にも非ず、如にも非ず、異にも非ざることを知見《ちけん》して、三界のものの三界を見るが如くならざればなり。斯《かく》の如きの事《じ》を、如来は明《あきら》かに見て、錯謬《あやまり》あることなし」

私は、実に難解な文章だなあ、と思うのですが、読者の皆さんの中にも「難しい！　全くわかりゃしないよ」といわれる方もいらっしゃるのではないでしょうか。「如」「非」「実」「有」「無」という文字があることが影響しているからともいえましょう。

この文章を一言で表しますと、「お釈迦さまは全てのことをお見通しである」ということになりましょうか。お釈迦さま、仏の世界から見れば、全ての世界はこのようだといわれているのです。ただ、私たちにはその有り様を見ることができないということなのです。

それでは、ここで私なりの譬えをしてこの文章を理解してみましょう。ここに一リットルの水がヤカンに入っているとします。このヤカンをガスコンロにかけて火をつけ、湯を沸かすとします。

火力によって、水は次第に温かくなり、熱湯となり、激しく水蒸気を出して沸騰《ふっとう》します。さらに、その状態を続けていきますと、一リットルあった水は全て水蒸気となり、ヤカンは空っぽとなってしまいます。

ヤカンの中にあった水は、湯となり、水蒸気となり、全て消えたように私たちは思います。ところが、空気中に散った水蒸気は、空気が冷えることによってまた水滴となります。

水は氷という固体、水という液体、水蒸気という気体になります。確かに、姿は変わるのですが、その本質は決して変わることはないのです。私たち凡夫《ぼんぷ》は、全ての世界を見るにつけ変化だけに目を奪われて、その本質を見ることがない、しかし、お釈迦さまはその本質、この世

界の本質は決して変わることがないということをお見通しであるというのです。それを、

「生まれること、死すること、退すること、生ずること有ることなく」

「実にも非ず、虚にも非ず、如にも非ず、異にも非ず」

と表現されたのであります。

◆良医治子の譬

それでは、いよいよ法華七喩《ほっけしちゆ》の大トリをつとめる「良医治子《ろういじし》の譬《たとえ》」に入ることにしましょう。

「譬えば、良医の智慧、聡達《さと》くして、明かに方薬《ほうやく》を練《しら》べ、善く、衆《もろもろ》の病を治するが如し」

この文章から良医治子の譬が説かれ、その譬え話には次のような人々や事柄の登場があります。

・父（良医）
・子供たち（十人〜二十人〜百人）
・良薬（色・香り・味わいも良い薬）
・遣使《けんし》（使い）

それでは、譬え話を概説することにしましょう。ある国に、優秀なお医者さんがいました。そのお医者さんには数多くの子供がいて、深い愛情を持って育てていました。

ところがある日、父が長い旅から帰ってきますと、子供たちが誤って毒薬を飲んでしまい、もがき苦しんでいました。この状況を見た父は驚き、早速、毒を中和する色・香・味の良い薬を調合して子供たちに飲むように勧めたのでした。

毒薬を少しだけ含んだ子供たちは、父の勧めに従い解毒剤を飲んで本心を取り戻したのですが、毒薬を多量に飲んでしまった子供たちは、解毒剤を全く服用しようとはせず、相変わらずもがき苦しむばかりでありました。

父は困りはててしまいますが、一つの妙案を思いつきます。それは、ショック療法ともいうべき手段であったのです。

父は本心を失っている子供たちの家を出て、遠い国へと出発してしまいます。そして、遠方の国から使者を遣わして次のように本心を失った子供たちに告げたのであります。

「君たちが愛するお父さんは、遠くの国で死んでしまったぞ！」

と。使者の言葉を聞いた子供たちは、父が死去したことにびっくり仰天して正気に返り、父のいったことを思い出して解毒剤を飲んだのでした。すると、子供たちはみるみるうちに回復し、本心にかえることができたというのです。めでたし、めでたし。

日蓮聖人は、佐渡配所の地にあって、「法開顕の書」として認《したた》められた『観心本尊抄』三十番問答中のへ第二十三番の答えにこの良医治子の譬を引用され、次のように解釈されています。

「五百億塵点劫《じんでんごう》の昔にお釈迦さまから法華経を下種《げしゅ》された者、三千塵点の昔に法華経と縁を結んだ者、お釈迦さまが悟りを開き華厳《けごん》・阿含《あごん》…法華経迹門に至るまでの教説に登場された全ての菩薩・縁覚・声聞・天・人界の方々に真の救いを得る方法があることを教示したのが良医治子の譬である」とされているのです。

さらに、第二十四番目の答には、良医治子の譬の中にあります**「遣使還告《けんしげんごう》」**と**「是好良薬《ぜこうろうやく》」**について次のように釈されています。

「本門の四依《しえ》は、地涌千界《じゆせんがい》なり。末法の始《はじめ》に必ず出現すべし。今の遣使還告は地涌なり。是好良薬とは、寿量品の肝要たる名《みょう》・体《たい》・宗《しゅう》・用《ゆう》・教《きょう》の南無妙法蓮華経これなり。この良薬をば仏なお迹化《しゃっけ》に授与したまわず。いかにいわんや他方をや」（定遺七一六頁）

法華経本門の導師とは、六万恒河沙の地涌菩薩であり、末法の世に必ず出現するでありましょう。「遣使還告」とは、地涌菩薩であります。そして、「是好良薬」とは、**名・体・宗・用・教**という**「五重玄義《ごじゅうげんぎ》」**を備えた南無妙法蓮華経のお題目であるのです。末法の人々を救う素晴らしい良薬＝お題目を、お釈迦さまは地涌菩薩以外の他の菩薩、他の世界から集まった菩薩には決して授けられなかった、と日蓮聖人は断じられているのです。

日蓮聖人のいわれていることから判断しまして、良医治子の譬に登場した人々や事柄は、次のように見ることができるといえましょう。

○父（良医）＝**久遠実成のお釈迦さま**

○子どもたち（十人～二十人～百人）

・すぐに解毒剤を飲んだ子どもたち＝**正法《しょうぼう》・像法《ぞうぼう》の人々**

・本心を失っていた子供たち＝**末法の人々**

○良薬（色・香り・味わいも良い薬）＝**お題目**

○遣使（使い）＝**六万恒河沙の地涌菩薩**（殊に上行菩薩＝日蓮聖人）

ということになるのです。

この良医治子の譬の後、お釈迦さまは次のような言葉を発せられているのです。

「『諸の善男子よ。意においていかん。頗《そもそも》、人の能くこの良医の虚妄の罪を説くものあり不《や》』と。『いななり、世尊よ』と。仏は言《のた》もう『われも亦《また》、かくの如し、成仏してより已来《このかた》、無量無辺百千万億那由佗阿僧祇劫なり』」

これまで説かれた良医治子の譬における、巧妙な方便を皆さんはどう思われるでしょうか、と問われるのです。

法華経の第七章・化城喩品では、まぼろしの城が登場する方便が説かれ、如来寿量品では、良医の旅先での死という方便が説かれたのでした。

誰であっても真実を説くためにある種のショック療法であっても、嘘や本当でないことをいうのは嫌なものです。そのことを踏まえられながらもお釈迦さまは人々に問われ、了解を得ようとされたのでした。

このお釈迦さまの言に対し、人々は「嘘つきなんて、そんなこと誰一人として思ってやいませんよ」と返答したのです。

私は、このようなお釈迦さまの、いわば気配りについて、如来寿量品の最重要課題、久遠ということに関わる事柄であったがゆえに、このような丁重なる了解をとられた、と考えるのであります。つまり、今まで説かれてきたことが方便であって、久遠のお釈迦さまから見られることが真実の世界である、方便を説いてきたことに皆はショックを受けるであろうが勘弁してくだされ、といわれているのではないかと解釈するのです。

◆自我偈＝法華経の魂

それでは、法華経の中にあって皆さんに最も親しまれている如来寿量品の偈文、すなわち「自我偈《じがげ》」に入ることとしましょう。

「自我偈」という名称は、偈文のはじめの二文字からとったもので、日蓮聖人はその重要性について、下総国《しもうさのくに》（現在の千葉県）に住した有力檀越《だんのつ》であり、学解《がくげ》を有した曾谷教信《そやのきょうしん》氏に宛てられた書簡『法蓮鈔《ほうれんしょう》』（建治元年＝一二七五年四月）には、次のように述べられているのです。

「夫《それ》法華経は一代聖教《いちだいしょうぎょう》の骨髄《こつずい》なり。自我偈は二十八品のたましひなり。三世《さんぜ》の諸仏は寿量品を命とし、十方の菩薩も自我偈を眼目《がんもく》とす」（定遺九四九頁）

お釈迦さま一代の聖教中、一番の要《かなめ》の経典である法華経、その中にあって自我偈は法華経の魂であり、十方の菩薩の眼目であるとまでいわれているのです。

それでは、自我偈に入ることとしますが、実は良医治子の譬と、次にあげます文言に密接な関係があるということを、まず最初にお伝えしたいと思うのです。

日蓮聖人が自ら造られた語の中に、**「主《しゅ》・師《し》・親《しん》の三徳《さんとく》」**（三徳とは、仏教一般的には普通、法身《ほっしん》・般若《はんにゃ》・解脱《げだつ》のことをいいます）というものがあります。その三徳を備えられた唯一の方がお釈迦さまであるともいわれているのです。

文永九年（一二七二）二月、佐渡へと配流され早速にご自身の思いを認《したた》められた『開目抄』

の冒頭には、

「夫《それ》一切衆生の尊敬《そんぎょう》すべきもの三つあり。所謂《いわゆる》主・師・親これなり」（定遺五三五頁）

と、世の人々が尊び敬わなければならない徳が三項目あり、それぞれ主徳（大いなる精神界の主）・師徳（大いに世を導く師）・親徳（大いなる私たちの父）であるとされているのです。そして、それらを兼ね備えられた唯一の方がお釈迦さまであることを、次のように示されているのです。

「三には大覚世尊《だいがくせそん》。此れ一切衆生の大導師・大眼目・大橋梁《きょうりょう》・大船師・大福田《ふくでん》等なり」（定遺五三八頁）

この文章を見て、読者の方の中には、日蓮聖人のある表現にお気づきになった方がいらっしゃるのではないですか。そうです。日蓮聖人が同じ『開目抄』において、

「我れ日本の柱とならむ、我れ日本の眼目とならむ、我れ日本の大船とならむ」（定遺六〇一頁）

と発せられた**「三大誓願」**中の語「柱」「眼目」「大船」に通じるものがあるのです。「三大誓願」は、いかなる迫害が来るとも、お釈迦さまの意思を継承して法華経の広宣流布《こうせんるふ》を誓った決意表明であります。日蓮聖人は、お釈迦さまの「大導師・大眼目・大橋梁・大船師・大福田等」という表現になぞらえ、ご自身が「柱・眼目・大船」と云われて意志継承の証とされたのです。

この意志継承を裏づける経文として、法華経の第二章・方便品の次の文章があるのです。

「我本立誓願　欲令一切衆　如我等無異

如我昔所願　今者已満足」（われ、本《もと》、誓願を立て　一切の衆をして　われの如く等しくして異なることなからしめんと欲せり。わが昔の所願の如きはいま、已《すで》に満足す）

と、お釈迦さまは、誰人であっても、

「私（お釈迦さま）と同じようになれるのだよ！」

という大慈悲心を吐露されています。それを具体的に受けとめられた日蓮聖人の表現が、三徳であるのです。私も、お釈迦さまと同じように主・師・親の三徳を兼ね備えることができるということを、「三大誓願」として表明されたのであります。

それではここで、日蓮聖人の三徳に関わる具体的な考え方、さまざまな仏に対しての価値観あるいは位置づけについて記すことにしましょう。日蓮聖人の数多くの檀越の中にあって、もと阿弥陀信仰の人も存在しました。その一人であり、駿河国《するがのくに》（現在の静岡県）上野郷《うえののごう》に住した南《なん》條《じょう》兵《ひょう》衛《え》七郎《しちろう》氏に宛てられた手紙（『南條兵衛七郎殿御書』、文永元年＝一二六四年）には、次のように綴《つづ》られているのです。

「釈迦如来は我等衆生には親也、師也、主也。我等衆生のためには阿弥陀仏・薬師仏等は主にてはましませども、親と師とにはましまさず。ひとり三徳をかねて恩ふかき仏は釈迦一仏にかぎりたてまつる」（定遺三二〇頁）

主・師・親の三徳にあって、阿弥陀さんや薬師さんは主徳を備えていらっしゃるが師徳や親徳は備えていない。唯、お釈迦さまのみが兼ね備えている方であるとされているのです。

『八宗違目鈔《はっしゅういもくしょう》』（定遺五二五・六頁）には、その経文の証拠として、自我偈中の「我亦為世父《がやくいせぶ》」（われも亦《また》、為《これ》、世の父として）を挙げられています。つまり、良医治子の譬と自我偈中の「我亦為世父」は、お釈迦さまが三徳を兼ね備えられた唯一の方であることを証明する重要な文章と受けとれるのであります。

◆「及」と「霊鷲山」

自我偈に入る前には次のような文章があります。

「その時、世尊は重ねて、この義を宣《の》べんと欲して、偈を説きて言《のた》もう」

このような文章は法華経に幾度となく出てきます。同じように、自我偈の前にも「重ねて」とありますのは、如来寿量品の長行《じょうごう》におきまして説かれました内容を繰り返し要約するということを示されたものといえるのです。

「われ、仏を得てより来《このかた》 経《へ》たる所の諸の劫数《こっしゅ》は 無量百千万 億載阿僧祇なり。常に法を説きて 無数億《むしゅおく》の衆生を教化《きょうけ》して 仏道に入らしむ 爾《それ》より来《このかた》無量劫なり」

自我偈の冒頭にある文章であります。これより二十五偈半の韻文《いんぶん》、五百十文字のお経がはじまりますが、法華経六万九千三百八十四文字からすれば、極《ごく》僅かの分量といえます。しかし、この五百十文字こそが法華経全てを集約した文字といえるのであります。

自我偈ではたびたび、お釈迦さまが永遠なる生命を有し、大慈悲心をもって全ての人々を救済することが説かれます。この二偈四十字についても自我偈全体を集約した文章といえるのであります。

「時にわれ及《およ》び衆僧は、倶《とも》に霊鷲山に出《い》ずるなり」

ここにある文章の中で、私は**「及」**と**「霊鷲山」**という語に注目したいのです。

茂《も》田《た》井《い》教《きょう》亨《こう》先生は、大学の講義中、次のようなことを仰っていました。

「私はね、毎日自我偈を読むのだけれども、このところにくるとね、胸にジーンと来てしまうのだよ。お釈迦さまの大慈悲心と、常にお釈迦さまと共に霊鷲山に在ることを実感するのだよ」

と。そして、「及」という文字は、本門法華経を端的に表す語であるともいわれたのです。つまり、

・**迹門法華経**　「与」の世界　唯仏与仏
　方便品
・**本門法華経**　「及」の世界　我及衆僧
　如来寿量品

であると。殊に、方便品を中心とする迹門は「仏と仏」とがそれぞれに仏となる世界であるが、如来寿量品を中心とする本門は「我及衆僧」「仏及大衆」とあるように、お釈迦さまと倶にある世界であるのだ、と訴えられていました。茂田井先生のこの言に、私は信仰的な素晴らしい解釈だと感心してしまいました。

日蓮聖人は、ご自身の生涯中の一番の難儀、佐渡配所にありましてお釈迦さまとの「及」「倶」の世界を実感されていました。文永十年（一二七三）五月十一日に認《したた》められた『顕《けん》仏《ぶつ》未《み》来《らい》記《き》』には、次のような表現をされています。

「幸いなるかな一生の内に無始《むし》の謗法《ほうぼう》を消滅せんことを。悦ばしいかないまだ見聞せざる教主釈尊にはべり奉《たてまつ》らんことを」(定遺七四二頁)

日蓮聖人の佐渡流罪《るざい》に当たって、世間の人々から、法華経には法華経の行者を守護すると書いてあるのに何故流罪という難《なん》に値《あ》うのか、という批判が多くありました。この批判に答えるため、自ら納得するためにも、日蓮聖人は幾度も「わが身法華経の行者にあらざるか」の自問自答を繰りかえされました。そして、次のような結論に至られるのです。

「私・日蓮は過去世において法華経を謗《そし》った者である、その罪によって今、流罪に値って罪を滅しているのである」との結論に至られ、法華経を説かれたお釈迦さまにお仕えしているのだという宗教的一体観を、流人《るにん》の生活を通して感じとられたのでした。その表現が『顕仏未来記』であり、「及」「倶」ということを具体的に表した文章といえるのです。

さらに、次の文章からもお釈迦さまとの一体感を看取することができるのです。

「日蓮流罪に当たれば、教主釈尊衣《ころも》をもて之《これ》を覆《おお》ひたまはんか」(定遺六四一頁)

佐渡配所の翌年五月五日に記された『真言諸宗異目』の中にある文言であります。初めて経験された佐渡の冬、想像を絶する寒さにあって魂魄《こんぱく》の書『開目抄』を著し、漸《ようや》くのこと春を迎え、初夏となって厳冬を越えることができたのは、お釈迦さまに護っていただいたお陰であるとの心情を吐露されているのであります。

もうひとつ注目したい語句に「霊鷲山」があ

ります。実はこの語には、特別な意が含まれているのです。

法華経の序章である序品では、お釈迦さまが説法された場所が「耆闍崛山《ぎしゃくっせん》」とあります。ところが、虚空会に至りまして、第十二章・提婆達多品において二回、この自我偈においても二回、霊鷲山という語がでてくるのです。

確かに、耆闍崛山と霊鷲山とは同じ山なのですが、そのもつ語の意味合いが違うのです。両者は、古代インドの強国マガダの首都である王《おう》舎城《しゃじょう》（ラージギル）の外輪山《がいりんざん》の一角にある山のことで、お釈迦さまは八年間にわたりその場で法華経を説いたといわれています。

しかし、私たちは霊鷲山とは常にお釈迦さまが説法されている信仰上の山と位置づけているのです。と申しますのは、日蓮聖人は霊鷲山のことをしばしば「霊山《りょうぜん》」あるいは「霊山浄土《りょうぜんじょうど》」と表現され、私たちが死後逝く場であり、お釈迦さまといつも倶にある場とされているのです。

殊に、身延山《みのぶさん》に入られた晩年、身延を霊鷲山に似た山ともいわれ、檀越に宛てられた手紙の中にも霊山浄土への往詣ということによく触れられているのです。

駿河国上野に住まいし、身延の日蓮聖人のもとへ最も供養の品々を送られた南條氏に宛てられた手紙には、次のように綴られているのです。

「めでたき御経を故五郎殿は御信用ありて仏にならせ給ひて、今日は四十九日にならせ給へば、一切の諸仏霊山浄土に集まらせ給ひて、或は手にすへ、あるいは頂をなで、或はいだき、或は悦び、月の始《はじめ》て出でたるが如く、花の始てさけるが如く、いかに愛しまいらせ給らん」（『上野殿母尼御前御返事』定遺一八一四頁）

十五歳という若き年齢で逝った七郎五郎の母（上野母尼）に、尽七日忌《じんしちにちき》を迎え、法華経を信心されたお子さんであるからこそ、さぞや霊山浄土で数多く仏さまに可愛がられているでありましょう、と記して安心立命《あんじんりつめい》を与えていらっしゃるのです。

このように、身延に入られた日蓮聖人は霊山浄土への往詣《おうけい》＝霊山往詣について触れ、最晩年に至りご自身も近い将来往詣するとまで述べられているのです。

日蓮聖人の言により、私たちは法華経の信仰者が死後逝く場が霊鷲山、霊山浄土であり、その地へと往詣し、お釈迦さまはじめ法華経列座の仏さま方に見《まみ》えることを確信するのです。従いまして、私たち日蓮宗僧侶は、葬儀の時、引導文中に必ず霊山浄土への往詣が疑いなきことを述べるのであります。

◆常住の浄土

さらに自我偈の文章について見ていくことにしましょう。

「われ諸の衆生を見るに　苦界に没在《もつざい》せり
故にために身を現さずして　それをして渇仰《かつごう》を生ぜしめ　その心、恋慕《れんぼ》するによりて　乃《すなわ》ち出でてために法を説くなり」

「われ」とは、もちろんお釈迦さまのことであります。私たち「顛倒《てんどう》の衆生」、「苦界」にある者たちに法華経は説かれる。しかし、ただ、お釈迦さまは忽然《こつぜん》として姿を現すのではなく、人々が渇望を生じて正しい心が生まれ、「恋慕」した時、初めて法華経を説くといわれています。

「お釈迦さまは法華経を説くことに何かもったいぶってそのようなことを仰っているのかな」と受け取られる方がいらっしゃるかも知れませんが、決してそうではないのです。

以前にも記しましたが、法華経は自ら「難信《なんしん》難解《なんげ》」であると説かれています。特に如来寿量品ではお釈迦さまの本心がストレートで示されるが故に、それを受ける側の姿勢や機根《きこん》（受け取る能力）が整った時、法が説かれるといわれているのです。そのことを理解した上でこの文章を読まなければならないのです。

前の文章の後文には法華経が説かれる場、霊鷲山の情景が次のように示されています。

「衆生の、劫尽きて　大火《だいか》に焼かるると見る時も　わがこの土は安穏《あんのん》にして　天・人、常に充満せり。園林《おんりん》・諸の堂閣《どうかく》は　種種の宝をもって荘厳し　宝樹には華・菓多くして　衆生の遊楽《ゆらく》する所なり。諸天は天の鼓《つづみ》を撃ちて　常に衆《もろもろ》の伎楽《ぎがく》を作《な》し　曼《まん》陀羅華《だらけ》を雨《ふら》して　仏及び大衆に散ず」

私たちが住むこの娑婆世界は「四劫《しこう》」という大変大きな時間、すなわち成劫《じょうこう》・住劫《じゅうこう》・壊《え》劫《こう》・空劫《くうこう》という循環の中にあると仏教では説きます。

四劫とは、

・**成劫**…大地、山河や生きとし生けるものが成立する時期

・**住劫**…成立したものが穏《おだ》やかに過ごす時

期

・**壊劫**…大地、山河や生きとし生けるものが壊《こわ》れる時期

・**空劫**…完全に破壊が終わって何ひとつ無い時期

のことをいいます。この四劫にあって住劫が終わり、壊劫に入り劫火といわれる大火が世界中のものを全て焼き尽くすとされています。

この劫火という状態となっても、この浄土は**「安穏」**である、お釈迦さまの常住説法の世界は安泰であり、穏やかであるというのです。つまり、四劫という循環を超えた世界こそが霊鷲山であると自我偈で示されているのです。

日蓮聖人は、この四劫を超越した世界について次のようにいわれています。

「今本時《ほんじ》の娑婆世界は三災を離れ四劫を出でたる常住の浄土なり。仏すでに過去にも滅せず、未来にも生ぜず、所化以《しょけもっ》て同体なり」（『観心本尊抄』定遺七一二頁）

永遠なる生命を有したお釈迦さまと共にある世界は、火災・水災・風災という三災から隔絶された場であり、四劫という時の循環を超えた場である、つまり、時間と空間を超えてお釈迦さまと私たちが常に共にあるとされているのです。

さらに、自我偈で霊鷲山には天界の人々（神々）や人間が安穏な浄土に満ち溢《あふ》れ、まことに楽しく暮らしていると説かれます。ここにあります「天人常充満《てんにんじょうじゅうまん》」（天・人、常に充満せり）の「天人」とは、天人（天界の人々＝神々）ではなく、神々と人間という意なのです。そして、多くの楽園や見事な建物があり、数々の宝

石で飾られています。宝のような美しい樹にはさまざまな華が咲き乱れ、果実が実っています。人々は心豊かに人生を楽しんでいます。大空では、神々が天の美しい調べを奏《かな》で、曼陀羅の華がお釈迦さまや人々にふりそそぐ。このような永遠に「安穏」なる場こそが私たち法華経への信仰を持つ者がいく霊鷲山であり、霊山浄土であると示されるのです。

日蓮聖人は、文永十一年（一二七四）五月十七日、南部実長《なんぶさねなが》公の所領・身延《みのぶ》に入られます。晩年の九ヶ年を過ごされた身延の山の情景と法華経信仰の山・身延について、次のように綴られています。

「此《この》身延の沢と申処《もうすところ》は甲斐国《かいのくに》飯井野御牧三箇郷の内、波木井《はきい》の郷の戌亥の隅にあたりて候《そうろう》。北には身延嶽天をいただき、南には鷹取が嶽雲につづき、東には天子の嶽日とたけをなじ。西には又峨々《がが》として大山つづきて、しらねの嶽にわたれり。猿のなく音天に響き、蝉のさゑづり地にみてり。天竺《てんじく》の霊山此処《ここ》に来れり、唐土《とうど》の天台山親《まのあた》りこゝに見る。我が身は釈迦仏にあらず、天台大師にてはなけれども、まかるまかる昼夜に法華経を読み、朝暮に摩訶止観を談ずれば、霊山浄土にも相似たり、天台山にも異ならず」（『松野殿女房御返事』定遺一六五一頁）

弘安二年（一二七九）六月三日、駿河国（静岡県）松野に住んだ檀越・松野氏の妻から麦・芋・瓜などが供養の品《しな》として身延に届けられました。

日蓮聖人は返礼の書を認《したた》める中で身延の様子

について触れ、四方に山が聳《そび》える身延の地は、

「天竺（インド）の霊山浄土（霊鷲山）に相
似たり　唐土（中国）の天台山にも異なら
ず」

霊鷲山（インド・ラージギル）

と表現されているのです。

もちろんのこと、日蓮聖人はインドも中国も訪れたことは一度もありません。私はこの文章から日蓮聖人の思い、お釈迦さまや天台大師と常に共にある、身延山は時間・空間を超えたお釈迦さまのまします霊鷲山であると宣せられたのです。正にお釈迦さまの神《こころ》の棲《す》む「棲神《せいしん》」の場・身延であるのです。

しかし、お釈迦さまに見《まみ》えるには条件があるのです。

「諸有《もろびと》の、功徳を修《しゅ》し　柔和《にゅうわ》にして質直《しちじき》な
るものは　則《すなわ》ち皆、わが身　ここに在りて
法を説くと見るなり」

さまざまな功徳を積み、心が穏やかで親切でなければならないとあるのです。これに似た文章は自我偈に散見することができます。どうやらお釈迦さまに見《まみ》えるには、「質直」「柔軟《にゅうなん》」「柔和」「恋慕」という語がキーワードであるようです。

そういえば、身延山短期大学の学頭を務めら

れた室住《むろずみ》一妙《いちみょう》先生は、常に、
「素直に　真面目に　真剣に」
とおっしゃっていました。この文言を色紙に書いていただいたことがありました。その時は何も思わなかったのですが、今では自我偈を読むごとに、室住先生の言は「自我偈の心」を表しているように感じ入るようになったのです。

ここで、「素直に　真面目に　真剣に」を自我偈の文言にたずねてみますと

・素直に…質直意柔軟《しちじきいにゅうなん》（すなおにして、こころなよらか）・柔和質直者《にゅうわしちじきしゃ》（にゅうわにして、すなおなるもの）

・真面目に…一心欲見仏《いっしんよっけんぶつ》（いっしんに、ほとけをみたてまつらんとほっす）

・真剣に…不自惜身命《ふじしゃくしんみょう》（みずからしんみょうをおしまず）

というようにあてることができると私は思うのです。如何でしょうか。

◆「毎時作是念…」

それでは次の文章に進みましょう。

「或る時はこの衆のために　仏の寿《いのち》は無量なりと説き　久しくあって乃《いま》し仏を見たてまつる者には　ために仏には値《あ》い難《がた》しと説くなり」

お釈迦さまはさまざまな手立てを講じて、末法の濁世《じょくせ》にある私たち衆生に救いの手をさしのべて下さっているのですが…。ある時は、仏の寿命が無量である（一説によりますと「十劫正覚の阿弥陀仏」のことをいう）と説いたり、ある時は、仏に見えることが難しい、よほどしっかりした心構えでなければ仏の教えを自分のものに

することはできないぞ、とお釈迦さまは励まされたりするのです。

つまり、いつも近くにあるものに、大事なものであっても私たちはあまり見向きをしません。といいますのは、「いずれそのうちに」と思う心になってしまい、心が弛《ゆる》んでしまいがちになってしまうからです。そのようなことでは仏に値うことができないと、警鐘をならしていらっしゃるのです。

「医の善き方便をもって　狂子《おうじ》を治せんがための故に　実にはあれども、しかも死すと言うに　能《よ》く虚妄《こもう》なりと説くもの無きが如し。われも亦《また》、為《これ》、世の父として
諸《もろもろ》の苦患《くるしみ》を救う者なり」

長行《じょうごう》（偈文ではない散文の部分）に説かれました「良医治子の譬」のことを、もう一度確認するかたちで自我偈に重ねて示されます。

譬えによれば、すぐれた智慧のあるお医者さんが、自分の子どもたちが毒を飲んでもがき苦しんでいるのを治してあげようと思い、方便をもって少しの間遠くの国へ旅し、ショック療法でもって解毒剤を飲ませ、本心を回復させたとあります。

お釈迦さまは、この方便、優れたお医者さんのことを嘘つきでありますかと問われた上で、「否、そうではない」といわれ、「実は私もそのような父であるのだよ」と表明されているのです。殊にここにあります、

「われも亦、為、世の父」（我亦為世父《がやくいせぶ》）

と、以前に書きましたように法華経第三章・譬喩品《ひゆほん》の、

「今、この三界《さんがい》は　皆、これ、わが有《う》な

り。その中の衆生は　悉《ことごと》くこれ吾が子なり。しかも、今、この処は諸《もろもろ》の患難《うれい》多く

唯、われ、一人のみ　能く救護《くご》をなすなり」

という文言から、日蓮聖人は主・師・親の三徳中、お釈迦さまの親徳を表した経文であるとされ、この世にはさまざまな仏が存在するが、唯一親徳を兼ね備える方はお釈迦さまのみであるとされるのです。

そして、『開目抄』（定遺五八四頁）や『祈祷《きとう》抄《しょう》』（定遺六七五頁）においては、お釈迦さまのことを「慈父」とまで表現されているのです。慈父であるお釈迦さまは、顚倒《てんどう》の私たち、わがままで身勝手、美味いものばかりを食べたい、美しいものばかりを着たいという欲に執着する者たちに対し、自我偈の末文において、

「毎《つね》に自らこの念を作《な》す　何をもってか衆生をして　無上道に入り　速《すみやか》に仏身を成就することを得せしめんと」

とおしゃるのです。

茂田井先生は、私が大学四年の時に受講した『観心本尊抄講義』において、次のようなことを言われていました。

「皆さんも私もお自我偈を読むのだけれども、このところ（毎時作是念…）に来ると、私しゃ自然に涙腺がゆるんでしまうのですよ」

と、お釈迦さまは常に平等なる大慈悲心を持って、どんな人であっても、その人の能力に応じて救いの手を差し伸べられる、たとえ、それが私のような者であってもそのようにしていただけるのだよ…と語られていました。

室住先生の「素直に　真面目に　真剣に」という「自我偈の心」の言と、茂田井先生の「毎自作是念…」というお釈迦さまの誓願に心打たれる言との本質は同じであると私は思うのです。末法という濁世に住む私たちは「素直に　真面目に　真剣に」を持《たも》つことにより、「毎自作是念…」というお釈迦さまの大慈悲心に抱かれるのであります。

ちなみに、室住一妙先生と茂田井教亨先生とは立正中学からの同級生であり、清水龍山《しみずりゅうざん》先生が月一回開いた『開目抄講義』（浅草蓮城寺）の学習会には二人とも机を並べて必ず出席したといいます。

◆お題目＝如来寿量品のエッセンス

これにて法華経の最も重要な章、如来寿量品を終えることになりますが、日蓮聖人は天台大師の**「一念三千《いちねんさんぜん》の法門」**と如来寿量品との関わりについて、次のように述べられているのです。

「一念三千の法門は但《ただ》法華経の本門寿量品の文の底にしずめたり」（『開目抄』定遺五三九頁）

私たちがよく耳にする**「文底秘沈《もんていひちん》」**という言葉の由来となった文章であります。

天台大師が始唱された重要法門・一念三千は、法華経の品々のうち第十六章・如来寿量品の文の底に秘められていると仰っているのです。具体的には、如来寿量品にある「良薬」であり、それを日蓮聖人は妙法五字、すなわち**「南無妙法蓮華経のお題目」**であるとされるのです。

法開顕の書『観心本尊抄』には、

「釈尊の因行《いんぎょう》果徳《かとく》の二法は妙法蓮華経の五字に具足《ぐそく》す。我等この五字を受持《じゅじ》すれば、自然《じねん》に彼《か》の因果の功徳を譲り与えたもう」（定遺七一一頁）

と述べられています。

如来寿量品に説かれる「われ本《もと》、菩薩の道を行じ」、「われは、成仏してより已来《このかた》、甚大《はなはだ》久遠なり」というお釈迦さまが遠い過去世において因行《いんぎょう》を積まれ、悟りを得られた中身の全てがお題目・南無妙法蓮華経に集約されているのです。

このお題目を受け持《たも》てば、お釈迦さまが得られた功徳の全てが私たちに譲り与えられるのです。

さらに、『観心本尊抄』の末文には次のように結ばれているのです。

「一念三千を識《し》らざる者には、仏大慈悲を起して、五字の内にこの珠《たま》を裹《つつ》み、末代幼《よう》稚《ち》の頸《くび》に懸《か》けさしめたもう」（定遺七二〇頁）

正に、如来寿量品の末にある「毎自作是念…」のお釈迦さまの大慈悲心と同意の文言と解釈できましょう。

一念三千の法門を知らずとも、お釈迦さまは末法濁悪の世に住む私たちのために、一念三千という珠を含ませたお題目を与えられたのです。

「文底秘沈」という言葉から、お題目を明かされるための如来寿量品ということができるのではないかと私は考えているのです。

南無妙法蓮華経

分別功徳品《ふんべつくどくほん》 第十七

◆「一品二半」の後半の半品

本門正宗分《ほんもんしょうしゅうぶん》「一品二半《いっぽんにはん》」（従地涌出品《じゅうじゆじゅっぽん》半品・如来寿量品《にょらいじゅりょうほん》一品・分別功徳品《ふんべつくどくほん》半品）の後半の半品が説かれる分別功徳品に入ります。

分別功徳品の前半では、お釈迦さまの永遠なる命を宿したことが明かされたことを受けて、修行者や菩薩方に導きを与えられることが示されるのです。まず、冒頭で、

「その時、大会《だいえ》は仏の『寿命の劫数《こっしゅ》の長遠《じょうおん》なること是《か》くの如し』と説きたもうを聞きて、無量無辺《むりょうむへん》の阿僧祇《あそうぎ》の衆生《しゅじょう》は大饒益《だいにょうやく》を得たり」

と前章において、お釈迦さまの寿命が永遠であることが説かれ、測ることも数えることもできない人々に豊かな利益をもたらしたという如来寿量品を確認した言葉からはじまります。

そして、お釈迦さまは、法華経の序章・序品からお付き合いをはじめ、第十五章・従地涌出品では答えの引き出し役を演じた弥勒《みろく》菩薩を対《たい》告衆《ごうしゅ》として、さらに話を続けられていきます。

お釈迦さまが本章でも「阿逸多《あいった》」といわれる

弥勒菩薩は、特に中国や台湾で今もなお多くの信仰をあつめる菩薩で、お釈迦さま滅後の五十六億七千万年後、兜率天《とそつてん》から降りて私たちが住む娑婆《しゃば》世界の人々を救うとされる高徳の方であるのです。

また、日蓮聖人は弥勒菩薩について、

「兜率内院の弥勒菩薩・迦羅陀山《きゃらだせん》の地蔵《じぞう》・補陀落山《ふだらくせん》の観世音《かんぜおん》・清涼山《しょうりょうせん》の文殊師利《もんじゅしり》菩薩等、各々《おのおの》眷属《けんぞく》を具足して法華経の行者を守護せさせ給《たもう》」（『上野殿母尼御前御返事』定遺一八一三頁）

と述べられているように、法華経の行者を守護する善神として位置づけされているのです。その方が私たち凡夫《ぼんぶ》と同じレベルとなってお釈迦さまの相手を務められるのです。

「阿逸多《あいった》よ、われ是の如来の寿命の長遠なることを説ける時、六百八十万億那由佗《なゆた》の恒河沙《ごうがしゃ》の衆生は、無生法忍《むしょうぼうにん》を得たり。また千倍の菩薩・摩訶薩《まかさつ》ありて、聞持陀羅尼《もんじだらに》門《もん》を得たり。また一世界の微塵数《みじんじゅ》の菩薩・摩訶薩ありて、楽説無礙弁才《ぎょうせつむげべんざい》を得たり。また一世界の微塵数の菩薩・摩訶薩ありて、百千万億無量の旋《せん》陀羅尼を得たり。また三千大千世界の微塵数の菩薩・摩訶薩ありて、能《よ》く不退《ふたい》の法輪《ほうりん》を転ぜり」

お釈迦さまは、仏道を求める「六百八十万億那由佗の恒河沙」に譬えられる無数の人々は、「無生法忍」（全てのものが不生不滅であることを認知すること、菩薩のさとりの初めの段階）を得、深い悟りに到達しようとしている菩薩方はそれぞれ、

・**聞持陀羅尼**…陀羅尼とは一語の中に無量

の徳を備え、治病・滅罪・覚証《かくしょう》の力を持つことをいい、それを得、たもって忘失しない。

・**楽説無礙弁才**…ことわりに従い、滞《とどこお》ることなく相手のねがいに応じて巧みに説く。

・**旋陀羅尼**…限りなく世の中に伝わっていく教えを説く力を持っている。

・**不退の法輪**…どのような障害があろうとも、堅固な心を持って絶え間なく世間に法を説く。

・**清浄の法輪**…報いを全く、求めることない心持ちで法を説く。

この他、お釈迦さまの教えを聞き八回生まれ変わって悟りを得た者、四回、三回、二回、一回生まれ変わって悟りに到達した者などがあることを明かされるのです。

そうしますと、

「仏は、この諸の菩薩・摩訶薩の、大いなる法利を得しことを、説きたもう時、虚空の中より曼陀羅華《まんだらけ》・摩訶《まか》曼陀羅華を雨《ふら》して、もって無量百千万億の宝樹の下の師子《しし》座《ざ》の上の諸仏に散ず」

いまだかって語られることがなかったお釈迦さまによる永遠なる救い、具体例が示されたことで、その喜びを表すように天からは白い蓮の華、大きく白い蓮の華がふり、さまざまな種類の見事な瓔珞《ようらく》が垂れ、最上の香炉《こうろ》に最高級のお香がたかれ、妙《たえ》なる声が聞こえたのでした。

これらの表現は十界《じゅっかい》のうち人間界の者や天上界の者が、その喜びの心持ちをさまざまな供養というかたちで表したということをいっているのです。

そして、弥勒菩薩は座よりたって「偏袒右肩《へんだんうけん》」（偏《ひと》えに右の肩をはだぬぎ）して合掌し、お釈迦さまに対して偈《げ》を説きはじめるのです。

偈文は、お釈迦さまがいわれたことを繰り返すようなものとなっています。いわば、領解《りょうげ》の偈文といったほうが良いかもしれません。そして、この偈文の末には、

「仏寿の無量なることを聞きて　一切皆歓喜《よろこ》べり。仏の名は十方に聞こえて　広く衆生を饒益《にょうやく》したもうに　一切は善根を具《そな》えて　もって無上の心を助くるなり」

と書かれています。お釈迦さまの寿命が無限であると聞いて、全ての人々がみな歓喜する、その名は東西南北、東南・南西・西北・北東、上・下という十方にまで聞こえ、多くの者たちに利益を与え、善き心根を具えさせてこの上ない菩提《ぼだい》、悟りへの境地へ到達することを助けていくことになるのです、と弥勒菩薩が述べて偈文は結ばれ、ここに「一品二半」を終えるのです。

◆流通分のはじまり

法華経二十八章の中で一番の重要部・本門正宗分一品二半が終わり、後半の流通分《るづうぶん》といわれる章に入ります。殊に、分別功徳品の後半・随《ずい》喜功徳品《きくどくほん》・法師功徳品《ほっしくどくほん》・常不軽菩薩品《じょうふきょうぼさつぼん》までの三品半は、お釈迦さまの永遠なる生命と永遠なる救いが明かされた中で、法華経修行者への功徳について語られる章であるのです。

それでは、分別功徳品の後半部に入ることにしましょう。

「その時、仏は弥勒菩薩・摩訶薩に告げたもう『阿逸多よ、それ衆生ありて、仏の寿命の長遠なること是くの如くなるを聞きて、乃至《すなわち》、能《よ》く一念信解《いちねんしんげ》を生ぜば、得る所の功徳は限量有ること無からん』」

まず、お釈迦さまは弥勒菩薩を相手に、「私の生命が永遠なることを聞いて、それを心に堅く信じ理解したならば、得るところの功徳は測り知れない」と語られます。

実は、ここに出てきます「一念信解」ということが非常に重要なのです。「一念信解」が語られた後文におきまして「略解言趣《りゃくげごんしゅ》」「広為他説《こういたせつ》」「深信観成《じんしんかんじょう》」という「一念信解」を含めました**「現在の四信《げんざいのししん》」**といわれることが説かれています。

この「現在の四信」といいますのは、お釈迦さま在世時に、修行者がお釈迦さまの生命永遠なることを聞いて得るところの四つの信仰の段階をいいます。つまり、

・**一念信解**…わずかでも信心を起こす段階
・**略解言趣**…説かれた教えをほぼ理解する段階
・**広為他説**…深く教えを理解し、進んで他人に法を説く段階
・**深信観成**…深い信心に達し、真理を観じる段階

であるのです。

そして、お釈迦さまの滅後に、修行者がお釈迦さまの生命永遠なる教えを聞いて信行《しんぎょう》していく五つの段階、すなわち「初随喜品《しょずいきほん》」「読誦品《どくじゅほん》」「説法品《せっぽうほん》」「兼行六度品《けんぎょうろくどほん》」「正行六度品《しょうぎょうろくどほん》」といわれる**「滅後の五品《めつごのごほん》」**が説かれます。つま

り、

・**初随喜品**…如来寿量品の教えを聞いて喜びの心を起こす段階
・**読誦品**…法華経を読誦し、その経意を理解する段階
・**説法品**…法華経の経意を理解し、その内容を他人に説く段階
・**兼行六度品**…法華経への信行と共に六波《ろくは》羅蜜《らみつ》の修行をする段階
・**正行六度品**…お釈迦さま滅後において自《じ》行化他《ぎょうけた》にわたり六波羅蜜の行を実践する段階

となるのです。

この「現在の四信」「滅後の五品」にあっても、四信中の「**一念信解**」と五品中の「**初随喜**」ということに重きを置かれたのが日蓮聖人であります。

建治三年（一二七七）、下総国《しもうさのくに》に住し、豊かな学徳を有した檀越《だんのつ》、富木常忍《ときじょうにん》氏に宛てられた『四信五品抄《ししんごほんしょう》』の冒頭には、法華経の迹門と本門の流通分について解説されるなかで分別功徳品に触れられ、次のように綴られているのです。


「その中の分別功徳品の四信と五品とは、法華を修行するの大要、在世滅度の亀鏡《ききょう》なり。荊谿《けいけい》云《いわ》く、『一念信解とは、即これ本門立行《りゅうぎょう》の首《はじめ》なり』と云云《うんぬん》。その中に現在の四信の初の一念信解と、滅後の五品の第一の初随喜と、この二処は一同に百界千如、一念三千《いちねんさんぜん》の宝篋《ほうきょう》、十方三世の諸仏の出門なり」（定遺一二九五頁）

と述べられ、分別功徳品に示された「一念信

解」「初随喜」の重要性について、お釈迦さまの在世時、滅度後を通じて法華経の行者が鏡としなければならない要であり、「一念三千の宝篋」、一念三千の宝であり、全ての仏さま方が仏道に入られた時の門のような存在であるとされているのです。

そして、その理由について仏法を学ぼうとする者は「三学《さんがく》」（戒《かい》・定《じょう》・慧《え》）、つまり

・**戒**…戒をたもつ
・**定**…禅定をおさめる
・**慧**…智慧をおさめる

を修得しなければならないが、末法の初心の行者は三学のなかで戒と定を智慧に摂《おさ》め、また、大乗の「**六波羅蜜**」（六度《ろくど》・六到彼岸《ろくとうひがん》ともいう）、

・**布施《ふせ》**…施しの修行のことで、施したもの・施した相手・施した自分に執着しない。代表的な布施には、法施《ほうせ》・無畏施《むいせ》・財施《ざいせ》・無財《むざい》の七施《しちせ》がある
・**持戒《じかい》**…強制的ではなく、あくまでも自制的・自律的に五戒のような戒《いまし》めを堅固に守っていく
・**忍辱《にんにく》**…ただ耐え忍ぶのではなく、仏法に生きるという法悦のなかで忍受する
・**精進《しょうじん》**…心身を精励《しょうれい》して、常に仏道を修行する
・**禅定《ぜんじょう》**…乱れる心を定め止め、仏法の真理を思惟《しゆい》する
・**智慧《ちえ》**…般若《はんにゃ》波羅蜜といい、物事をありのままに観《み》、全ての真理を見極める能力を持つ

の修行中、布施・持戒・忍辱・精進・禅定を制止して智慧に代えることをしなければならない

とされるのです。

そして、その智慧を修得するにはひたすら南無妙法蓮華経とお題目を唱えることが肝要であり、この修行こそが「初随喜」であり「一念信解」であるのです。これによって、「以信代慧《いしんだいえ》」、信をもって智慧に代えることができるのであり、このことをお釈迦さまは分別功徳品の後半でおっしゃりたかったのであると日蓮聖人は述べられているのです。

南無妙法蓮華経

随喜功徳品《ずいきくどくほん》 第十八

◆五十展転随喜の功徳

法華経の第十七章・分別功徳品の後半からは本門の流通分に入り、殊に功徳ということに力点をおいて三品《さんぼん》（分別功徳品・随喜功徳品・法師功徳品）が説かれています。そのことは品々《ほんほん》のタイトルからも窺《うかが》えますが、ここに説かれる功徳とは、自分ひとりだけ救われるのではなく大勢の人と共に仏道を歩み、また他の人に勧めることが大事であると繰り返し示されていると受け取れるのです。

前章の分別功徳品では、お釈迦さま在世時の信仰の在り方「現在の四信《ししん》」、お釈迦さま滅後の信仰の段階「滅後の五品《ごほん》」について記してきました。ここから第十八章・随喜功徳品に入りますが、実は前章と深い関連があるのです。特にお釈迦さま入滅後における五段階の修行のうち、初随喜に具体性を持たせるのがこの随喜功徳品であるのです。

この章におきましても、お釈迦さまの相手を弥勒《みろく》菩薩が務められ、ただひたすら信仰を貫く人、お釈迦さまの久遠の救いに随喜する人にスポットを当てていかれるのです。

弥勒菩薩は、お釈迦さまに次のように質問されます。

「世尊《せそん》よ、若《も》し善男子《ぜんなんし》・善女人《ぜんにょにん》ありて、この法華経を聞きたてまつりて随喜せば、幾《いく》所《ばく》の福を得るや」

まず、冒頭で、「この法華経を聞法《もんぽう》し随喜する功徳はどれほどのものなのでしょうか」と問われます。

これに対し、お釈迦さまは次のように語られるのです。

「如来（お釈迦さま）が入滅した後、僧であれ、尼僧であれ、仏教徒の男女であれ、優れた判断を持つ人であれ、あるいは少年・少女であれ、その素晴らしい教えを聴いて心から帰依《きえ》する気持ちになったとしましょう。そこで、その人が教えを伝えるため僧院に行き、家に帰り、あるいは森林に赴《おもむ》き、街道に出掛け、あるいは村落に行き、集落に赴いて教えを聴いた通りに、理解した通りに、相手の能力に応じて告げたとしましょう。母にせよ、父にせよ、あるいは親戚の者にせよ、それを聴いて心から帰依する気持ちを起こしたとしましょう。

もし、その中の誰かが教えを伝えたいという気持ちを起こして、再び他の人に告げるとしましょう。また、その教えを聴いた人が心から帰依する気持ちを起こし、さらに他の人に伝えるとしましょう。このようなことを繰り返して、順次五十人まで伝えたとしましょう」

といわれ、さらに、

「阿逸多《あいった》よ、かくの如く第五十の人の、展《めぐり》転《めぐ》りて法華経を聞きて随喜せん功徳は、尚、無量無辺阿僧祇《むりょうむへんあそうぎ》なり。何《いか》に況《いわ》んや、最初、会《え》の中において聞きて随喜せん者をや。その福また勝《すぐ》れたること無量無辺阿僧祇にして、比《くらぶ》ること得べからず」

と、弥勒菩薩に向かい、このように順次教えを聞き伝えて第五十番目まで到達した時、その人が法華経の僅かな一偈《げ》・一句でも聴いて、心から帰依する気持ちを起こしたならば、測ることも計量することもできないほどの福徳を得ることができるのです。まして、私（お釈迦さま）の面前で法華経を聴き、帰依する人の福徳は言及するまでもない…とお釈迦さまはいわれたのです。これを**「五十展転随喜《ごじゅうてんでんずいき》の功徳」**というのです。

日蓮聖人は、この「五十展転」について、ご自身の文章にしばしば記されています。『唱《しょう》法華題目鈔《ほっけだいもくしょう》』（定遺一八五～一九〇頁）には、天《てん》台大師智顗《だいだいしちぎ》（五三八～五九七）や中国天台宗第六祖・妙楽大師湛然《みょうらくだいしたんねん》（七一一～七八二）の解釈を用いながら詳しく説明されています。

また、弘安元年（一二七八）、身延《みのぶ》より弟子・三位房《さんみぼう》に宛てた『教行証御書《きょうぎょうしょうごしょ》』（定遺一四八四頁）には、

「一念信解・五十展転の功徳何《いか》なる経文に説給《ときたま》へるや。彼余経《かのよきょう》には一二三乃至十功徳すら無之、五十展転まではよも説給候はじ」

この五十展転は法華経以外の諸経典には説かれず、法華経独自の功徳であるとされた上、一偈・一句であっても、法華経を一念信解した行

為は「五十展転の功徳」に浴することができるとされます。まして、法華経を受持《じゅじ》・読《どく》・誦《じゅ》・解説《げせつ》・書写《しょしゃ》という「五種法師《ごしゅほっし》」の修行をした人の功徳は無量無辺であると述べられているのです。

◆「伝える」ことの大切さ

私はこの「五十展転の功徳」ということを現代の言葉で表現すれば、法華経の心を「伝える」ということであると考えるのです。

日蓮宗伝道部では、イキイキとした伝道宗門を目指すため、毎年度「布教方針」というものを決めています。平成十二年度のテーマは、「伝える」でありました。

この「伝える」という「布教方針」をはじめました当初、多くの方々から「具体的なテーマじゃないので分かりにくい」といったご指摘をうけました。確かに具体的ではなく中身が分からないとのご意見に頷くこともできるのですが、大阪大学の総長を務めていらっしゃった哲学者・鷲田清一《わしだきよかず》氏からは、「伝える」は現代人に今、最も求められる言葉で、教団にとっても的《まと》を射《い》た語句であると評価していただきました。この言に私たちは勇気づけられました。

「伝える」という言葉の源にありますのが、随喜功徳品の「五十展転」であることは言を俟《ま》たないのであります。法華経一偈・一句聞法する喜びを伝えたい…そのような想いで「布教方針」として「伝える」をテーマに選んだのです。

そして、「伝える」ための項目とその内容を要約しますと、次のようになるのです。

①何のために「伝える」のか
お題目による衆生成仏・人類救済と仏国《ぶっこく》土顕現《どけんげん》・世界平和をめざして「伝える」ための活動を展開する。

②何を「伝える」のか
正法《しょうぼう》にもとづいた人としての生き方、ものごとの考え方を「伝える」。

③誰が「伝える」のか
日蓮聖人は、常に「日蓮が弟子檀那《だんな》」と呼びかけられ、「二陣三陣つづけよかし」と励まされました。教師（日蓮宗僧侶のこと）はもちろん、寺族・檀信徒・宗門全ての人々が「伝える」人となる。

④誰に「伝える」のか
日蓮聖人の教えは、全ての人々に開かれている。

⑤いつ・どこで「伝える」のか
お題目は末法の良薬。この良薬を人々に服してもらうため教師はいつでも・どこでも「伝える」ために法を説かなければならない。

⑥どのように「伝える」のか
個人としての取り組みから組織としての取り組みに至るまで、時に応じ、所に応じ、相手の人に応じ、事柄に応じた有効な伝え方をかんがえる。

⑦どこまで「伝える」のか
「伝える」とは慈悲の種をまく事。アジアの仏教徒、世界の仏教徒と手を結び、さらには他の宗教とも協調しつつ、人類全体の幸福実現のため、世界中の人々に「伝える」。

これでもなお、具体的ではないといわれる方がいらっしゃるかも知れません。しかし、法華経から得た感動・随喜したことを「伝える」重要性はご理解いただけたと思います。

今の日本、少子高齢化が進み、価値観が刻々と変革する中、法華経の心を「伝える」、法華信仰を相続していくことが非常に困難な時代となってしまいました。そこで、サブテーマを「次世代へのアプローチ」とし、家庭における法華信仰を次世代に繋ぐことこそ「美しい国日本」への最善の方策と、私は思うのです。

テレビ番組でしばしば「伝言ゲーム」なるものが放映されます。最初の人が伝えた言葉と最後の人がいった言葉の違いを楽しむゲームですが、法華経聞法随喜の心を伝える功徳は、最初の人も第五十番目の人も変わりはないのです。

大いに法華経の心、感動を伝えようではありませんか。

南無妙法蓮華経

法師功徳品《ほっしくどくほん》 第十九

◆法華経を説く者が受ける功徳とは

法師功徳品では、具体的な修行法をあげて、法華経を説く者が受ける功徳について語られます。

「その時、仏は常精進《じょうしょうじん》菩薩・摩訶薩《まかさつ》に告げたもう『若《も》し善男子《ぜんなんし》・善女人《ぜんにょにん》にして、この法華経を受持《じゅじ》し、若しくは読み、若しくは誦《じゅ》し、若しくは解説《げせつ》し、若しくは書写《しょしゃ》せば、この人は当《まさ》に八百の眼《げん》の功徳、千二百の耳《に》の功徳、八百の鼻《び》の功徳、千二百の舌《ぜつ》の功徳、八百の身《しん》の功徳、千二百の意《い》の功徳を得《う》べし。この功徳をもって六根《ろっこん》を荘厳《しょうごん》して皆、清浄《しょうじょう》ならしめん。この善男子・善女人は父母所生《ぶもしょしょう》の清浄なる肉眼《にくげん》をもって三千大千世界の内外《ないげ》の所有《あらゆ》る山・林・河・海を見ること、下《しも》は阿鼻《あび》地獄に至り、上《かみ》は有頂《うちょう》に至らん。亦《また》、その中の一切衆生《いっさいしゅじょう》を見、及び業《ごう》の因縁《いんねん》・果報《かほう》の生処《しょうじょ》を悉《ことごと》く見、悉く知らん』と」

お釈迦さまは、常精進菩薩を相手として五種類の修行＝**受持・読・誦・解説・書写**の重要性を説かれます。この修行を「五種法師《ごしゅほっし》」といいます。

法師といいますと、西行《さいぎょう》法師とか、三蔵法師とか、とても偉い方を想像してしまいますが、実はそうではなく正法《しょうぼう》である法華経に随《ずい》喜《き》感動し、受持し、読み、誦《じゅ》し、説き、書写する者、その人の功徳は大変なものだと示されているのです。

◆五種法師とは

五種法師のそれぞれについて見ていきましょう。

①受持《じゅじ》

受持とは、受け持《たも》つ、受くるはやすく持つはかたしということですが、仏教詩人・住岡夜晃《すみおかやこう》（一八九三～一九四九）は「讃嘆の詩」上の中で「念願は人格を決定す　継続は力なり　真の強さは正しい念願を貫くにあり」という言葉をのこしていますが、感動することは一瞬で、その感動を持続することはとても難しい、燃え盛る炎のような信仰ではなく、たんたんと流れる水のような信仰を貫く、持続性のある信仰を持つということなのです。

殊に私たちは、お題目を身体に受け持ち、お題目を口に受け持ち（口唱《くしょう》する）、意《こころ》に受け持つ、身《しん》・口《く》・意三業《いさんごう》にわたる修行をおさめることが、五種法師の中でも最も重要といえます。

お題目を身体と意に受け持つことを、日蓮聖人は『観心本尊抄《かんじんほんぞんしょう》』におきまして、

「事行《じぎょう》の南無妙法蓮華経」（定遺七一九頁）

とおっしゃっています。事行とは、実践、行動

ということであります。

身体とこころにお題目を浸《し》み込ませ、常住《じょうじゅう》坐臥《ざが》にお題目、法華経の精神を実践し、行動するということなのです。

口に受け持つ、お題目を口唱することは、仏と成る、自身が成仏することに繋がるのです。仏にはその相好《そうごう》が三十二相あるとされます。三十一相までは「可見有対色《かけんうたいしき》」（見ることができて形がある）のものばかり、例えば身金色《しんこんじき》相・卍《まんじ》相・白毫《びゃくごう》相などがあります。ところが、残された一相は「不可見無対色《ふかけんむたいしき》」（見ることができず形がないもの）の梵音声《ぼんのんじょう》相であるのです。声は形もなく見ることもできません。この声こそ唱題、お題目を唱えることなのです。従いまして、唱題することによって三十二相が満足して仏と成るといえるのです。

②読《どく》　③誦《じゅ》

読誦とは、お経を読むこと、誦《じゅ》することをいいます。特に読とは、お経本を見ながら読むということなのです。禅宗では、お経を読むことを看経《かんきん》ともいいます。お経を読む時、禅僧は脇を固めしっかりと経本を目の前に立つように持ちながら低い声で読経します。

私たち日蓮宗の僧侶は、お経を読む時、

「一一文文是真仏《いちいちもんもんぜしんぶつ》」（一一の文文は是真《これまこと》の仏なり）

という精神を大事にしながら読経します。この言葉は、中国天台宗第六祖・妙楽大師湛然《みょうらくだいしたんねん》（七一一～七八二）がいわれたとされています。

経本は漢字で書かれていますが、その漢字はただの漢字ではなく、仏さまの金言、仏さまが宿っていると思って読まなければならない、ということなのです。

日蓮聖人も同様のことをおっしゃっているのです。三十八歳の時認《したた》められた『守護国家論』(『立正安国論』の草案ともいわれる)には次のように示されているのです。

「この文を見るに、法華経は釈迦牟尼仏なり。法華経を信ぜざる人の前には、釈迦牟尼仏入滅を取り、この経を信ずる者の前には、滅後たりといえども、仏世に在すなり」(定遺一二三頁)

法華経を信仰し、五種法師の修行をする者には、お釈迦さまの滅後の時代にあっても法華経に宿っていらっしゃる、生きていらっしゃるといわれるのです。正に、法華経に記されている一一文文がお釈迦さまであるのです。

誦とは、諳《そら》んじてお経を読むということです。法華経の第二十六章・陀羅尼品《だらにほん》には、五番神呪《じんしゅ》という陀羅尼、真言《しんごん》が記されています。御《ご》祈祷《きとう》法要の時などには、

「安爾《あに》　曼爾《まに》　摩禰《まね》…」

と木柾《もくしょう》の小気味良いリズムに合わせてこの陀羅尼が誦されます。

私は今までインド仏蹟《ぶっせき》の旅に十回ほど出掛けていますが、お釈迦さまが悟りを開かれたブッダガヤーにある大塔前で、ある時、チベット僧が二十数人座り、銅鑼《どら》とほら貝の音と共にお経を誦し、信徒が約百人ほど手を合わせていました。突然、お経と音が鳴り止むと、今度は僧たちが黙して瞑想しはじめたのです。とても印象的な場面に出くわし、初めて見る光景に私は驚いてしまいました。

ノーベル平和賞を受賞されたダライ・ラマ十四世（一九三五〜）に二度お会いする機会を得ましたが、立正大学にお越しになった時、そのことを伺《うかが》ったことがありました。するとダライ・ラマ十四世は、笑みを浮かべ「あの黙然《もくねん》は、今まで諳んじてきたお経に思いを廻らして瞑想しているのです」と応えていただいたのです。ダライ・ラマ十四世の響き渡る低い音声、説得力のある返答に納得してしまいました。

④解説《げせつ》

解説とは、「かいせつ」ではなく「げせつ」と読みます。同じ意味なのですが、もちろん、法華経を説くということであります。

法華経という最高のお経を説く、深遠なる教理を説くことは大変でありますが、肩肘《かたひじ》張らずに自分自身が感動したことをわかりやすく伝える、このことが最も大切ではないかと私自身にもいい聞かせています。

⑤書写《しょしゃ》

書写とは、法華経を書き写す、写経することです。写経は古来より仏道修行のひとつとして重んじられてきました。今では写経といいますと、般若心経の専売特許のようになっていますが、実は、古より写経に一番用いられた経典は法華経なのです。

写経の作法については省《はぶ》きますが、私が荒《あら》行《ぎょう》堂に入った時（初行《しょぎょう》）、『撰《せん》法華経』を写経させていただきました。その時、ある先輩僧は、手を塗香《ずこう》で清め、顔には覆面《マスク》をつけて息が直接あたらないようにし、ある程度書写するごとに自分が書いた経文に向かい合掌《がっしょう》礼拝《らいはい》を繰り返していたのです。その真摯《しんし》な姿に、私もあのような修行僧になりたいものだと感じ入ったものです。

――以上が五種法師の概要です。次に、五種法師の修行によって得られる功徳について、具体的に触れていきましょう。

◆五種法師の功徳

法師功徳品では、五種法師の修行を経験することで得られる功徳が、「六根《ろっこん》」（六感）へと至り、それが順を追って語られていきます。六根とは、**眼・耳・鼻・舌・身・意**でありますが、その修行の功徳を順次説明していきましょう（最初の眼根の経文につきましては、本項の冒頭に掲載しましたので省きます）。

①眼根《げんこん》

「父母所生《ぶもしょしょう》」とありますが、それは父と母から授かった肉眼《にくげん》ということです。実はこのことがとても大切であるのです。両親からいただいたということは、私たち凡夫《ぼんぶ》の眼であり、俗人の眼である、つまり、普通一般の人々が持っている眼であるのです。

その眼も五種法師の修行をすることによって、心に煩悩《ぼんのう》がない証《あかし》としての清浄な眼を持つことができる、と示されます。

その清浄な眼とは、世界中の高い山々から海へと注《そそ》ぐ全ての河川を見るばかりでなく、三千大千世界のありとあらゆる森林・山河、下は無《む》間《けん》地獄（阿鼻《あび》地獄）から上は有頂天《うちょうてん》（形のある世界＝色界《しきかい》の最も上にある天）に至るまでの全ての人々、及びその人々の有り様を悉く見ることができるというような八百の眼の功徳を得るというのです。

②耳根《にこん》

「千二百の耳の功徳を得ん。この清浄なる耳を以《も》って、三千大千世界の、下は阿鼻地獄に至り、上は有頂に至るまで、その中内外の種種の所有る語言の音声を聞かん」

五種法師の修行によって、煩悩に囚《とら》われない千二百の耳の功徳を得ることができる、と示されます。具体的には、下は無間地獄から上は有頂天に至るまでのありとあらゆるものの言語や声というものがありのままに分かるというのです。

私たちが私心を捨てて清らかな気持ちになった時、全ての音、声を聴いて、あれは喜んでいるとか、悲しんでいるとか、どのような状態にあるのかが分かる、察しがつくというのです。

③鼻根《びこん》

「八百の鼻の功徳を成就せん。この清浄の鼻根を以って、三千大千世界の上下・内外の種種の諸の香を聞かん」

五種法師の修行によって、煩悩に囚われない八百の鼻の功徳を得ることができる、と示されます。素晴らしい嗅覚《きゅうかく》を持つことができるというのです。

凶悪な事件が起こった時など、よく警察犬が使われます。犬は人間よりも嗅覚が何百倍も優れているといいますが、訓練された警察犬はそれがもっと研《と》ぎ澄まされた犬といえるでしょう。犬は良いも悪いも区別せずにそのような嗅覚をもっています。八百鼻功徳とは、そのような能力をいうのでしょう。

ここに「諸の香を聞かん」とあります。「香を嗅《か》ぐ」ではなく「香を聞く」という文字が使われていることに注目したいのです。

香は嗅ぐものではなく、聞くもの、「聞香《もんこう》」であるのです。そして、そのルーツがお釈迦さまにあるといいます。

伝えるところによれば、お釈迦さまが法を説かれた時、その教えによって香のブレンド具合を変えたというのです。つまり、香のかおりの違いによって教えの内容が分かったということから、法を聞くことが転じて「聞香」になったといいます。

この鼻根も、眼根や耳根と同じように下は無間地獄から上は有頂天に至るまでのありとあらゆる物、華のかおり、香のかおり、全ての生物のかおりを嗅ぎわけることができるというのです。

④舌根《ぜっこん》

「千二百の舌の功徳を得ん。若しくは好《よ》き、若しくは醜《あし》き、若しくは美《うま》き、若しくは美からざる、と及び諸の苦《にが》き渋《しぶ》き物も、その舌根に在《お》かば、皆変じて上味《じょうみ》と成ること、天の甘露《かんろ》の如く、美からざるもの無からん。若し舌根を以って大衆の中においいて演説する所あらば、深妙《じんみょう》の声を出して、能《よ》くその心に入れて、皆歓喜し快楽せしめん」

五種法師の修行によって、千二百の舌の功徳が得られる、と示されます。ここに説かれる舌の功徳には、二種あります。その一つは、食べるものの味わいが良くなること、もう一つは、自身の舌で説くことによって大きな効果を上げるということなのです。

自分の気分が悪かったり、腹が立ったりしている時、どんなご馳走《ちそう》を食べたとしても良い味わいがする訳はありません。心の有様が素晴らしい状態にあれば、甘《かん》・渋《じゅう》・苦《く》・辛《しん》などの味わいも素晴らしいものとなるというのです。また、舌を介して深い清浄な声で法を説くと、多くの人々を悪の状況から善へと引導するというので偈文には、以前「食法」の末文で読まれた文章がありますので紹介しましょう。

「この人の舌根は浄くして　終《つい》に悪味《あくみ》を受けざらん。その食噉《くろ》う所あるは　悉く皆甘露と成らん」

⑤身根《しんこん》

「八百の身の功徳を得て、清浄の身の、浄き瑠璃《るり》の如くに、衆生の見んと喜《ねが》うところなるを得ん」

今度は五種法師の修行によって、身が清浄になる、八百の身の功徳を得る、と示されます。殊に肌の色が、磨かれた宝石・瑠璃（ラピスラズリ）のように人を魅了してしまう、というのです。

身、すなわち身体が清らかであるということは、穢《けが》れた心持ちが少しも起こっていない現れといえましょう。人の心というものは、必ずその容姿や行動に表れるものです。心が清らかである時、顔つきや身なりが自然と気品に溢《あふ》れたものとなるのです。

米国第十六代大統領リンカーンは、

「人間、四十になったら自分の顔に責任を持て」

といったそうです（私はとっくに四十を超えていますが…）。

⑥意根《いこん》

「千二百の意《こころ》の功徳を得ん。この清浄の意根を以って、乃至、一偈一句を聞くに、無量無辺の義を通達《さと》らん」

前の五種の功徳と同じように、五種法師の修行によって、千二百の意根の功徳を得ることができる、と示されます。清浄の意根とは、心に迷いが全く無くなってしまった状態のことをいいます。

迷いが全く無い状態をたもっていれば、お釈迦さまのいわれることも素直に心へ入るものです。たとえ、お釈迦さまの「一偈一句」を聞いても、その短い語句を通して仏法の無量無辺の深い意義を理解することができるというのです。

そして、

「若し俗間《ぞっけん》の経書、治世の語言、資生《ししょう》の業《ごう》等を説かば、皆正法《しょうぼう》に順《したが》わん」

意根清浄の心持ちでいれば、世間一般の道徳・哲学、カントやヘーゲル、孔子、キリスト等の仏教以外の教えを説いても、法律や経済といった世を治める学説を説いても、あるいは商売や農業という日常生活の話を説いてもその根本精神はお釈迦さまの教えと一致することになるというのです。

換言すれば、他の教えや世間の話をする時には、お釈迦さまの教えと一致した心持ちで説きなさいということでもある、と示されているのです。

このことは、日蓮聖人の「立正安国《りっしょうあんこく》」にも通じるのです。つまり、正しい教え、正法を立てて国を安んずる、すなわち正しい教えに基づけば国は必ず治まるというのです。国を安んずることばかりを考えるのではなく、正しい教えに基づいて正しい心となれば、国は治まるのです。

南無妙法蓮華経

常不軽菩薩品《じょうふきょうぼさっぽん》 第二十

◆常不軽菩薩の「但行礼拝」

常不軽菩薩《じょうふきょうぼさつ》の古事を示しながら、法華経を護持《ごじ》する者の功徳について語られる第二十章・常不軽菩薩品に入ります。この章以降、さまざまに実践する菩薩方が登場し、末法における実践法や誓願などが説かれることになります。

常不軽菩薩品では、お釈迦さまは得大勢《とくだいせい》（大《だい》勢至《せいし》ともいい、極楽世界における智慧第一の菩薩で阿弥陀仏の弟子である）という菩薩を相手としてこの章が語られ、お釈迦さま入滅後の菩薩行実践の有り様、「六根清浄《ろっこんしょうじょう》」の果報《かほう》を得たことを実証した人として常不軽菩薩の行法を示されるのです。

昔、昔、無量阿僧祇劫《むりょうあそうぎこう》の昔、大成《だいじょう》という国に威音王如来《いおんおうにょらい》（法華経を説く音声は優れ、大きな力で人々に大利益《りやく》を得せしめる仏）という仏がありました。

ところが、威音王如来が亡くなり、正法《しょうぼう》が滅して像法《ぞうぼう》の時代となった時、増上慢《ぞうじょうまん》（未熟であるのに自分は仏法に精通し、仏行《ぶつぎょう》を行っていると思っている者）の四衆《ししゅ》（比丘《びく》・比丘尼《に》・優婆塞《うばそく》・優婆《うば》夷《い》）が大いに勢力を振るっていました。

「その時、一の菩薩の比丘あり、常不軽と名づく。得大勢よ、何の因縁をもって常不軽と名づくるや。この比丘は、凡《およ》そ見る所有らば、若《あ》るいは比丘・比丘尼・優婆塞・優婆夷を皆悉《ことごと》く礼拝《らいはい》し讃歎《さんたん》して、この言を作《な》せばなり『われ深く汝等《なんだち》を敬う。敢《あ》えて軽《かろし》め慢《あなど》らず。所以《ゆえ》は何《い》ん。汝等は皆菩薩の道を行じて、当《まさ》に仏と作ることを得《う》べければなり』」

法華経修行の実践のあり方の一例が、ここに示されているのです。その中心人物は常不軽（サンスクリット原語を直訳すると、「常に軽蔑された男」となる）という修行僧でありました。

この修行僧はどんな人と出会っても合掌礼拝し、「私はあなたを敬います」という言葉を発したのでした。この実践行のことを「但行礼拝《たんぎょうらいはい》」といいます。

読者の皆さん、どうでしょうか。もし、突然、町を歩いていて見知らぬ人から合掌礼拝されて「あなたを敬います」といわれたら、どのような気持ちになるでしょうか。多分、多くの人は自分のことをバカにされたと思い、不快感を抱くに違いありません。

増上慢の比丘たちもそう思ったに違いないのです。声を掛けられた者は、皆怒り、悪意を持ち、ののしったのでした。そして、次の言葉を発したのです。

「『この無智の比丘は、何《いず》れの所より来たるや。自ら、われ汝《なんじ》を軽しめず、と言いて、われ等がために、当に仏と作ることを得べし、と授記《じゅき》を用いざるなり』と」

一体、この男は何処《どこ》から来たのであろう、また何故頼みもしないのに我々に対して軽蔑の心を持たない、仏となる人たちであるというのだろう、そんな嘘を私たちは信じないといったのでした。

多くの歳月が過ぎました。それでもなお、修行僧は誰に対しても怒らず、悪意を持たず、

「あなた方は仏となる人です」

といって拝んだのでした。すると、中には杖でたたいたり、石を投げつける者もありました。

それでもなお、その修行僧は、

「我《が》深《じん》敬《きょう》汝《にょ》等《とう》。不《ふ》敢《かん》軽《きょう》慢《まん》。所《しょ》以《い》者《しゃ》何《が》。汝《にょ》等《とう》皆《かい》行《ぎょう》菩《ぼ》薩《さつ》道《どう》。当《とう》得《とく》作《さ》仏《ぶつ》」（われ深く汝等を敬う。敢えて軽め慢らず。所以は何ん。汝等は皆菩薩の道を行じて、当に仏と作ることを得べければなり）

という二十四文字を唱えたというのです。常にこの二十四の文字を発することから、増上慢の四衆たちは、「常不軽」という綽名《あだな》を付けたのでした。

このように修行僧は、法華経を読誦することなく、また、瞑想することもなく、ただ人々に合掌礼拝することを修行としていました。

◆宮沢賢治と綱脇龍妙上人

さて、心清らかにただひたすらに人を信じる、たとえ、迫害を受けてもその人を信じ続ける、いわばこの「人間礼拝」の常不軽菩薩の姿にうたれて生涯の規範とされた方が二人あります。

そのお二方の一人は詩人であり、童話作家であり、教育者であり、農業技術者であった宮沢

賢治。もう一人はハンセン病収容施設「深敬《じんきょう》園《えん》」を身延山《みのぶさん》に開設した綱脇龍妙上人《つなわきりゅうみょうしょうにん》であります。

皆さんご存知のように、賢治は三十七歳という若さで早逝しますが、没後、彼の数々の作品が脚光を浴びました。別けても賢治の手帳に書き付けられていた「雨ニモマケズ」は賢治が亡くなる二年前の昭和六年十一月三日、病床で綴《つづ》

宮沢賢治

られたもので、その代表例といえましょう。

その末文には、

ヒデリノトキハナミダヲナガシ
サムサノナツハオロオロアルキ
ミンナニデクノボートヨバレ
ホメラレモセズ
クニモサレズ
サウイウモノニ
ワタシハナリタイ

とあります。

ここにある「デクノボートヨバレ」とあるのは、常不軽菩薩のことなのです。同じ手帳の中に「デクノ坊」を主人公としたメモ書きがあることからもそれはいえるのです。

東北地方は、やませ・冷害という厳しい自然環境に常にさらされます。「ナミダヲナガシ」

「オロオロアルキ」という表現はそれをよく表しているといえましょう。

しかし、賢治は貧しくとも農民は心豊かな生活を送るという信念を持たなければならない、それを推奨するために自ら農業技術者として活躍しました。人々からどんな批判があろうとも、東北の人々を敬いそれを推し進める、それは正に常不軽菩薩の行法そのものであったのです。そこで自身を「デクノボー」と表現し、常不軽菩薩を精神的な大きな支えとしたのでした。

さて、明治三十九年（一九〇六）十月十二日、身延川沿いにハンセン病の患者十三名を収容する施設一棟が建てられ、その施設の名は「深敬園」と付けられました。

この名付け親は、ハンセン病罹患者《りかんしゃ》救済に一生を捧げた綱脇龍妙上人でありました。

明治期にあって、ハンセン病は不治の病とされ、患者は感染の恐れから隔離療法を強要され、医師も治療を渋る状況であったのです。そんな時代に綱脇上人は自らの手で患者の膿んだ手足を切開したり、切断をすることもありました。

綱脇上人の支えになった言葉は、先ほどの二十四文字であったのです。法華経に説かれる絶対平等と人間礼拝の文字は、ハンセン病患者救済へと綱脇上人を駆り立て、その二十四文字の象徴である「深敬」を病院の名としたのでした。

しかし、救済事業の継続には莫大な経費が必要でありました。そこで全国の寺々や日蓮宗徒の家々を訪ねて勧募を行う、歩く旅に出たのでした。綱脇上人の本心・意図も判らず、「乞食坊主！　タカリ坊主！」と罵詈雑言《ばりぞうごん》を浴びせられることもしばしばであったといいます。

まさに常不軽菩薩の行法を実践した綱脇上人であるといえましょう。

◆お釈迦さまの前生

常不軽菩薩のお話に戻りましょう。

常不軽菩薩品の文がさらに進んでいきますと、常不軽菩薩が大変な方であることが語られるのです。

「得大勢よ、意《こころ》において云何《いか》ん。その時の常不軽菩薩は豈《あに》、異人ならんや。則《すなわ》ちわが身これなり。若しわれ宿世《しゅくせ》において、この経を受持《じゅじ》し読誦《どくじゅ》して他人のために説かざりせば、疾《と》く阿耨多羅三藐三菩提《あのくたらさんみゃくさんぼだい》を得ること能《あた》わざりしならん。われ先仏の所《みもと》において、この経を受持し読誦し、人のために説きしが故に、疾く阿耨多羅三藐三菩提を得たるなり」

常不軽菩薩はその生命を閉じようとした時、法華経の偈文を聞き六根清浄の功徳を得、その結果寿命がさらに延びて人々のために法華経を説くに至るのです。これを聞いた増上慢の者たちも皆信伏《しんぷく》したと説かれます。

そして、常不軽菩薩は生命尽きた後、法華経をさらに受持・読誦して他者のために説き、諸仏を供養したことから仏となります。

実は、この常不軽菩薩が今のお釈迦さまであると明かされるのです。

お釈迦さまは、「則ちわが身これなり」、つまり過去世において自分が常不軽菩薩であったと、自ら告げられます。このことを聞いた得大勢菩薩をはじめとした人々は、さぞやビックリしたに違いありません。

前世、過去世のお釈迦さまの出来事、物語のことを前生譚《ぜんしょうたん》とか本生譚《ほんじょうたん》といいます。常不軽菩薩の二十四文字の修行、つまり、誰にでも合掌礼拝し、ほめたたえ、

「我深敬汝等。不敢軽慢。所以者何。汝等皆行菩薩道。当得作仏」

といわれたことはその一つであり、第十六章・如来寿量品で示されました「われ本《もと》、菩薩の道を行じ」という過去世におけるお釈迦さまの菩薩行と受け取れるのであります。

◆日蓮聖人の常不軽菩薩観

先に、常不軽菩薩の「但行礼拝《たんぎょうらいはい》」という精神に影響を受けた人として詩人・宮沢賢治と、ハンセン病患者のために生涯を賭《と》した綱脇龍妙上人を紹介しました。

もちろんのこと日蓮聖人にとりましても、常不軽菩薩は法華経の布教実践の大きな手本的存在であり、御遺文《ごいぶん》には数多くその名が登場するのであります。それを『観心本尊抄《かんじんほんぞんしょう》』『報恩抄《ほうおんしょう》』『寺泊御書《てらどまりごしょ》』『開目抄《かいもくしょう》』の四書について見ていきましょう。

文永十年（一二七三）四月、認《したた》められた法開顕《ほうかいけん》の書『観心本尊抄』には、

「不軽菩薩は所見の人において仏身《ぶっしん》を見る」（定遺七〇六頁）

と表現されています。「十界互具《じゅっかいごぐ》」（十界＝地獄・餓鬼《がき》・畜生《ちくしょう》・修羅《しゅら》・人《にん》・天《てん》・声聞《しょうもん》・縁覚《えんがく》・菩薩・仏のそれぞれの界にまた十界が備わる）の中の人界

に仏界が備わる例証として、常不軽菩薩は全ての人々に仏を見られた、とあります。それは常不軽菩薩がどんな人に会っても、二十四文字ではなく、お題目を唱えることで妙法五字を「下種《げしゅ》」し、仏となった人（仏身）として日蓮聖人は受け取ったと解釈できるのではないかと私は考えるのです。

建治二年（一二七六）七月、師匠・道善房《どうぜんぼう》死去の知らせを聞き、その御霊に捧げる意で綴《つづ》られた『報恩抄』には次のように記されています。

「或は所をおひ、或はのり、或はうたれ、或は戒をかうふるほどに、去《いぬる》弘長元年辛酉五月十二日に御勘気《ごかんき》をかうふりて、伊豆国伊東にながされぬ。又同弘長三年癸亥二月二十二日にゆりぬ。其後《そののち》弥《いや》菩提心強盛《ぼだいしんごうじょう》にして申せば、いよいよ大難かさなる事、大風に大波の起るがごとし。昔の不軽菩薩の杖木《じょうもく》のせめも我身につみしられたり」

（『報恩抄』定遺一二三七頁）

日蓮聖人はご自身と常不軽菩薩に共通する法難ということを媒介として、常不軽菩薩に対して親近感を抱き、ご自身を慰められているのです。お釈迦さまであっても前世において常不軽菩薩として難行苦行をされたのだという事実に基づき、ご自身の発奮《はっぷん》に繋げられているのです。つまり、日連聖人にとって常不軽菩薩の行為こそが心の糧であったと、この文章から窺《うかが》えるのです。

それでは、日蓮聖人が常不軽菩薩の行為を心の糧《かて》とされるに至ったのには、どのような経緯があったのでしょうか。

法華経では、第十一章・見宝塔品では六難九《ろくなんく》易《い》、第十三章・勧持品では三類《さんるい》の怨敵《おんてき》ということで、法華経を布教する時の難儀の必然、忍《にん》難慈勝《なんじしょう》の精神の必要性が説かれています。そして、同じようにその難儀が本章にあってても「罵詈《ののし》られ」「杖木《じょうもく》・瓦石《がしゃく》を以ってこれを打擲《うちたた》く」ということで具体的に語られています。殊に勧持品と常不軽菩薩品との関わりについて日蓮聖人は、文永八年（一二七二）十月、佐渡配所前に逗留《とうりゅう》された寺泊で認《したた》められた『寺泊御書』には、次のように示されているのです。

「法華経は三世《さんぜ》説法の儀式なり。過去の不軽品は今の勧持品。今の勧持品は過去の不軽品なり。今の勧持品は未来、不軽品たるべし。その時は日蓮はすなわち不軽菩薩たるべし」（定遺五一四頁）

法華経は、過去・現在・未来という三世にわたる説法の儀式であるのです。

この三世説法の儀式を踏まえますと、過去世の威音王仏の時の常不軽菩薩品は、今のお釈迦さまの勧持品の教えとなり、同時に今の勧持品の教えは、未来には過去の常不軽菩薩品となって、正法を布教する手本となります。

常不軽菩薩は、非難する者・信奉する者すべてに等しく布教して、時には刀・杖で打ちつけられ瓦や石を投げられたりする迫害を受けましたが、今のお釈迦さまの勧持品が、未来の世において、過去の常不軽菩薩品として仰がれるようになれば、私・日蓮は過去の世にあった常不軽菩薩として、正法を布教することになるでありましょう、と。過去世における常不軽菩薩の行為は、お釈迦さま在世時の勧持品であり、今にある日蓮にとっての手本であり、心の糧《かて》である…と述べられているのです。

日蓮聖人は、末法においてどんな人にも、順縁《じゅんえん》・逆縁《ぎゃくえん》であっても仏縁を結んで下種《げしゅ》するという弘教《ぐきょう》の手本を常不軽菩薩に求められていたのです。

佐渡配所となり、ひと冬を過ごされて認められた人開顕の書『開目抄』に、摂受《しょうじゅ》・折伏《しゃくぶく》についての次のように示されています。

「夫《それ》摂受折伏と申《もうす》法門は水火のごとし。火は水をいとう。水は火をにくむ。摂受の者は折伏をわらう。折伏の者は摂受をかなしむ。無智悪人の国土に充満の時は摂受を前《さき》とす。安楽行品のごとし。邪智《じゃち》謗法《ほうぼう》の者多き時は折伏を前とす。常不軽品のごとし」

(定遺六〇六頁)

邪智謗法の世、お釈迦さまの御心に反する邪《よこし》まな教えを信奉する者が多い時には、逆化《ぎゃっけ》折伏《しゃくぶく》という手段を取る、それは常不軽菩薩の行為を手本とすることである、とされています。

今、日蓮宗の教学研究者の中には常不軽菩薩に関わって、摂受・折伏の議論を展開される方がいらっしゃいますが、宗門の七百余十年の歴史を見て解決がされていない問題を、私はここで敢えて触れないこととします。

◆会通すべき二つの事柄

さて、日蓮宗が展開している、「立正安国・お題目結縁《けちえん》運動」を推進する目標として掲げられたのが、

「敬いの心で、安穏《あんのん》な社会づくり、人づく

り」

というものです。もちろん、「立正安国」から「人づくり」、「安穏な社会づくり」、「お題目結縁」から「人づくり」というキャッチコピー的な語句が生まれたと解釈できるのですが、頭にある「敬いの心で」というフレーズは、間違いなく常不軽菩薩の行為からきているものと受け取れます。

私はここで、どうしても「会通《えつう》」（物事の道理を理解しとどこおりのないようにする）しておかなければならない二つの事項があると思うのです。

①常不軽菩薩の行為、「但行礼拝《たんぎょうらいはい》」の精神を認めようとするならば、折伏義を採用したと受け取られてしまいます。現代における「但行礼拝」をどのように解釈し、取り扱うのかを決しておかなければならないのです。

②日蓮聖人は末法における法華経弘教《ぐきょう》の菩薩、六万恒河沙《ごうがしゃ》の地涌《じゆ》菩薩の最上首《さいじょうしゅ》（リーダー）、上行《じょうぎょう》菩薩のご自覚に至られました。そして、門下に向かい、

「末法の始《はじめ》に一閻浮提《いちえんぶだい》にひろまらせ給べき瑞相《ずいそう》に日蓮さきがけしたり。わたうども二陣三陣つづきて、迦葉《かしょう》・阿難《あなん》にも勝《す》ぐれ天台《てんだい》・伝教《でんぎょう》にもこえよかし」（『種種御振舞御書』定遺九六一頁）

と叱咤激励されました。従って、私たちは地涌菩薩としての自覚をもって布教に邁進しなければならないのです。

そこで、地涌菩薩の弘教のあり方、修行のあり方の具体例が、第十三章の勧持品であり、第二十章の常不軽菩薩品であるとの会通をつけておかなければならないと考えるのです。

如来神力品《にょらいじんりきほん》　第二十一

◆法華経の「付嘱」とは

末世に正法《しょうぼう》である法華経を布教する「如来《にょらい》使《し》」（お釈迦さまの使い）について語られる第二十一章・如来神力品に入ります。二十八章から成ります法華経にありまして、如来神力品は、第十六章・如来寿量品と並ぶ重要な意を含んだ章であります。

西暦五三八年、百済《くだら》の聖明王《せいめいおう》によって日本へ仏教がもたらされ、妙法蓮華経という経典は多くの人より信仰され、支持もされました。鎌倉時代の宗教指導者の一人、日本曹洞禅を開いた道元禅師《どうげんぜんじ》（一二〇〇〜五三）は、如来神力品に重きを置き、好んで常日頃から読み、亡くなる前には「即是道場《そくぜどうじょう》」の文《もん》を唱えられたといいます。

日蓮聖人もこの如来神力品につきまして、如来寿量品の尊き教えを伝えるという重要な役割を担《にな》った章と位置づけされています。身延《みのぶ》へ入山されて間もなく故郷・安房小湊《あわこみなと》に住んだ「重恩の人」領家《りょうけ》の尼《あま》に送られた文章には、如来神力品について次のように触れていらっしゃるのです。

「今此《こ》の御本尊は教主釈尊五百塵点劫《じんでんごう》より心中にをさめさせ給、世に出現せさせ給ても四十余年、其後又法華経の中にも迹門《しゃくもん》はせすぎて、宝塔品より事をこりて寿量品に説き顕《あらわ》し、神力品嘱累《ぞくるい》に事極《きわまり》て候し」
（『新尼御前御返事』定遺八六六頁）

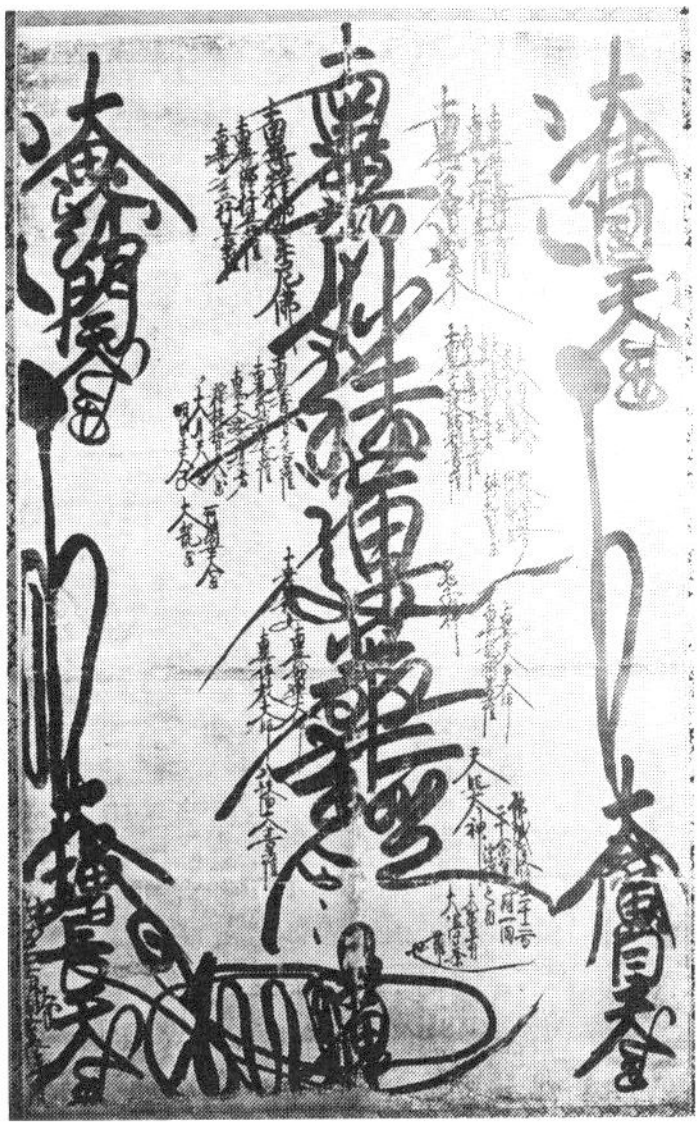

日蓮宗の曼荼羅本尊（鎌倉・妙本寺）

このご本尊（日蓮宗の曼荼羅《まんだら》本尊のこと）は、お釈迦さまがこの世に出現なさる以前の五百億塵点劫の昔から心の中に秘蔵していらっしゃったもので、現世において仏となられてからでも、法華経を説く以前の四十余年間の経典にはお示しになりませんでした。いや、法華経の説法に入ってからでも迹門の初めのほうは通り過ぎて、見宝塔品に至って初めて説き起こし、本門《ほんもん》の如来寿量品において真相を顕し、如来神力品・嘱累品で完結したご本尊であります…と述べられています。

『新尼御前御返事』には、いわゆる、「起《き》・顕《けん》・竟《きょう》」といわれる法門が説かれています。法華経の説法の中にあっても、第十一章・見宝塔品で大宝塔が現れてその先がけが示され（起）、第十六章・如来寿量品に至りましてお釈迦さまの真実の教え、要法が説き顕され（顕）、第二十一・二十二章如来神力品・嘱累品でその大切な教えが「付嘱《ふぞく》」（弟子や後世の人々に法華経を委《い》嘱《しょく》すること）されてその物事が完結するのである（竟）と、日蓮聖人は説かれているのです。

殊に末世、お釈迦さまの教えがすたれ、世の中が途方もなく乱れてしまう悪世において、正しい教え、法華経を伝える方々、付嘱（委嘱、付託《ふたく》）されるべき方々を求められたのが、この如来神力品であります。

その付嘱のあり方は、特に如来神力品では、

・**別付嘱《べつぷぞく》**…別して末法における法華経の布教を地涌《じゆ》の菩薩方に付託する

嘱累品では、

・**総付嘱《そうふぞく》**…総じて正《しょう》・像《ぞう》・末《まつ》の三時《さんじ》にわたり無量の菩薩方に法華経及びお釈迦さまの教えを付託する

というのです。

◆十種の大神力と「四句要法」

「その時、千世界の微塵《みじん》に等しき菩薩・摩《ま》訶薩《かさつ》の地より涌出《ゆじゅつ》せる者は、皆仏の前において一心に合掌し尊顔《そんげん》を瞻仰《あおぎみ》て、仏に白《もう》して言わく『世尊《せそん》よ、われ等は仏の滅後において、世尊と分身《ふんじん》の在《いま》す所の国土の滅度の処にて、当《まさ》に広くこの経を説くべし。所以《ゆえ》は何《いか》ん。われ等も亦《また》、自らこの真浄《しんじょう》の大法《だいほう》を得て、受持《じゅじ》し読誦《どくじゅ》し解説《げせつ》し書写《しょしゃ》して、これを供養せんと欲すればなり』と」

如来神力品の冒頭にある文章であります。大地の裂け目から現れた六万恒河沙《ごうがしゃ》という厖大《ぼうだい》な数の地涌の菩薩方は、お釈迦さまに向かい次の

ように告げたのでした。

「お釈迦さま、私たちはあなたの滅後に、あなたの国土である所は何処《どこ》であっても、すべての仏国土においてこの法華経を説きましょう」

この言葉こそ、お釈迦さまが待ち望んだことであったのです。お釈迦さまは第十一章の見宝塔品から幾度も滅後の布教を委《ゆだ》ねる人を募《つの》り、それに応えようとする仏弟子が名乗り出るのですが、なかなかそれを許されず、漸《ようや》くにしてこの如来神力品に至り、地涌の菩薩方の申し出によって実現するのです。

日蓮聖人は、『観心本尊抄《かんじんほんぞんしょう》』（定遺七一六〜七）には、如来寿量品の「遣使還告《けんしげんごう》」（使を遣《つか》わして還《かえ》りて告《つ》げしむ）、濁悪《じょくあく》の末世において正しい教え法華経を弘《ひろ》め、人々を救済する仏使《ぶっし》（如来使）の具体例としてこの如来神力品の文章があるとされています。

その申し出に対し、お釈迦さまは文殊師利《もんじゅしり》菩薩をはじめとする数多くの菩薩方、僧俗の四《し》衆《しゅ》（比丘《びく》・比丘尼《に》・優婆塞《うばそく》・優婆夷《うばい》）、天龍八部衆《てんりゅうはちぶしゅ》（天・龍・夜叉《やしゃ》・乾闥婆《けんだつば》・阿修羅《あしゅら》・迦楼羅《かるら》・緊那羅《きんなら》・摩睺羅伽《まごらが》のことで元々、バラモン教の邪神であったが、お釈迦さまに帰依《きえ》してからは仏教の守護神となった）などの前で、「十種の大神力《だいじんりき》」を現されるのです。本章のタイトルのサンスクリット原語の直訳が「如来の神通力《じんづうりき》の発揮」とされているのは、このことからきているのです。

十種の大神力とは、次の通りです。

①広長舌《こうちょうぜつ》…お釈迦さまの教えが真実であることを明らかにするため、三十二相の一つ広長舌相（広く長い舌を覚天まで届

けさせる）を示す。

②放光《ほうこう》…お釈迦さまの身体全体の毛穴から無量無数色の光を放つ。

③謦欬《きょうがい》…お釈迦さまが大きな咳《せき》ばらいをする。

④弾指《たんじ》…お釈迦さまが指を弾《はじ》き、音を出す。

⑤地動《ちどう》…大地を震動させる。

⑥普見大会《ふけんだいえ》…大乗経の妙法蓮華、菩薩を教える法、仏に護念《ごねん》せらるるものと名づくるを説く。

⑦空中唱声《くうちゅうしょうしょう》…諸天が大空で、「お釈迦さまを礼拝せよ！」と高声で唱える。

⑧咸皆帰命《げんかいきみょう》…もろもろの人々が娑婆《しゃば》世界に向かい、「南無釈迦牟尼仏《なむしゃかむにぶつ》　南無釈迦牟尼仏」と唱え帰依する。

⑨遥散諸物《ようさんしょもつ》…お釈迦さまを讃《たた》える装飾品（華・香《こう》・瓔珞《ようらく》）や説法を讃える旗とさしかけられる傘の装飾品（幡蓋《はんがい》）などが娑婆世界にあふれる。

⑩同一仏土《どういちぶつど》…十方世界が一仏土（仏の世界）の様相を現わす。

以上のような十の不思議な有り様が展開されます。このような光景は、法華経の第一章である序章や、第十一章の見宝塔品においても見ることができました。

何故、このような有り様が演出されたのでしょうか。それは次に起こるであろう大変な出来事のためにその場を整える、次の場面で大きなことが繰り広げられる端緒ということと、お釈迦さまの教えが偉大であるという表現、と受け取ればよいと思うのです。

「要《よう》をもって之《これ》を言わば、如来の一切の所有《あらゆ》る法と如来の一切の自在《じざい》の神力《じんりき》と如来の一切の秘要《ひよう》の蔵《ぞう》と如来の一切の甚深《じんじん》の事《じ》とは、皆この経において、宣《の》べ示し顕《あらわ》に説けり」

さらにお釈迦さまは上行《じょうぎょう》菩薩を首《はじ》めとする地涌の菩薩方に、いわゆる「四句要法《しくようぼう》」、または「結要《けっちょう》の四句」といわれる重要な文言を提示されるのです。四句とは四つの文章、要法とは重要な教えのこと、結要とは重要なことを要約することであります。

①如来の一切の所有《あらゆ》る法…如来のすべての教え

②如来の一切の自在《じざい》の神力《じんりき》…如来のすべての不思議な力

③如来の一切の秘要《ひよう》の蔵《ぞう》…如来のすべての教えの秘された肝要

④如来の一切の甚深《じんじん》の事《じ》…如来のすべての深い教え

の四項目が法華経に集約・凝縮され、それが明らかに説き示されていることをお釈迦さまは宣言されるのです。

◆「即是道場」を生きる

四句要法の次の文章にある、「即是道場《そくぜどうじょう》」(即《すなわ》ちこれ道場)という語について見ていくことにします。

「如来の滅後において、応《まさ》に一心に受持し読誦し解説し書写して、説《おしえ》の如く修行すべし。所在《いたるところ》の国土に、若し受持し読誦し解説し書写して説の如く修行するもの有らば、若しくは経巻所住の処ならば、若しくは園の中においても、若しくは林の中においても、若しくは樹下においても、若しくは僧坊においても、若しくは白衣《びゃくえ》の舎にても、若しくは殿堂に在りても、若しくは山・谷・曠野《こうや》にても、この中に皆応に塔を起《た》てて供養すべし。所以《ゆえ》は何《いか》ん。当《まさ》に知るべし、この処は即ちこれ道場にして、諸仏はここにおいて阿耨多羅三藐三菩提《あのくたらさんみゃくさんぼだい》を得、諸仏はここにおいて、法輪を転じ、諸仏はここにおいて、般涅槃《はつねはん》すればなり」

お釈迦さまの滅後において、五種法師《ごしゅほっし》の修行をする場、すなわち、遊園であれ、僧院であれ、家であれ、森であれ、都市であれ、樹の根元であれ、楼閣《ろうかく》であれ、庵室《あんしつ》であれ、窟院《くついん》であれ、その所には仏さまのための祠堂《しどう》（神仏を祀るほこら）が建立《こんりゅう》されるべきであります。それはどのような理由であるのでしょう。それは全ての仏さまにとっての「悟り」の壇《だん》であるからなのです。あらゆる仏さま方はここで悟りを得、ここで法輪を転じ（説法をする）、ここで涅槃（入滅）されたのであります…という意味です。

前にも記しましたように、日本曹洞禅の開祖・道元禅師は、好んでこの文言を読誦されたといいます。それはどんな場にあっても坐禅をすれば「悟り」を得られるというところからきているのでありましょう。

また、日本山妙法寺の藤井日達上人《ふじいにったつしょうにん》は非暴力主義の平和運動家として知られた方ですが、この文言に基づいて、日本のみならず世界各地に平和のシンボルとしてストゥーパ（仏塔）を建てられたといいます。

このように如来神力品の「即是道場」の文は多くの人々に影響を与えましたが、私はこの文言から、最近、流行《はや》っている歌を思い浮かべてしまうのです。その歌は読者の皆さんもよく知っている歌で、NHK紅白歌合戦でも歌われました。そうです。『千の風になって』（作詞者不詳　新井満日本語詞・新井満作曲）であります。

「私のお墓の前で　泣かないでください
そこに私はいません　眠ってなんかいません　千の風に　千の風になって　あの大きな空を　吹きわたっています」

「お墓に私はいません　眠ってなんかいません」というフレーズではじまる歌に、寺で生まれ育った私にはショックな内容（最近、スピリチュアルの代表的歌と評価する人も存在しますが）なのですが、妙に納得してしまうのも事実であるのです。

テノール歌手・秋川雅史氏の響き渡る音声とその歌詞に多くの人々が共感するから流行しているのでありましょう。愛する人が亡くなったとしても、その人は千の風に生まれ変わって私の側《そば》にいて見守ってくれている、癒してくれて欲しい、現代人にとって、あの世へと逝った人からのメッセージがこうあってもらいたい、死者から生者をいたわって下さいとの願いを籠めた詩でもありましょう。

私は「そこにいません」ということは、「どこにでもいます」ということの逆説的な表現であると思うのです。お墓にも、遊園にも、僧院にも、家にも…そこに私はいるということなのです。つまり、「即是道場」とは、何処にあっても、ということであり、『千の風になって』

の歌の基底にある考え方と同じであるのです。

さらに、その考え方をもっと宗教的に、お題目信仰へと深めていったのが宮沢賢治であると私は考えるのです。詩人であり、童話作家であり、農業技術者であった賢治は、篤《あつ》い法華信仰の人としても知られています。

賢治は昭和八年（一九三三）九月二十日、肺炎が悪化して三十七歳で霊山浄土《りょうぜんじょうど》へと旅立ちますが、その二年前、死を意識してか遺書を二通（両親と宮沢清六・岩田シゲ・宮沢主計・クニ宛の二通）を認《したた》めますが、両親へと宛てたものには次のように綴られているのです。

「父上様　母上様
この一生の間、どこのどんな子供も受けないようなご恩をいただきながら、いつも我侭《わがまま》でお心に背きたうたうこんなことになりました。

今生《こんじょう》で万分の一もついにお返しできませんでしたご恩はきっと次の生、又その次の生で報じいたしたいとそれのみを念願いたします。

どうか信仰というのでなくてもお題目で私をお呼びだしてください。

そのお題目で絶えずお詫び申し上げお答えいたします」（昭和六年九月二十一日）

賢治の両親は熱心な門徒（浄土真宗の信徒）でありました。両親と幾度か信仰のことで衝突もしました。賢治がこの世を去る二年もの前に遺書を記し、その末文には「どうか信仰というのでなくてもお題目で私をお呼びだしてください。そのお題目で絶えずお詫び申し上げお答えいたします」と、両親に遠慮しながらも法華信仰を勧めているのです。

このように真っ直ぐに法華信仰を持ち、堅固な弥陀への信仰を有した両親に対して「お題目であの世とこの世の橋渡しをしましょう、私をお題目で呼んでいただければ、側《そば》に帰ってきますよ」と賢治はいっているのです。

「お題目で呼び、お題目で詫びる」、ここに如来神力品の「即是道場」にある五種法師の修行、お題目の受持行《じゅじぎょう》によって何処にあっても賢治と両親が面奉《めんぶ》できる、という遺書であると私は解したのです。

賢治逝去の後、その遺骨は岩手県花巻市・浄土真宗安浄寺にいったんは埋葬されますが、十八年後の昭和二十六年七月、お題目の寺（日蓮宗の寺）である同市・身照寺に改葬されるのです。

◆太陽のごとく、月のごとく

「即是道場」の語がある文の後にある偈文を見ていきましょう。

偈文の直前に「重ねて此《こ》の義を宣《の》べん」とありますので、基本的には長行《じょうごう》（散文の部分）で説かれた内容を、繰り返して説いているのです。

「諸の仏・救世者《くせしゃ》は　大神通に住して衆生を悦《よろこ》ばしめんがための故に　無量の神力を現したもう。舌相《ぜっそう》は梵天《ぼんてん》に至り　身より無数《むしゅ》の光を放ちて　仏道を求むる者のために　この希有《けう》の事を現したもう。諸仏の謦欬《しわぶき》の声と　及び弾指《ゆびはじき》の声とは　周《あまね》く十方の国に聞《きこ》えて　地は皆六種に動ぜり」

先に記しました「十種の大神力」のうちの

「広長舌」「放光」「謦欬」「弾指」「地動」の五種が説かれることからはじまります。

この偈文にはしばしば、「能持是経故」とか「能持是経者」とありますように、「持」（たもつ）という文字が登場します。

その意は「たもつ」、「継続は力なり」あるいは「持続は力なり」といいますが、持続することがとても大事であるということに念を押されている証《あかし》の文といえるのです。

偈文の末文には、私たちがよく誦《じゅ》する文が、次のように綴《つづ》られています。

「日月《にちがつ》の光明の　能《よ》く諸の幽冥《くらやみ》を除くが如く　斯《こ》の人は世間に行じて能く衆生の闇を滅し　無量の菩薩をして　畢竟《ひっきょう》して一《いち》乗《じょう》に住せしめん　この故に有智《うち》の者は

この功徳の利《りえき》を聞きて　わが滅度の後においで　応にこの経を受持すべし　この人は仏道において　決定《けつじょう》して疑い有ること無からん」

お釈迦さまが亡くなられた後、法華経を布教する者は月のように、太陽のように世の中を照らし人々を悦ばしめます。その者は大地を歩き廻《まわ》って、あちこちで法を求める者を奮《ふる》い立たせます。従いまして、智慧のある布教者は、この世でこのような恩恵を聴き、お釈迦さまが入滅された後、この法華経を護持して、必ずや「悟り」へと到達するでありましょう…という意味です。

如来神力品の末文には、お釈迦さまの滅後において布教する者は太陽の如く、月の如くに世間を照らし、その功徳によって仏となることを告げられるのであります。

この偈文を私たちはしばしば読みますが、その由来は、実は日蓮聖人にあるのです。法華経第十五章・従地涌出品でも触れたことですが、とても重要なことでありますので、再度記しておきましょう。

建長五年（一二五三）四月二十八日、清澄山《せいちょうざん》上で日蓮聖人はお題目を初めて唱えられます。その折、今までの名前である是聖房蓮長《ぜしょうぼうれんちょう》を改め、「日蓮」とされました。

私たち僧侶は出家した時、師匠から新しい名を戴《いただ》き改名します。ところが、日蓮聖人は自らその名を付けられ、新たなる出発とされたのです。師・道善房《どうぜんぼう》から僧名をもらわなかった理由としては、

①修学すべき人、師匠に恵まれなかった。

「遠国なるうへ、寺とはなづけて候へども修学人なし」（『本尊問答抄』定遺一五八〇頁）

②出家した時の師匠・道善房は臆病な性格で阿弥陀仏への信仰を捨てなかった。

「故道善房はいたう弟子なれば、日蓮をばにくしとはをぼせざりけるらめども、きわめて臆病なりし上、清澄をはなれじと執せし人なり」（『報恩抄』定遺一二三九頁）

ということが挙げられましょう。

同時代に活躍された仏教指導者である親鸞《しんらん》聖人《しょうにん》（一一七三～一二六三）、道元禅師（一二〇〇～一二五三）は良き師匠に恵まれました。それぞれ親鸞聖人には法然上人《ほうねんしょうにん》、道元禅師には中国留学時の天童如浄《てんどうにょじょう》禅師があったのです。

仰《あお》ぐに足りる師匠に邂逅《かいこう》されなかった日蓮聖人。比叡山、南都六宗《なんとろくしゅう》の寺々で勉学に励まれた日蓮聖人は、ある経典の語句に出遭われるの

です。その経典と文言とは、

「涅槃経《ねはんぎょう》と申経《もうす》に云《いわく》、依法不依人等云云《えほうふえにんうんぬん》。依法と申は一切経、不依人と申は仏を除き奉て外の普賢菩薩・文殊師利菩薩乃至上にあぐるところの諸人師なり」（『報恩抄』定遺一一九四頁）

涅槃経の「如来性品《にょらいしょうぼん》」に説かれる「依法不依人」（法に依《よ》りて人に依らざれ）という文言でありました。人師ではなく、正しい教法に依らなければならないとし、正しく依るべき法が法華経であることを確信されたのです。

そういえば、浄土宗や浄土真宗では、「南無阿弥陀仏」と称《とな》えます。つまり、仏名（名号《みょうごう》）を声に出します。それに比して、私たち日蓮宗の信徒が唱えるのは「南無妙法蓮華経」、つまり法華経（妙法蓮華経）の経名（お題目）を声に出します。この弥陀の名号（仏）とお題目（法）との違いは、「依法不依人」あるいは「依人不法人」を選択によるところの違いがあるのではないかと私は考えているのですが…。

それでは、上行菩薩を首《はじ》めとした末法の世に活躍する地涌の菩薩方に法華経布教を委託《いたく》（付嘱《ふぞく》）する第二十一章・如来神力品を終え、虚空《こくう》会《え》を閉じる章、全ての人々に法華経布教を委託する、総じて付嘱するという嘱累品に、次は入っていきましょう。

南無妙法蓮華経

嘱累品《ぞくるいほん》 第二十二

◆法華経布教の委託

第十一章・見宝塔品《けんほうとうほん》からはじまりました虚空《こくう》の座での説法＝「虚空会《え》」の最終章、嘱累品についていくことにしましょう。この嘱累品は法華経二十八品にありましても最も短篇の章でありますが、お釈迦さま滅後への思いがこめられた章であるともいえるのです。

嘱累の「嘱」とは頼む、法華経を布教することを委託《いたく》するという意であり、「累」とは面倒を掛けるという意であります。お釈迦さまが「悪いけれど、どんな辛いこと、苦しいことがあっても法華経を弘めてください」と依頼するという意味になるのです。

普通、「私が死んだ後は頼むね」というようなことを他人に依頼するのは最後になってというのが常識でありましょう。ところが、この法華経（妙法蓮華経）では二十八章中の第二十二章で語られているのです。

法華経の訳には、六訳三存《ろくやくさんぞん》といいまして六つの訳がありましたが、現存するのはそのうちの三つ、つまり、

①妙法蓮華経（鳩摩羅什《くまらじゅう》訳　西暦四〇六年）
②添品《てんぽん》法華経（闍那崛多《じゃなくった》・達磨笈多《だつまぎゅうた》訳　西暦六〇一年）
③正《しょう》法華経（竺法護《じくほうご》訳　西暦二〇六年）
であります。

　この中の②と③では、嘱累品が最後の章で説かれています。それが一般的なあり方であると思うのですが、私たちが今読んでいる法華経、すなわち鳩摩羅什三蔵訳・妙法蓮華経では途中の二十二番目の章に置かれているのです。

鳩摩羅什三蔵

　このことがどういう意を含んでいるのかさまざまな解釈がされていますが、本意は羅什三蔵に尋ねてみなければ解決できないでありましょう。ただいえますことは、前章で別して上行《じょうぎょう》菩薩《ぼさつ》を首《はじ》めとする六万恒河沙《ろくまんごうがしゃ》の地涌《じゆ》の菩薩方＝本化《ほんけ》の菩薩方に法華経布教の委託を依頼され、本章では本化の菩薩だけでなく全ての大衆に依頼されているのです。そして、次の章・薬王《やくおう》菩《ぼ》薩本事品《さつほんじほん》からの六品は法華経修行の手本、模範ともいうべき方々の事跡《じせき》が語られ、人々の発奮に繋げられている、その間にある章であるのです。

摩頂付嘱と受持・読誦

その冒頭には、

「その時、釈迦牟尼仏は法座より起《た》ちて、大神力《だいじんりき》を現し、右の手を以《も》って無量の菩薩・摩訶薩《まかさつ》の頂《いただき》を摩《な》でて、この言《ことば》を作《な》したもう『われは無量百千万億阿僧祇劫《あそうぎこう》において、この得難《えがた》き阿耨多羅三藐三菩提《あのくたらさんみゃくさんぼだい》の法を修習《しゅじゅう》せり。今、以って汝等《なんだち》に付嘱す。汝等よ、応当《まさ》に一心にこの法を流布《るふ》して、広く増益《ぞうやく》せしむべし』と」

お釈迦さまは法座より起《た》って大きな神力を現されます。そして、右の手でもって数限りない菩薩・摩訶薩（摩訶とは大きい、薩とは人のことで大士《だいじ》と訳す）方の頭を撫でられたのです。このようなことが三度繰り返されます。これを「摩《ま》頂《ちょう》付嘱」ともいうのです。

世界の国々には、いろんな挨拶の仕方や褒める仕草があります。頭を撫でるという行為も、国によっては相手を侮辱することになってしまうようです。インドの慣習では、人の頭を撫でるということはあなたを信任しますという行為であるのです。

従いまして、大勢の菩薩・大士方の頭を撫でるということは、お釈迦さまご自身がわが滅度の後に「多くの方々に法華経を弘めるように骨を折ってください」と頼まれたことに他ならないのです。

何のために法を弘《ひろ》めるのか、それは「広令《こうりょう》増益《ぞうやく》」、全ての人々、善人も悪人も、知恵のある人もない人も、どんな人にも仏へと近づけるために利益を与えるというのです。

さらにお釈迦さまは次のようなことをいわれます。

「われは無量百千万億阿僧祇劫において、この得難き阿耨多羅三藐三菩提の法を修習せり。今、以って汝等に付嘱す。汝等よ、当《まさ》に受持《じゅじ》し読誦《どくじゅ》して、広くこの法を宣《の》べ、一切の衆生をして普《あまね》く聞知することを得せしむべし」

お釈迦さまは三度にわたり菩薩・摩訶薩方の頭を撫でられてから、私は本当に長い年月を掛け生命がけの修行をして、得難い悟りの境地へと至ったのである、今、皆にその法を委託しよう、といわれたのでした。

ここでお釈迦さまから次のような条件が出されるのです。それはこれまでも幾度かあった**「受持・読誦」**ということなのです。受持し読誦しなければ駄目であると断っていらっしゃるのです。それはどういうことかといいますと、自分自身でしっかりと修行した上で、受持の行、お経を読んだり誦したりする行を積んでから布教に当たりなさいと指南されているのです。

納得がいくまで修行して自分のものとし、それから任に当たるのだよと、それは正《まさ》しく菩薩の修行である**「自行化他《じぎょうけた》」**、己を修め、他人へと向かうことを勧められるのです。

普通の人であるなら、悟りの境地を自分一人だけのものにしておこうと考えるものです。ところが、お釈迦さまは違いました。大いなる慈悲心をもって何の惜しみもなく、「仏の智慧」「如来の智慧」「自然《じねん》の智慧」という三つの智慧、全ての人々を救うべき智慧、絶対の真理を悟るべき智慧、人間が本来兼ね備えている智慧を与えられるのです。

このお釈迦さまの行為は、私たちにとりまして「大施主《せしゅ》」である、食べ物を分ける時には必ずといっていいほど多い少ないということがありますが、仏法というものは全ての私たちへ平等に恵み施される、お釈迦さまの教えの恵みは平等に与えられるというのです。

◆示し教え利し喜ばす

しかしながら、未来の世にはお釈迦さまの教えを信じない者も出てくることでありましょう。そのような時どうするのでしょうか。

「若《も》し衆生ありて信受せざれば、当に如来の余の深法《じんぽう》の中において、示し教え利し喜ばすべし。汝等よ、若し、能《よ》くかくの如くせば、則《すなわ》ち為《こ》れ已《すで》に諸仏の恩を報ずるなり」

お釈迦さまはそのような人に対し、

・「示」…まず、こういうものだ、仏の心持ちは大体このようなものだと概要を示す
・「教」…概要の中の細かなことを教えていく
・「利」…それを実行させる。そうすることによって利益を得る
・「喜」…初めて人を救うことによってその尊さがわかり喜びを得る

という順序で布教すれば間違いがない、と示されているのです。

哲学者カント（一七二四～一八〇四）は「人間は教育されなければならない動物である」とい

いました。人は必ず教育されなければならない、そうしなければ進歩はない、といってます。

教育とは、「教導化育」、教え導き、変化させ、育むことであります。今の世は「狂育」ということになっているようですが…。この「教導化育」という教育の順序と「示教利喜」という布教の順序は、相通じるものがあると私は思うのです。

お釈迦さまの言葉を聞いた菩薩方は、大いに喜び、身を曲げ、頭《こうべ》をたれ、「世尊の勅《いましめ》の如く、当に具《つぶ》さに奉行《ぶぎょう》すべし」と告げたのでした。

そして、十方から来集した仏、多宝《たほう》仏、上行菩薩を首《はじ》めとする多くの菩薩、舎利弗《しゃりほつ》などの声聞《しょうもん》、天・人・阿修羅界の者たち、虚空の座に集った全ての者たちは大いに歓喜の声をあげたのです。

南無妙法蓮華経

薬王《やくおう》菩薩《ぼさつ》本事品《ほんじほん》 第二十三

この第二十三章のタイトルは、サンスクリット原語の直訳では「薬王菩薩の前世の因縁《いんねん》」、つまり、前世において（前生譚《ぜんしょうたん》として語られる）一切衆生喜見《いっさいしゅじょうきけん》菩薩として薬王菩薩が苦行し、誓願に生きた方として扱われています。いわば、苦行をテーマとして物語が進められていくのです。

◆薬王菩薩の前世における苦行

再び霊鷲山《りょうじゅせん》の地上に戻っての説法がはじめられます（これを「後霊山会《ごりょうぜんえ》」といいます）。

これから記す六章は法華経修行の手本、あるいは模範となる方々の事跡《じせき》について語られています。

まず、その一番はじめに登場されるのが薬王菩薩であります。薬王菩薩は幾度も法華経にその名が登場しますが、本章では布教・弘教《ぐきょう》の模範として登場されるのです。

◆捨身供養とは何か

「即《すなわ》ち諸《もろもろ》の香たる栴檀《せんだん》・薫陸《くんろく》・兜楼婆《とろば》・畢《ひつ》力迦《りきか》・沈水《じんすい》・膠《きょう》香を服し、又、瞻蔔《せんぼく》の諸の華の香油を飲むこと千二百歳を満《みた》し已《おわ》りて香油を身に塗り、日月浄明徳仏《にちがつじょうみょうとくぶつ》の前《みまえ》において、天の宝衣をもって自ら身に纏《まと》い、諸の香油を灌《そそ》ぎ、神通力《じんづうりき》の願《がん》を以《も》って、自ら身を燃《とも》し、光明は遍《あまね》く八十億恒河《ごうが》沙《しゃ》の世界を照らせり」

宿王華《しゅくおうけ》菩薩という方が、お釈迦さまに尋ねました。薬王菩薩はこの娑婆《しゃば》世界においていつも自在に人々を救うことができます、一体それはどういうことなのでしょうか、自分たちもそのように実行したいので是非説いてお聞かせくださいと懇願したのでした。

これに対し、お釈迦さまは次のように話されるのです。

遠い遠い昔、日月浄明徳仏という法華経を説かれる仏さまがいらっしゃった時、一切衆生喜見菩薩という弟子がありました。一切衆生喜見菩薩は大変な苦行をして仏道に精進し、相手に応じて姿を現し、相手に相応《ふさわ》しい教えを与える力（現一切色身三昧《げんいっさいしきしんざんまい》）を修得しました。

この三昧を得た時、大いに喜び、これは自分の力ではない、それは皆法華経を聞いた力をいただいたのだと解《さと》ったのです。そこで感謝の意を表すため、自らの身をもってしようと思い定めたのでした。

まず、大空に白い蓮の華、大きな蓮の華、栴檀という良い香りのする香木を降らしたのです。しかし、それだけでは満足せず、自分の身体をもって、日月浄明徳仏に供養の誠《まこと》を捧げようと考えるに至るのです。

そこでさまざまなお香が栴檀・薫陸・兜楼婆・畢力迦・沈水・膠香、瞻蔔という香草や香油を本当に長い間飲み服し、それから香油を身に塗り、非常に美しい着物を纏ってまた香油を濯《そそ》いだのです。そして、感謝の念を表したいということから自身の身体を燃やしたのでした。その光明は八十億恒河沙の世界をあまねく照らしたといいます。

このように身をもって供養する「捨身《しゃしん》供養」の有り様が説かれるのです。

私はある音楽家から、今の世からは想像もできませんが、中世ヨーロッパでは「灯」は最高のプレゼントであると伺いました。クラシック音楽会は大きな会堂で演奏されました。その会堂は頑丈な石で造られ、内部は昼でも薄暗い、演奏会が開かれるのは夜が多く、従ってまことに厖大《ぼうだい》な数のキャンドルが必要となります。もちろん、その経費は主催者が出すのですが、篤志の方もあり、いわばパトロンということになりましょうか、その篤志の方は演奏者から掛けがえのない人として尊敬されたといいます。

電気が発明される以前は、日本もそうでありましたが、灯というものは中世ヨーロッパにおいて大変貴重なものであったことが音楽会からしても窺えるのです。お釈迦さま在世の時代もそうであったことは言《げん》を俟《ま》たないのです。だからこそ、一切衆生喜見菩薩の灯の施しは尊い行為とされたのです。

捨身供養した一切衆生喜見菩薩（薬王菩薩の前世での名）の有り様を見た多くの仏さまたちは、次のように讃えたのです。

「その中の諸の仏は、同時に讃《ほ》めて言《のたま》う。『善い哉《かな》、善い哉。善男子《ぜんなんし》よ。これ真の精進なり。これを真の法をもって如来を供養すと名づく』」

いかなる物をもって供養しようとも、捨身供養には及ばない、これこそ最上・最高の布施であるとほめたのでした。

灯は千二百年燃え続き、一切衆生喜見菩薩はその生涯を終えたのです。ところが、この功徳によって再び日月浄明徳仏の国に、王の子として生まれ、父のために法華経の偈を説き、仏への供養を勧めたのでした。このように一生涯だけではなく、幾度も幾度も生まれて仏に仕《つか》え、法華経の教えを弘める、この行為こそが報恩の証であるのです。

ただ、口だけで説くのではなく、自身の身体を苦しめて世を明るくするというのではなく、心から仏さまに帰依するということを捨身供養で表し、繰り返すということで報恩の誠とされたことが尊いのです。

一切衆生喜見菩薩は自身が再び日月浄明徳仏を供養しようと思い、仏の前に進み出ますと、

「善男子よ。われ涅槃《ねはん》の時到り、滅尽の時至れり。汝よ、牀座《しょうざ》を安《しず》かに施《もう》くべし。われ今夜において当《まさ》に般《はつ》涅槃すべし」

日月浄明徳仏は今夜に般涅槃（死）に達すると告げられ、さらに次のように命じられたのです。

「善男子よ。われ仏の法を以って汝に嘱累《ぞくるい》す、及び諸の菩薩・大弟子並びに阿耨多羅三藐三菩提の法をもなり。亦《また》、三千大千の七宝の世界・諸の宝樹・宝台及び給侍《きゅうじ》の諸天を以って悉く汝に付《さず》く。わが滅度の後、所有《あらゆ》る舎利も亦、汝に付嘱す。当に流布せしめて広く供養を設くべし。応に若干

の千の塔を起つべし」

仏の教法、多くの菩薩、弟子、私の悟りの境地を、またこの世界の宝石、宝の樹、私の侍者である天子たちをあなたに委《ゆだ》ねましょう。そして、私が完全に涅槃に達した後、遺骨を供養して分配し、幾千の塔を建てるように、といわれたのでした。

仏の滅したことを見、一切衆生喜見菩薩は悲しみ、悩み恋慕しながら亡骸《なきがら》を荼毘《だび》にふし、八万四千個の七宝づくりの瓶を作らせて遺骨を入れ、八万四千の塔を建立させて祀ったのです。

ところが、これに満足することなく、一切衆生喜見菩薩は自身の骨を焼いて七万二千年にわたり仏を供養したのです。この様子をみていた人々は菩提心《ぼだいしん》を起こして皆が現一切色身三昧を得たというのです。

そこで、お釈迦さまは宿王華菩薩に次のようにいわれるのです。「この一切衆生喜見菩薩こそ今の薬王菩薩である。無量劫の永きにわたり、身を捨てて布施行を積んできたのである」と。

◆素直・真面目・真剣がキーワード

仏教では、薬王菩薩に見られるような捨身の修行を説く例が多くあります。例えば、

①雪山童子《せっせんどうじ》…半偈《はんげ》の教えを受けるため鬼神に身を投じる
②尸毘王《しびおう》…鳩を救うために鷹に身を捧げる
③薩埵王子《さったおうじ》…七匹の虎の子に身を布施する

等々があります。

これらの捨身に共通していえることとは、第十六章・如来寿量品で記しました「素直に」「真面目に」「真剣に」ということがキーワードであると思うのです。つまり、真実を求めるために、供養の誠を捧げるための行為が捨身として表現されたのではないか、捨身をするほどの覚悟がなければ真実を求めることも、誠の供養もできないということをいっているのではないでしょうか。

昭和五十年に終結をみたベトナム戦争では数多くの方が犠牲となりました。その中にあって、反戦を唱えた僧侶が抗議の意思を表すため幾人も焼身死するというショッキングな事件が起こりました。

私は、「不殺生」を大前提とする仏教では、いかなる自死も認められないと考えているのです。何故ならば、私たちの生命は仏さまから頂戴した大切なものであり、それは、少なくとも真理を求めるためではなく、反戦のために自らの生命を捧げるということを是《ぜ》としてはならないと私は判断するからであります。

◆十の喩え

さらに、本章の後半に入り法華経受持の功徳が甚大《じんだい》であることが次のように綴《つづ》られています。

「若し復《また》人ありて、七宝を以って三千大千世界に満して、仏及び大菩薩・辟支仏《ひゃくし》・阿羅漢《あらかん》に供養せば、この人の得る所の功徳は、この法華経の乃至《ないし》、一の四句偈《しくげ》を受持するその福の最も多きには如かざらん」

お釈迦さまは譬《たと》えをもって説かれます。ある人が三千大千世界を七宝で満たして、全ての仏や大菩薩方に供養するとしても、法華経の経説の四詩節の一詩頌《しじゅ》でも受け持つ者の福徳には及ばず、計り知れないものがありますと、法華経受持の功徳はいかなる供養にも優れるとおっしゃられるのです。

次にお釈迦さまは、法華経が最も優れた経典であることを十の喩《たと》えで説き明かされます。

①一切の江河の水（全ての経典）の中で、海（法華経）は第一である

②一切の山（全ての経典）の中で、須弥山《しゅみせん》（法華経）は第一である

③一切の星の輝き（全ての経典）の中で月の輝き（法華経）は第一である

④日輪《にちりん》が全ての闇を除くように、法華経は全ての不善の闇を破る

⑤諸王（全ての経典）の中で、転輪聖王《てんりんじょうおう》（法華経）は第一である

⑥三十三天の神々（全ての経典）の中で、帝釈（法華経）は第一である

⑦一切衆生（全ての経典）の父は大梵天王《だいぼんてんのう》（法華経）である

⑧全ての凡夫《ぼんぶ》（全ての経典）の中で、須陀《しゅだ》洹《おん》・斯陀含《しだごん》・阿那含《あなごん》・阿羅漢・辟支仏という学修中の者、完成した者、独覚《どっかく》の者へあるいは求法者（法華経）のようなものである

⑨一切の声聞・辟支仏（全ての経典）の中で、菩薩（法華経）のような存在である

⑩一切の諸の経典の中で、法華経は経王である

という十の譬喩《ひゆ》をもって、法華経が諸経の中で

経王であることを強調されているのです。

このような表現は、第十章・法師品においては、「已《い》説（法華経以前に説かれたさまざまな経典）・今《こん》説（法華経の開経《かいきょう》である無量義経）・当《とう》説（これから説かれる涅槃経）」という経典の中で法華経が最勝《さいしょう》であることが示されました。そして、この「十喩」で、最も勝れた経典であることが繰り返し説かれているのです。

興味深いことにそれが語られるのは、虚空会がはじまる前と後ということになります。虚空会の前後に法華経の最勝性が説かれるというのは、虚空会の内容の素晴らしさを訴えるがためと受け取ってよいでありましょう。

◆十二の喩え

続いて今度は、次の十二の喩《たと》えをもってお釈迦さまは法華経が全ての人々を救い、苦悩から離れしめる経典であることを明かされています。

法華経は、

①如清涼池　能満一切　諸渇乏者（水を飲みたい人々にとっての池のようであり）

②如寒者得火（寒さにこごえた人々にとっての火のようであり）

③如裸者得衣（裸の人々にとっての衣服のようであり）

④如商人得主（商人たちにとっての隊商長のようであり）

⑤如子得母（息子たちにとっての母のようであり）

⑥如渡得船（海の向こうへ渡る人々にとっての船のようであり）

⑦如病得医（病人たちにとっての医者のようであり）
⑧如暗得燈（暗黒に包まれた者たちにとっての灯火のようであり）
⑨如貧得宝（貧しい者たちにとっての宝石のようであり）
⑩如民得王（全ての民にとっての覇王のようであり）
⑪如賈客得海（貿易商たちにとっての海のようであり）
⑫如炬除暗（松明《たいまつ》が全ての暗黒を駆逐するのに役立つのと同じである）

「能《よ》く衆生をして一切苦、一切の病痛を離れ、能く一切の生死《しょうじ》の縛《きずな》を解《と》かしむるなり」

全ての苦悩の解放者であり、全ての病気の根絶者であり、生死の流転という怖ろしい繋縛《けばく》の狭い道、全てから抜け出せるものであるというのです。

◆法華経修行と往生

「若し如来の滅後、後の五百歳の中にて、若し女人《にょにん》有りて、この経典を聞きて、説の如く修行せば、ここにおいて命終《みょうじゅう》して、即ち安楽《あんらく》世界の阿弥陀仏の、大菩薩に囲《い》繞《にょう》せらるる住処に往《い》きて、蓮華の宝座の上に生《うま》れん」

阿弥陀仏は法華経において、二度登場されています。一度目は第七章・化城喩品、二度目はこの薬王菩薩本事品であります。化城喩品におきましては、三千塵点劫《じんでんごう》という遠い遠い昔、大《だい》通智勝《つうちしょう》如来の十六人の子（王子）の一人が西方の世界において阿弥陀仏となったことが説かれています。

本章のこの文章からは、「女人の往生《おうじょう》」が説かれていることが判ります。すなわち、女性がお釈迦さまの滅後、末世にこの法華経を聞いてその教えの如くに修行すれば、生命が尽きた後、偉大なる大菩薩に囲まれた阿弥陀仏ましま);す安楽世界に往くことができる、と示されているのです。

この文章で、私は二つの点で注目したいことがあるのです。

第一点は、「法華経を修行すれば」ということであります。「弥陀の名号《みょうごう》」を称《とな》えて往生するのではなく、法華経修行によって女人往生が可能となると明かされているのです。

第二点は、この娑婆《しゃば》世界での成仏ではない、ということであります。安楽世界に往って蓮華の中の宝座に生れん…とあります。日蓮聖人は他の世界へ往っての成仏ではなく、此土《しど》における成仏ということに主眼をおかれました。

建治二年（一二七六）七月二十一日、師であった故・道善房《どうぜんぼう》回向《えこう》のため認《したた》められた『報恩抄』（定遺一二四八頁）の末文には、

「極楽百年の修行は穢土《えど》の一日の功に及ばず」

とあります。この娑婆＝忍土《にんど》、穢《けが》れた世界で仏となる修行が最も大事であると訴えられているのです。それは本章を完全に否定するのではなく、如来寿量品のお釈迦さまましますこの娑婆世界での修行、成仏の方が重要だよと、『報恩抄』の「及ばず」ということで示されているのです。

——以上をもちまして、前世において一切衆生喜見菩薩として苦行し、誓願に生きた薬王菩薩を主人公とした薬王菩薩本事品を終え、次は、妙音菩薩の事跡が語られる第二十四章に入ります。

妙音菩薩品《みょうおんぼさつぽん》 第二十四

◆「三昧」がテーマの章

前章・薬王菩薩本事品では薬王菩薩の過去の物語、前生譚《ぜんしょうたん》について記しました。薬王菩薩本事品では、「苦行」をテーマとして語られてきましたが、本章では、「三昧《さんまい》」をテーマとして前生譚が綴《つづ》られていきます。

まず、お釈迦さまは冒頭で次のように述べられています。

「その時、釈迦牟尼《むに》仏は大人相《だいにんそう》の肉髻《にくけい》より光明を放ち、及び眉間《みけん》の白毫《びゃくごう》相より光を放ちて、遍《あまね》く東方百八万那由佗《なゆた》の恒河《ごうが》の沙《すな》に等しき諸仏の世界を照らしたもう。この数を過ぎ已《おわ》りて世界有り、浄光荘厳《じょうこうしょうごん》と名づく。その国に仏有《いま》して、浄華宿王智《じょうけしゅくおうち》如来・応供《おうぐ》・正偏知《しょうへんち》・明行足《みょうぎょうそく》・善逝《ぜんぜい》・世間《せけん》解《げ》・無上士《むじょうじ》・調御丈夫《じょうごじょうぶ》・天人師《てんにんし》・仏《ぶつ》・世尊《せそん》と号《なづ》けたてまつる」

法華経の序品と同じように、お釈迦さまは三十二相のひとつである眉間白毫相、両眉の間の毛環より光を放って東方の世界を照らし出されます。

そうしますと、東の東、遠い東の国に浄光荘厳世界、仏の浄《きよ》らかな光をもって周りを美しくしているという世界がありました。

その世界には、仏さまの徳を表す如来の十号を備えた浄華宿王智如来があり、そして三十四の身を現して人々の救済にあたる妙音菩薩があったのです。妙音菩薩は「現《げん》一《いっ》切《さい》色《しき》身《しん》三《ざん》昧《まい》」、その三昧は相手の機根《きこん》に応じ自由自在に姿を現わし、相手に適切な教えを説く力が備わる能力であります。妙音菩薩はその現一切色身三昧を得て、広く十方世界に法華経の布教にあたることが説かれるのです。

ところで何故、東方の世界であったのでしょうか。次章の観世音《かんぜおん》菩薩は西方《さいほう》の世界の菩薩で三十三の身を現して人々を救うと説かれます。東方と西方、それはどんな意味があるのでしょうか。

しばしば東は過去であり、西は未来という見方もあります。それは以前にも記しましたように仏教は農耕民族を基盤として生まれた宗教であります。つまり、お天道《てんとう》さまを大切にする、太陽に畏敬の念を抱きながら物事を考えていった民族から生まれた宗教であります。東から太陽が昇り、西へと没する、東は物事が始まり、西は物事が収まる、ということを象徴する方角でもあるのです。

この東と西ということは、妙音菩薩品と次の観世音菩薩普門品《ふもんぼん》でものの始めから終わりに至るまであらゆる姿、手段を通して全ての世界の人々を救う、救いたいという大慈悲心の表現と看取《かんしゅ》できるのです。

◆娑婆世界を軽んじてはならない

照らしだされた妙音菩薩は、浄華宿王智如来に、「娑婆《しゃば》世界へ往《い》って、お釈迦さまはじめさまざまな菩薩方に面奉《めんぶ》し供養したい」と申し出ます。すると、浄華宿王智如来は次のように娑婆世界の様相を語るのです。

「汝よ、彼《か》の国を軽《かろ》しめて下劣の想《おもい》を生ずることなかれ。善男子《ぜんなんし》よ。彼の娑婆世界は高下ありて平かならず土石《どしゃく》・諸山《しょせん》・穢悪《けがれ》充満せり。仏身は卑小にして、諸の菩薩衆もその形亦《また》、小なり。しかるに汝の身は四万二千由旬《ゆじゅん》なり。わが身は六百八十万由旬なり。汝の身は第一端正にして、百千万の福ありて光明殊妙《しゅみょう》なり。この故に汝、往きて彼の国を軽ろしめて、若しくは仏・菩薩及び国土に下劣の想を生ずることなかれ」

まず、注意を促《うなが》し、決して娑婆世界に住む人々を軽んじてはならない、といわれるのです。

さらに、娑婆世界の様相について次のように述べられるのです。

娑婆世界は、土地の高下があり、それは泥土からなり、石がゴロゴロしていて、汚いものが充満している。仏さまといっても、その身は小さく、菩薩の身も非常に小さい。それに比べ、あなた（妙音菩薩）の身は非常に大きく清浄で姿も立派である。だけど、そういう方々を決してバカにしてはならないと念を押されるのです。

この娑婆世界の情景、蔑《ないがし》ろにしてはならな

いとの言には、とても大切な意が含まれているのです。法華経第十五章・従地涌出品《じゅうじゆじゅっぽん》でも記しましたが、娑婆世界にいらっしゃる上行《じょうぎょう》菩薩を首《はじ》めとする地涌の菩薩方と多宝《たほう》塔とは、地の底から涌き出ました。

大空ではなく地からということは、大変な力、基礎体力を有しなければその存在はない、活きた世の中の苦しみや悩み、出来事を通りぬけて真実に到達された方々ばかりであるが故に、ボロボロになっていらっしゃる、そのような尊い方々を決して疎《おろそ》かにしてはならないと厳命されたのです。

◆妙音菩薩の三十四身

妙音菩薩は素晴らしい智慧を備え、さまざまな三昧に入っている方でありますから、神通力で座を立たずに空間移動をされ、お釈迦さまが法華経を説法されている霊鷲山《りょうじゅせん》に姿を現し、次のような素晴らしい蓮華を生じさせたのです。

「八万四千の衆宝《しゅほう》の蓮華を化作《けさ》せり。閻浮《えんぶ》檀金《だごん》を茎となし、白銀を葉となし、金剛《こんごう》を鬚《しべ》となし、甄叔迦宝《けんしゅくかほう》を以ってその台となせり」

お釈迦さまの法座に八万四千の蓮華が現れ、それらの蓮華は黄金を茎とし、白銀の葉をもち、金剛という宝石を華とし、キンシュカ（甄叔迦）というルビーのような宝石をその台としていたのです。

これを見た文殊師利菩薩は、今まで見たこともないあでやかな蓮華の登場に驚き、このような蓮華を出現させるお方とはどのような人物なのかという疑念を起こすのです。

そこで妙音菩薩は、お釈迦さまのもとに呼びよせられ多宝如来、文殊師利菩薩にお会いすることになります。そうしますと、華徳《けとく》菩薩という方がお釈迦さまに、「妙音菩薩がこんな立派な菩薩になられたもとは一体何なのですか」と問うのです。

そこでお釈迦さまは、「これは現世だけの出来事ではありません。遠い過去世において積んだ功徳によるものです」と述べて妙音菩薩の前生譚が語られるのです。

妙音菩薩はかつて一万二千年にわたって雲雷《うんらい》音王《おんのう》仏という仏に仕《つか》えた功徳によって浄華宿王智如来のまします国に生まれてこのような神通力を兼ね備えたと答え、多くの仏さま方のもとで徳を積み、さまざまな身、三十四身を現じて一切衆生のために法華経を説いてきたことを明かされるのです。つまり、

①梵王《ぼんのう》（ブラフマン、娑婆世界の統領神）
②帝釈《たいしゃく》（須弥山《しゅみせん》上にあって世界を支配する神）
③・④自在天《じざいてん》・大自在天（天上界の神）
⑤天大将軍（天上界の大将軍、武士）
⑥毘沙門天王《びしゃもんてんのう》（帝釈天のもとに属す神）
⑦転輪聖王《てんりんじょうおう》（天竺《てんじく》＝インドの理想的統一者）
⑧諸小王（小さな国の王）
⑨長者（お金のある人）
⑩居士《こじ》（社会的に地位のある人）
⑪宰官《さいかん》（高級官僚）
⑫婆羅門《ばらもん》（司祭者、修行者）
⑬・⑭比丘《びく》・比丘尼《に》（出家の男性・女性）
⑮・⑯優婆塞《うばそく》・優婆夷《うばい》（在家の男性・女性）
⑰・⑱・⑲・⑳長者・居士・宰官・婆羅門

の婦女《ぶにょ》（お金のある人、社会的に地位のある人、高級官僚、司祭者・修行者の夫人）

㉑・㉒童男《どうなん》・童女《にょ》（歳の若い男性・女性）

この他、天・龍・夜叉《やしゃ》・乾闥婆《けんだつば》・阿修羅《あしゅら》・迦《か》楼羅《るら》・緊那羅《きんなら》・摩睺羅伽《まごらが》というような天上界あるいは海中を潜ったり、空中を飛んだりするものにも、あるいは地獄・餓鬼・畜生という難所にも、また、王の宮殿では女身にもなる、というのです。

このようにどんな境遇にある人にも、どんなことをしてでも人を救うために力を尽くすということを三十四身で表しているのです。そして、このように変現できるのは、現一切色身三昧の力であると華徳菩薩に告げられるのです。

――以上、本章では東方遥かなる世界に住した妙音菩薩が、娑婆世界に来たりて法華経を聴聞した様子が述べられ、大宇宙規模でその存在が語られているのです。

観世音菩薩普門品《かんぜおんぼさつふもんぼん》　第二十五

◆世の苦しみを観る菩薩

いよいよ法華経八巻中の最後、大トリとなります第八の巻に入ります。その一番最初にありますのが第二十五章・観世音菩薩普門品でありますｌ。殊に本章にありまして、「観音偈《げ》」の偈文は「観音経」として古《いにしえ》より数多くの方に親しまれてきたお経でもあります。

観世音菩薩の「観世音」とは、サンスクリット語で「アヴァローキテーシュヴァラ」で光世《こうぜ》音《おん》菩薩・観自在《かんじざい》菩薩・観世自在菩薩とも訳され、「遍《あまね》く自由自在に観《み》る」という意になり、世の中の音、世の人々の苦しみを観るということであります。

「観」という字は、「雚」と「見」からできています。「雚」は鶏冠《とさか》が赤く非常に眼の良いオオトリのことをいいます。そのようなオオトリがよく見ることを「観」、深く思慮して見ることをいうのです。また、「世音」とは、世の中の音、人々の苦しみの音と解釈できます。従いまして、観世音菩薩は世の人々の苦を良く観察するという意になります。

観音さまは仏教を代表する菩薩であり、観音信仰として大衆から支持された信仰対象ともいえましょう。お寺に行きますと、宗派を問わず、「水子《みずこ》観音」「千手《せんじゅ》観音」「馬頭《ばとう》観音」「聖《しょう》観音」といった観音さまがお祀りされています。そのルーツのひとつはどうやら中国にあるようです。

玄奘三蔵《げんじょうさんぞう》の『大唐西域記《だいとうさいいきき》』には、シルクロードの各地に観世音菩薩の供養塔が存在したと記され、東晋《とうしん》の時代（三一七〜四二〇）から観世音菩薩への信仰が盛んになり、現在でも浙江《せっこう》省舟山《しょうしゅうざん》諸島にある普陀落《ふだらく》山（普陀山）は観音霊場として多くの信仰を集めています。

観世音菩薩（インド・アジャンター第一窟）

日本では、奈良・法隆寺の百済《くだら》観音、長谷寺《はせでら》の十一面観音、京都・三十三間《げん》堂の千手観音、東京・浅草寺の観音さま、名古屋の大須《おおす》観音、霊場巡りとして西国《さいごく》三十三観音霊場（岐阜・滋賀・奈良・和歌山・京都・大阪。兵庫の二府五県にまたがる）・坂東《ばんどう》三十三観音霊場（群馬・埼玉・栃木・茨城・千葉・神奈川・東京の一都六県にまたがる）・秩父《ちちぶ》（埼玉県のみ）三十四霊場の百観音霊場が有名であります。

この外にも浄瑠璃《じょうるり》・歌舞伎の『壷坂霊験《つぼさかれいげん》記《き》』や『西遊記』など、日本や中国では観音さまが幾度も登場しているのです。

昨年の五月、ある日蓮宗のお寺に用があり京都に行きました時、帰る時間に余裕がありましたので太秦《うずまさ》の広隆寺を尋ねました。二十年ぶりであの「弥勒《みろく》菩薩」のご尊顔を拝そうと訪れたのでした。

そこには確かに、仏像彫刻人気ナンバーワンといわれる清楚で慈悲に溢れた面立ちの弥勒菩薩が静かに座っていらっしゃいました。そして、堂内の反対側には、千手観音立像（国宝）はじめさまざまな観音さまが鎮座ましまし、慈しみの眼で見入られている、観音さまと共にあるような心もちになってしまったのです。観音さまの持ち合わせている母性が私の心奥まで至り、共にある世界を私は実感してしまったのです。

◆さまざまな難を救う

まず、冒頭で無尽意《むじんに》菩薩という方（尽きることない意志を持つ者という意）がお釈迦さまに向かい、

「世尊《せそん》よ、観世音菩薩は何の因縁を以って観世音と名づくるや」

「お釈迦さま、どういう由来で観世音というのでしょうか」と疑問をなげかけられるのです。

この質問に対し、お釈迦さまは次のように語られているのです。

この世において、幾千万という人々が苦悩を嘗《な》めていようとも「観世音菩薩」という名を聞いたなら、彼らは全ての苦悩から解き放たれましょう。その名を心にとどめている人々は、た

とえ、大火の中にあってもその威光によって救われるでありましょう。また、人が河に流されることがあってもその名を大声で叫ぶならば、すぐに浅瀬が見つかるでありましょう。また、幾千万という人々が金銀や宝石などを積んで大海を渡っている時に季節風に流されて羅刹《らせつ》（人を食らうという悪鬼）の島に漂着したとしても、その名を大声で叫ぶならば難《なん》を逃れることができましょう。

さらに具体的な事例を次のように続けられていくのです。

「若《も》し復《また》、人有りて当《まさ》に害せらるべきに臨《のぞ》みて、観世音菩薩の名を称《とな》えば、彼《か》の執る所の刀杖《とうじょう》は、尋《にわか》に段段に壊《お》れて、解脱《まぬが》ることを得ん。若し三千大千国土に、中に満つる夜叉・羅刹、来《きた》りて人を悩まさんと欲《す》るに、その、観世音菩薩の名を称うるを聞かば、この諸の悪鬼は尚《なお》、悪眼《あくげん》をもって之《これ》を視ることすら能《あた》わず、況《いわ》んや復、害を加えんや。

設《たと》い復、人ありて、若しくは罪あるにもあれ、若しくは罪無きにもあれ、杻械《かせ》・枷鎖《くさり》にその身を検《とじこ》め繋《つな》がれんに、観世音菩薩の名を称えば、皆悉《ことごと》く断壊《だんね》して即ち解脱《まぬが》ることを得ん」

もし、ある人が処刑されようとした時に、観世音菩薩の名を大声で叫ぶならば、処刑人たちの刀は折れ砕けましょう。

この一節は、もちろん「観音偈」にも「刀尋《とうじん》段段壊《だんだんね》」（刀は尋《にわか》に段段に壊《おれ》なん）とありますが、日蓮聖人に関わる伝記が語られる「高座《こうざ》説教」の中の、ある場面を思い出してしまうのです。

江戸時代中頃からはじまりました日蓮宗の高座説教で「繰《く》り弁」という一種独特の語り方が披露されます。その中に、文永八年（一二七一）九月十二日に日蓮聖人が逮捕され、処刑されそうになるという場面「文八」という繰り弁に「土壇場《どたんば》の弁」という話があるのです。太刀《たち》取り役の依智三郎直重《えちさぶろうなおしげ》が蛇胴丸《じゃどうまる》という刀を振り落とそうとしますと、江ノ島の南東より南西に光りものが走り、刀は見事三つに折れてしまうという語りであります。この時、日蓮聖人は観世音菩薩の名は唱えられませんが、確か「観音偈」の「刀尋段段壊」の文章が語られたように記憶しています。

本文に戻りますと、次には以下のような文章が記されています。

もしこの三千大千世界に夜叉や羅刹といった悪鬼が充満することがあろうとも、観世音菩薩の名を聞けば凶悪な彼らは、私たちを悪意の眼差しで見ることはなく、危害を加えることもないでありましょう。

また、罪がある場合、ない場合にしても、誰かが木製・鉄製の足かせ、罠、鎖で繋がれるようなことがありましても、観世音菩薩の名を聞けば直ちにそれらは解けてしまうでありましょう。

このように、具体的な事例をあげて観世音菩薩の偉大なる救いの情景が語られているのです。

観音さまの中にありまして、千手観音、あるいは十一面観音という観音さまは、それぞれ千の手、十一の顔を持っていらっしゃいます。千という数多くの手であらゆる人々を救いに導き入れる、四方八方、十方、否、十一方に向かって人々を見守っていらっしゃる、「千手」や「十一面」という表現は全ての人々を救うことをいったものであり、救いの具体性を表したものと解せましょう。

◆阿弥陀仏との関係について

観世音菩薩は、法華経におきまして序章（法華経の会座《えざ》に連なる）とこの二十五章に登場されますが、観無量寿《かんむりょうじゅ》経などには弥陀三尊《みださんぞん》、阿弥陀如来の脇士《わきじ》の菩薩（観音菩薩は左方にあって慈悲を表し、勢至《せいし》菩薩は右方にあって智慧を表すといわれる）として有名な方でもあります。

それでは、日蓮聖人の観世音菩薩に対してのお考えはどのようなものであったのでしょうか。その根本的なお考えは、法華経、お題目の信仰に裏付けされた観世音菩薩の存在でなければならないとされたことにありましょう。

建治三年（一二七七）六月、日蓮聖人が弟子・日永《にちえい》に替わって筆を執り、日永の父・下山兵《しもやまひょう》庫《ご》五郎《ごろう》に宛てた『下山御消息《ごしょうそく》』には、観世音菩薩につきまして次のような見解を述べられています。

「阿弥陀仏の一二の弟子、観音・勢至等は阿弥陀仏の塩梅《あんばい》也、双翼也、左右臣也、両目の如し。然《しか》るに極楽世界よりはるばると御共し奉りたりしが、無量義経の時、仏の阿弥陀経等の四十八願等は未顕真実《みけんしんじつ》、乃至法華経にて一名阿弥陀と名をあげて此等の法門は真実ならずと説給しかば、実とも覚へざりしに、阿弥陀仏正く来て合点し給しをうち見て、さては我等が念仏者等を九品《くほん》の浄土へ来迎の蓮台と合掌の印とは虚しかりけりと聞定て、さては我等も本土に還て何かせんとて、八万二万の菩薩のうちに入、或は観音品に遊於娑婆世界と申て、此土の法華経の行者を守護せんとねんごろに申せしかば、日本国より近き一閻浮提《えんぶだい》の内、南方補陀落山と申小所を釈迦仏より給て宿所と定給ふ」（定遺一三三七頁）

観世音菩薩は、勢至菩薩と共に西方浄土に住する阿弥陀仏の脇士でありました。しかし、お釈迦さまの法華経の説法を聴聞して極楽浄土にある阿弥陀仏の教えが「未顕真実」（未だ真実を顕《あらわ》していない）という事実を知り、観世音菩薩は阿弥陀仏を捨て、この土、娑婆世界において法華経の行者の守護を誓われたのです。その結果、お釈迦さまから補陀落山を住所と定められたとされているのです。

法華経においては、この娑婆世界で法華経を行ずる者の守護の菩薩として存在する、と日蓮聖人は明かされているのです。

さらに、『報恩抄』（定遺一二四一頁）においては、お題目に比べれば、阿弥陀仏の用も、観世音菩薩の用も悉く失われているようなものであり、全ての用はお題目に集約されると示されているのです。

◆観世音菩薩の三十三身

もし、隊商があって途方もない宝物をもって旅をする時、その道中に悪漢とか、盗賊とか武器を持つ者が充満してもその名（観世音菩薩）を一緒に唱えれば、恐怖から逃れるでありましょう。

愛欲に耽る者、憎悪に狂う者、愚かな振る舞いをする者たちが観世音菩薩を崇め敬えば、愛欲の心はなくなり、憎悪の心は消え、愚かな振る舞いはなくなるのであります。

また、男子を欲しがる女性、娘を欲しがる女性が観世音菩薩を崇め敬えば、容姿端麗で優雅な男子、容姿うるわしく人々に愛される娘を授かることができるでありましょう。

このように観世音菩薩の名を受持し、恭敬し、礼拝する功徳は計り知れない…とお釈迦さまは述べられるのです。

これに対し、無尽意菩薩はお釈迦さまに向けて、次のような疑問を投げかけられるのです

「世尊よ。観世音菩薩は、云何《いか》にしてこの娑婆世界に遊ぶや。云何にして衆生のために法を説くや。方便の力、その事云何ん」

ここにあります「遊」は、どんなところにも自由自在に行っていたるところで教えを説くという意であります。どうして観世音菩薩はこの娑婆世界で自由自在に仏法を説くことができるのですか。また、その巧妙な手段はどのようなものなのでしょうか…と無尽意菩薩は問うのです。

この疑問に対してお釈迦さまは、次のように応えられていくのです。

「善男子よ、若し国土ありて、衆生の、応《まさ》に仏の身を以って度《すく》うことを得べき者には、観世音菩薩は即ち仏の身を現して、為に法を説くなり」

これより、相手の能力に応じ、次に記します三十三の姿に変じ教化・救済するといわれるのです。

その姿とは、三十三身、すなわち、

①**仏身**（仏さまの姿）

②**辟支仏**《ひゃくしぶつ》**身**（縁覚の位にある求道者）

③**声聞**《しょうもん》**身**（声聞の位にある求道者）

この①・②・③を三種聖身《さんしゅしょうしん》といい、三種の尊い身ということになりましょうか。前章の妙音菩薩の三十四身にはなかったことから、どちらかといえば、観世音菩薩の方が高貴な菩薩という意を含んでいるとも考えられましょう。

④**梵王身**（梵天王のことで、娑婆世界を統一する天上界の統領神）

⑤**帝釈身**（須弥山上にあって世界を支配する神）

⑥**自在天身**（天上界の神）

⑦**大自在天身**（天上界の神）

⑧**天大将軍身**（天上界の大将軍、武士）

⑨**毘沙門身**（帝釈天のもとに属す神）

④から⑨までを六種天身《ろくしゅてんしん》といい、天上界に住む六種の神々のことをいうのです。

⑩**小王身**（小さな国の王）

⑪**長者身**（お金のある富裕者）

⑫**居士身**（社会的に地位のある人）

⑬**宰官身**（高級官僚）

⑭**婆羅門身**（司祭者・修行者）

⑩から⑭までを五種人身《ごしゅにんしん》、すなわち人間界における五類型のありさまをいうのです。

⑮**比丘身**（出家の男性）

⑯**比丘尼身**（出家の女性）

⑰**優婆塞身**（在家の男性）

⑱**優婆夷身**（在家の女性）

⑮から⑱までを四衆身《ししゅしん》、すなわち出家・在家の仏教徒のことをいいます。

⑲**長者婦女身**（お金のある富裕者の婦人）

⑳居士婦女身（社会的に地位のある人の婦人）
㉑宰官婦女身（高級官僚の婦人）
㉒婆羅門婦女身（司祭者・修行者の婦人）
⑲から㉒までを婦女身、すなわち⑪〜⑭の夫人のことをいいます。
㉓童男身（歳の若い男性）
㉔童女身（歳の若い女性）
㉓・㉔は二童身、すなわち男女の児童です。
㉕天身（天上界の者）
㉖龍身（龍神）
㉗夜叉身
㉘乾闥婆身
㉙阿修羅身
㉚迦楼羅身
㉛緊那羅身
㉜摩睺羅伽身

㉕から㉜までの者のことを八部衆《はちぶしゅ》といい、人の形をしていても人ではない者をいうのです。要するに大空にあったり、地上にいたり、海中にいたり、とさまざまな形をしてこの世に住んでいる者をいうのです。彼らは最初、バラモン教の邪神でありましたが、法華経の説法の座に連なってからは仏法守護の神々となったのです。

㉝執金剛身《しゅうこんごう》（天上界の神々を護る力士）であります。

以上、譬えは悪いのですが、明智小五郎探偵率いる少年探偵団と対決する怪人二十面相のように変幻自在に三十三変身されるのです。それにしましても、あの頃の少年・少女向けのものには夢やロマンがありました。

◆多くの人に親しまれている観音偈

普門品の偈文、「観音偈」（あるいは普門偈、世尊偈ともいう）として数多くの方に親しまれている文章へ入ることにします。もちろん、前にも記しましたように長行《じょうごう》（散文の長い文章）の中にあった内容がこの偈文に繰り返し表現されるのです。

それは偈文の冒頭部からもいえます。

「世尊は妙相《みょうそう》を具《そな》えさせたまえり　われ今、重ねて彼を問いたてまつる　『仏子《ぶっし》は何の因縁にて　名づけて観世音となすや』と。妙相を具足したまえる尊は偈をもって無尽意に答えたもう」

という言葉で始まっています。

ここにあります「妙相」とは、仏さまの妙なる相好《そうこう》、眉間白毫《びゃくごう》・螺髪《らほつ》などの仏が備える三十二相のことをいい、お釈迦さまも妙なる相好を備えていらっしゃると賛辞の語からはじまるのです。そして、無尽意菩薩の疑問に応える形で進められていくのです。

ここに、「仏子」とあります。この語を私は重要視したいのです。私たちお釈迦さまの教えを信心するものは全て仏の子でありますが、観世音菩薩もはじめは私たちと同じ凡夫であり、その方がさまざまな徳を備えて今があるという意を含んでいると考えるからであります。観音偈には、名句が綴《つづ》られています。その語から採って誕生した子の名としたり、ペンネームとしたりすることも多々あるようです。

昭和五十一年、鹿児島で五つ子ちゃんが誕生したことが大きな話題となりました。その時の名付け親となったのが京都清水寺貫首《かんす》・大西良慶《りょうけい》師でありました。大西貫首は観音偈から一文字を選び五人のうちの四人の名としたといいます。

歴史小説を数多く世に送った海音寺《かいおんじ》潮五郎《ちょうごろう》さん、彼は上田敏《びん》の訳詩集『海潮音《かいちょうおん》』の影響を受けてペンネームとしたといわれていますが、私は上田詩集のタイトルそのものが観音偈にある「梵音《ぼんのん》海潮音」に通じると考えているのです。

また、前に一度触れた方ですが、大谷大学で教鞭を執られた涅槃経・法華経研究の権威、横《おう》超慧日《ちょうえにち》先生の「慧日」は方便品第二とこの観音偈の「慧日破諸闇《はしょあん》」にあるのです。その意は、智慧の光が太陽の如く輝き闇を照らすというものなのです。

このように観音偈には珠玉の語句が散りばめられ、また、読みますとまことにリズミカルで勇気がわいてくるような気分となってしまいます。

◆観世音菩薩の誓い

さらに偈文の内容を見ていくことにしましょう。

「汝よ、観音の行《ぎょう》の　善く諸《もろもろ》の方所《ほうしょ》に応《おう》ずるを聴け。弘《おおいなる》誓《ちかい》の深きこと海の如く　劫を歴《ふ》るとも思議しえざらん。多千億の仏に侍《つか》えて　大清浄の願を発《おこ》せり。われ汝が為《た》めに略して説かん　名《みな》を聞き及び身を見て　心に念じて空しく過《すご》さざれば　能《よ》く諸有苦《あらゆるく》を滅せん」

まず、観世音菩薩が積んだ修行の内容を聴くことだ、とお釈迦さまはいわれるのです。

観世音菩薩はどんな人々をも救うという心持ちから修行をはじめられた、誓いを立てることから開始されたというのです。その誓いを「弘《ぐ》誓《せい》」といいます。弘誓とは、**「四弘誓願《しぐせいがん》」**のことです。それは、

・**衆生無辺誓願度《しゅじょうむへんせいがんど》**
・**煩悩無数誓願断《ぼんのうむしゅせいがんだん》**
・**法門無尽誓願知《ほうもんむじんせいがんち》**
・**仏道無上誓願成《ぶつどうむじょうせいがんじょう》**

の四句で、大乗仏教を修行する者は必ずこの四項目の誓願を立てなければならないのです。

・「限りなく衆生を救いたいという願をおこす」
・「限りない煩悩を断ち切るという願をおこす」
・「限りない法門を知り尽そうという願をおこす」
・「限りなく無上の仏道を行じ成就しようとする願をおこす」

この四つの願をおこす思いは、海のように深いとあります。誓願の心持ちが非常に深いという意味であるのです。

そして、「劫を歴《ふ》るとも」ともあります。それは心持ちが堅固である、途轍《とてつ》もなく長い時間をかけても誓願への不動の大決心をたもっているということなのです。

誓願はお釈迦さまに仕《つか》えてから初めておこしたのではなく、幾世にもわたり数え切れない仏のもとで修行し仕え、この大清浄の願をおこしたというのです。

そして私たちは、

・聞名《もんみょう》…観世音菩薩の名を聞く
・見身《けんしん》…観世音菩薩の身を見る
・心念《しんねん》…観世音菩薩を心に念じる

ということに一所懸命に努めれば、観世音菩薩の積まれた徳用《とくゆう》（徳のはたらき）によって、あらゆる苦悩を滅することができるといわれるのです。

観世音菩薩の徳用を受ける具体例は長行にもありましたが、この偈文においても示されていきます。その最初にありますのが、

「仮使《たとい》、害《そこの》う意《こころ》を興して　大いなる火坑《かきょう》に
推し落さんも　彼《か》の観音の力を念ぜば
火坑は変じて　池と成《な》らん」

という文章であります．ある者が火の燃え盛る穴に突き落としたとしても、観世音菩薩を念ずればその穴は変じて池となるとあります。

「念彼観音力《ねんぴかんのんりき》」（彼の観音の力を念ぜば）という語句が、これより十二度登場し、その徳用について語られていくのです。つまり、前述の火《か》難《なん》、そして

・水《すい》難（波にさらわれることがない）
・須弥《しゅみ》難（須弥山から突き落とされようとしても太陽のように空中に止まる）
・堕金剛山《だこんごうせん》難（悪人に追われて金剛山から突き落とされても傷つくことがない）
・怨賊《おんぞく》難（盗賊に囲まれて危害を加えられようとしても彼らに善心が生ずる）
・刀杖《とうじょう》難（刑場で斬首にされようとも刀が折れてしまう）
・枷鎖《かさ》難（鎖につながれた時も解き放たれる）
・呪詛毒薬《しゅそどくやく》難（呪いや毒薬によって生命を奪われそうな時、逆にそれを計画した者がその苦

を受ける）

・**羅刹難**（悪羅刹や毒龍に襲われた時、その難から逃れられる）

・**悪獣囲繞難**《あくじゅういにょう》（虎やオオカミなどの獣が襲ってきても遠くへ逃げてしまう）

・**蚖蛇蝮蠍難**《がんじゃぶくかつ》（毒蛇や毒虫などが襲ってきても逃げてしまう）

・**雲雷雹雨難**《うんらいひょうう》（雷雨、ヒョウや大雨が降ってもそれらの害をうけることはない）

という観世音菩薩の衆生済度《さいど》・加護の願によって難を回避することが列挙されるのです。

◆大慈悲による救済の世界

この後の偈文には、観世音菩薩を賛辞する美しい言葉が数多く並べられています。

そしてさらに、念を押すように、

「諍訟《あらそい》して官処《やくしょ》を経《へ》　軍陣の中に怖畏《おそ》れんに　彼の観音の力を念ぜば　衆《もろもろ》の怨《あだ》は悉く退散せん」

諍訟（訴訟）や戦がおこって恐ろしい目に遭おうとしても「念彼観音力」によって敵はみな退散してしまうでありましょう、と記されています。

かくして本章のタイトルに「観世音菩薩普門品」とありますように、観世音菩薩がその徳用によってあまねく全ての人々を門に入れる、観世音菩薩の大慈悲の誓願の中に私たちをつつみ込む、救済の世界へ取り込むということになるのです。

陀羅尼品《だらにほん》 第二十六

南無妙法蓮華経

◆陀羅尼とは何か

法華経の第二十六章・陀羅尼品に入ります。陀羅尼品の陀羅尼とは、サンスクリット語の「ダーラニー」のことで、「呪文」といわれたり、あるいは「総持《そうじ》」と訳されています。つまり、呪文を説いて法華経を受持《じゅじ》する人々を守護することがしめされ、また総持という意は、よく善い心を常に起こし悪い心持ちを起こさないということであります。

私たち日蓮宗の僧侶は地鎮祭《じちんさい》・厄除《やくよ》け・方位除けなどの御祈祷《ごきとう》をする時、この陀羅尼品あるいは「五番神呪《ごばんじんしゅ》」といわれる真言《しんごん》を読誦《どくじゅ》します。木鉦《もくしょう》で中拍子、本拍子という早く心地よいリズムに合わせ、神呪を、「デバイデバイデンバラバイ…」というように唱えます。

読者の皆さんの中には、千葉県市川市にある日蓮宗大本山中山《なかやま》法華経寺で毎年十一月一日より寒壱百日間《かんいっぴゃくにちかん》の大荒行を修了した僧侶（修法師《しゅほっし》といいます）が、木剣《ぼっけん》という仏具を「カチカチ」と打ちならしながら御祈祷する姿を見られたことがあるのではないでしょうか。

◆五番神呪とは

それでは第二十六章・陀羅尼品の本文に入ることにしましょう。まず冒頭で、薬王菩薩が礼をつくしてお釈迦さまに向かって、次のように尋ねます。他方の世界から来た薬王菩薩は第二十三章で苦行の代表者として登場された方でもあります。

「その時、薬王菩薩は即ち座より起《た》ちて、偏《ひと》えに右の肩を袒《あらわ》し合掌し、仏に向いたてまつりて、仏に白《もう》して言《のたま》わく『世尊《せそん》よ、若し善男子《ぜんなんし》・善女人《ぜんにょにん》の、能《よ》く法華経を受持する者ありて、若しくは読誦して通利《よくさと》り、若しくは経巻を書写せば、幾所《いくばく》の福を得るや』と」

右肩をあらわにし、薬王菩薩がお釈迦さまに畏敬の態度をとりながら、

「お釈迦さま、善き男性と女性が法華経を受け持ち、読誦する、ただの読誦ではなくその中味をよく理解してというのが通利ということであります、そして書写する、この書写もよく理解してということで、これらの功徳は如何ばかりのものなのでしょうか」

と改めて尋ねるのです。

これに対し、お釈迦さまは、

「若し善男子・善女人にして、能くこの経において、乃至《ないし》、一の四句偈《しくげ》をも受持し、読誦し、義を解《さと》り、説《おしえ》の如く修行せば、功徳甚《はなは》だ多し」

と応えられます。四詩節からなる一詩偈でも心にとどめて受け持《たも》ち、読誦し、深く理解すれば

多くの功徳を得ることができましょう、と。

そうしますと、薬王菩薩はお釈迦さまに次のような陀羅尼呪を、法華経を身につけ、護持する人々を防衛し庇護《ひご》するために贈りましょう、と告げます。

前に記しました五番神呪とは、すなわち次にあげます方々が法華経を布教しようとする人を守護せんとの誓いをそれぞれ立てられ、その結果説かれた五種類の陀羅尼呪のことをいうのです。

その方々とは、

①薬王菩薩
②勇施《ゆうぜ》菩薩
③毘沙門天王《びしゃもんてんのう》
④持国天王《じこく》
⑤十羅刹女《らせつにょ》・鬼子母神《きしもじん》

であり、①と②を二聖《しょう》、③と④を二天といいます。

陀羅尼呪とは、先ほど記しましたように「総持」と訳されます。それを口に唱えることを呪といいます。口に陀羅尼を唱えれば、耳に響きます。耳に響けばそれが知らず知らずのうちに心へ深く入っていきます。ただ道理だけを弁《わきま》えているだけではなく、いつも口に誦《じゅ》することによって、心と身に付け、善い心を起こし悪い心をなくしていく、このことがとても大切なのであります。

◆薬王菩薩の神呪

「安爾／曼爾／摩禰／摩摩禰／旨隷／遮梨第／賒咩／賒履多瑋／羶帝／目帝／目多履／沙履／阿瑋沙履／桑履／沙履／叉裔

／阿叉裔／阿耆膩／羶帝／賖履／陀羅尼／阿盧伽婆娑簸蔗毘叉膩／禰毘剃／阿便哆邏禰履剃／阿亶哆波隷輸地／漚究隷／牟究隷／阿羅隷／波羅隷／首迦差／阿三磨三履／仏駄毘吉利袟帝／達磨波利差帝／僧伽涅瞿沙禰／婆舎婆舎輸地／曼哆邏／曼哆邏叉夜多／郵楼哆郵楼哆／憍舎略／悪叉邏／悪叉冶多冶／阿婆盧／阿摩若那多夜」

これをカタカナで綴り、その意を（　）の中に記してみますと次のようになります。

「アニ（奇異）マニ（所思）マネ（意念）ママネイ（無意）シレイ（永久）シャリテイ（所行奉修）シャミヤ（寂然）シャビタイ（澹泊）センテイ（志黙）モクテイ（解脱）モクタビ（済度）シャビ（平等）アイシャビ（無邪）ソウビ（安和）シャビ（普平）シャエイ（滅尽）アシャエイ（無尽）アギニ（莫脱）センテイ（玄黙）シャビ（澹然）ダラニ（総持）アロキャバサイハシャビシャニ（観察）ネイビテイ（光耀）アベンタラネビテイ（恃枯）アタンダハレイシュタイ（究竟清浄）ウクレ（無有坑坎）ムクレイ（亦無高下）アラレイ（無有廻旋）ハラレイ（所周旋処）シュギャシ（其目清浄）アサンマサンビ（等無所等）ボッダビキリジリテイ（覚已越度）ダルマハリシテイ（而察於法）ソウギャチリクシャネイ（合衆）バシャバシャシュタイ（無音）マンタラ（所説鮮明）マンタラシャヤタ（而懐止足）ウロタ（尽除節限）ウロタキョウシャリヤ（宣暢音響）アシャラ（暁了衆声）アシャヤタヤ（而了文字）アバロ（無有窮尽）

アマニャ（永無有力勢）ナタヤ（無所思念）」

これらの神呪を早く読みますと、舌を噛み切りそうになってしまいますね。

薬王菩薩が語った陀羅尼の文句の数は、四十三になります。この四十三の文句の文字だけを読んだり、誦《じゅ》しているだけでは、何のことが書いてあるのか、その内容はさっぱり解かりません。陀羅尼の文字は音写でありますから、表現された漢字には意味がありません。カタカナで示しましたサンスクリット語に本来の意味が含まれているのです。

ここで全ての文句の意味を解説するスペースがございませんので、次の三句の神呪についてみていくことにしましょう。どうやら神呪の一つ一つに深い意があるようです。

「安爾《アニ》」とは、「奇異」と訳されています。不思議な出来事、珍しい事柄という意になりましょうか。信仰を持つには不思議なる念を抱かなければならないのです。人生は決して一たす一は二、というようなことにはなりません。計算できない不思議を実感し、実に有り難いことだという心持ちを起こすことが大切なのです。それが信仰生活の原点であるのです。それを「安爾」というのです。

「曼爾《マニ》」とは、「所思《しょし》」と訳されています。思う所という意になりましょうか。自分自身の心の奥底で求めるところのことをいうのです。そのところがお釈迦さまの教えと一致することであれば、何よりも尊いことであるのです。私たちが思う所とお釈迦さまが思う所と一致する。それが「曼爾」なのです。

「摩禰《マネ》」とは「意念《いねん》」と訳されています。意は心、念は繰り返し繰り返し思うことをいいます。本当に有り難いことであるならば、繰り返し思う、それを幾度も行っているうちにお釈迦さまの教えが心中深くへと浸み込んでいくのです。

以上、三句の神呪についてみてきましたが、それぞれに深甚《じんじん》な意味があることが解りました。繰り返しこれらの神呪を唱え、心奥深く刻み込むことで不思議な守護の力を頂戴することになるのであります。

◆勇施菩薩の神呪

五番神呪の二番目、勇施菩薩の神呪について見ていくことにしましょう。

薬王菩薩の次には勇施菩薩が神呪を唱えることが記されています。勇施菩薩は、法華経の序章にも登場され、全ての人々に仏法という宝を布施する力を惜しまないので「勇施」という名がつけられたといわれています。

「その時、勇施菩薩は仏に白《もう》して言《のたま》わく

『世尊よ、われも亦《また》、法華経を読誦し受持する者を擁護《まも》らんがために、陀羅尼を説かん。若しこの法師にして、この陀羅尼を得ば、若しくは夜叉《やしゃ》にても、若しくは羅刹にても、若しくは富単那《ふたんな》にても、若しくは吉蔗《きっしゃ》にても、若しくは鳩槃荼《くばんだ》にても、若しくは餓鬼等にても、その短《あやまち》を伺《うかが》い求むるとも、能く便《よすが》を得ること無けん』と」

勇施菩薩は、お釈迦さまに向かい法華経を弘《ひろ》める者に陀羅尼を説き、その神呪を体得すれば、地上や空中に住んで悪事を働く夜叉、粗暴な羅刹、熱病で人々を悩ます富単那、邪悪な吉蔗、凶悪な鳩槃荼、飢餓と渇きで悩ます餓鬼などから逃れることができると説くのです。

その神呪とは、

「痤隷／摩訶痤隷／郁枳／目枳／阿隷／阿羅婆第／涅隷第／涅隷多婆第／伊緻柅／韋緻抳／旨緻柅／涅隷墀柅／涅犁墀婆底」

この神呪はわずか十三句しかありません。それらを薬王菩薩の陀羅尼と同じようにカタカナで綴《つづ》り、その意を（　）の中に記してみましょう。

「ザレ（晃耀）マカザレ（大明）ウッキ（炎光）モッキ（演暉　ひかりを演《の》べる）アレ（須らく来るべし）アラハテ（富章　美しさに富む）ネレテ（悦喜）ネレタハテ（悦喜の状態が続く）イチニ（住止）イチニ（制を立てる）シチニ（永住）ネレチニ（合することなし）ネリチハチ（無集）」

十三句の神呪ですから、さらに詳しくその意味について見ていきますと、次のようになります。

「痤隷《ザレ》」とは、「晃耀」と訳されます。太陽が自ら周囲を照らしていく有様をいうのです。お釈迦さまの尊い教えは、太陽の如くおのずから周囲を照らして明るくしていくということです。

「摩訶痤隷《マカザレ》」とは、痤隷の上に摩訶があります。摩訶とは「大きい」ということで、その明るさがとても大きいという意になります。

「郁枳《ウッキ》」とは、「炎光」と訳されます。火を焚《た》きますとその周囲が明るくなります。焚き火をしている時は、常に薪をくべなくてはなりません。私たちの信仰の在り方も同じように、絶えず緩まず努力することが大切であるというのです。

「目枳《モッキ》」とは、「演暉」と訳されます。輝きをのべるということで、周囲にお釈迦さまの教えの輝きを伝えるということです。

「阿隷《アレ》」とは、「須来　すべからく来るべし」と訳されます。法華経の教えは最も優れたものであるから、世の人々は皆ここに集ってこの教えに帰依すべきである、という自信を持つことが大切であるというのです。

「阿羅婆第《アラハテ》」とは、「富章　美しさに富む」と訳されます。お釈迦さまの教えというものは、理屈ではなく美しい、美しさに富んでいるというのです。綺麗な花を見た時、美しい音楽を聴いた時、心が惹かれるようにお釈迦さまの本当の教えからは離れられないということなのです。

「涅隷第《ネレテ》」とは、「悦喜」と訳されます。悦とは心の悦び、喜とは外に現れる喜びのことをいいます。お釈迦さまの教えを信じると、心に深い悦びが生じ、その悦びが自然と外に出るというのです。

「涅隷多婆第《ネレタハテ》」とは、「悦喜の状態が続く」と訳されます。多婆第は続くという意でありますから、信仰を持っていますといつも「ありがたい」という感情が持続するということなのです。

「伊緻柅《イチニ》」とは、「住止」と訳されます。心が常にお釈迦さまの教えの中に止まっているということであります。自分自身の心と身体を本当に落ち着ける所、それはすなわちお釈迦さまの教えにあるということなのです。

「韋緻抳《イチニ》」とは、「制を立てる」と訳されます。お釈迦さまの教えを実行するに当たって、無茶苦茶な順序で行うのではなく、一番必要なことから順序立てていくということが肝要であるのです。

「旨緻柅《シチニ》」とは、「永住」と訳されます。お釈迦さまの教えの中に自分自身が永久的にあり、いつまでもその教えを弘めて人々を救っていこうという心を失わないことをいいます。

「涅隷墀柅《ネレチニ》」とは、「無合　合することなし」と訳されます。お釈迦さまの真実の教えを弘める時、他人がそれに合意しなくとも、それを考慮しなくとも良いということであるのです。

「涅犁墀婆底《ネリチハチ》」とは、「無集」と訳されます。集ということは多数という意で、強いて多数を制しようとは考えるなということになります。お釈迦さまの真意に反することが起こったならば、相手が幾万ありとも一歩も譲ってはならない、という決心がなければならないということなのです。

以上、勇施菩薩が説かれた十三句にわたります神呪について見てきましたが、さらに次のような言葉を発せられるのです。

「世尊よ、この陀羅尼神呪は、恒河《ごうが》の沙《すな》に等しき諸仏の説きたまえる所にして、亦《また》皆、随喜したもうなり。若しこの法師《ほっし》を侵《おか》し毀《そし》る者あらば、則《すなわ》ち為《こ》れ、この諸仏を侵し毀り已《おわ》れるなり」

この神呪は、数多くの仏さまが説き、喜び、力添えくださったものです。もし、お釈迦さまの真実の教え、法華経を弘める人を迫害したり、毀《そし》る者があれば、それは取りも直さず仏さま方を迫害し誇ることと同じなのです、と断じられているのです。

◆毘沙門天王の神呪

三番目には、毘沙門天王という神が登場します。漢訳して多聞《たもん》天ともいい、この世界の東西南北の四方を護る神々、つまり、

・持国天王…東方
・増長《ぞうちょう》天王…南方
・広目《こうもく》天王…西方
・毘沙門天王…北方

四天王《してんのう》の一神とされます。

四天王は、仏教以前よりインドで信仰された神々でありますが、仏教では仏法とそれに帰依する人々を護る神々になったといわれます。

建治二年（一二七六）正月十一日、日蓮聖人は身延《みのぶ》より清澄寺《せいちょうじ》に住む人々へ宛てられたお手紙には、

「四天・十羅刹、法華経の行者を守護し給はんと説れたり」（定遺一一三六頁）

と、四天王が法華経の行者を擁護《ようご》する神々であると位置づけされています。

この陀羅尼品では、北方を護る毘沙門天王と東方を護る持国天王だけが何故語られているのか、他の二天が有力ではないということではないと思うのですが（その意は私にとってわからないのですが）、四天王を代表して、まず毘沙門天王が次のような言葉を発せられるのです。

「その時、毘沙門天王護世者《ごせしゃ》は、仏に白《もう》して言《のたま》わく『世尊よ、われも亦、衆生を愍《あわれ》み、この法師を擁護らんがための故

に、この陀羅尼を説かん』と」

四天王の神々は、「護世者」ともいわれます。世を護る、善を抑えて善を勧める神々であるのです。その護世者の一人である毘沙門天王が、この世を良くするために法華経を布教する法師を護るために神呪を説きましょう、というのです。

毘沙門天

「阿犁／那犁／㝹那犁／阿那盧／那履／拘那履」

六句の神呪ですが、この文字をカタカナで綴り、その意を（　）の中に記してみますと、

「アリ（富有）ナリ（調戯）トナリ（無戯）アナロ（無量）ナビ（無富）クナビ（何富）」

となります。

「阿犁《アリ》」とは、「富有」と訳されます。あらゆる力が備わっているという意であります。真の仏道を知っている人（お釈迦さま）は、いろんな力を備えている方でもあるというのです。

「那犁《ナリ》」とは、「調戯」と訳されます。その意は「からかう」ということですが、ちょっとおかしな表現かもしれません。その意図するところは、本当に尊いものの前には相手にならないということであるのです。お釈迦さまの説かれた尊い教え、法華経と比べればどんな教えも相

手にならないということなのです。

「蜛那犂《トナリ》」とは「無戯」と訳されます。前の調戯は外向けのものであり、無戯とは内向けということになります。外には相手にならないと自信を持ち、内には少しでも「たわむれ」があってはならない、緩みがあってはならないということであるのです。

「阿那盧《アナロ》」とは、「無量」と訳されます。お釈迦さまの慈悲も、その教えの力も無量であるということです。

「那履《ナビ》」とは、「無富」と訳されます。富めることがこれ以上ない、お釈迦さまの教えより優れたものはないということなのです。

「拘那履《クナビ》」とは、「何富」と訳されます。前の「無富」と同じ意で、「何の富ぞ」ということなのです。つまり、お釈迦さまの教え以外にもっと優れたものがあるか、決してありはしないということであるのです。

そして、毘沙門天王は、

「世尊よ、この神呪を以って法師を擁護《まも》らん。われも亦、自ら当《まさ》にこの経を持たん者を擁護りて、百由旬《ゆじゅん》の内に諸の衰患《わずらい》なからしむべし」と。

この神呪を唱えれば大きな力となり、私もこの法華経を布教する人を護りましょう、との誓いを立てるのです。

◆持国天王の神呪

四番目には、四天王の中の神で、東方の世界を護るといわれる持国天王が登場します。持国天王は音楽を掌《つかさど》る乾闥婆《けんだつば》や富単那を配下としているといわれます。

「その時、持国天王はこの会《え》に在りて千万億那由佗《なゆた》の乾闥婆の衆《ともがら》の、恭敬し囲繞《いにょう》せるとともに前みて仏の所《みもと》に詣《いた》り、合掌して白《もう》して言《のたま》わく『世尊よ、われも亦、陀羅尼神呪を以って法華経を持つ者を擁《ま》護《も》らん』と」

持国天王は数多くの乾闥婆と共に、お釈迦さまのところに詣で合掌して、法華経を布教する者を護りましょうといって次のような神呪を説いたのです。

「阿伽禰／伽禰／瞿利／乾陀利／栴陀利／摩蹬耆／常求利／浮楼莎柅／頞底」

九句の神呪ですが、この文字をカタカナで綴り、その意を（　）の中に記してみますと、

「アキャネ（無数）キャネ（有数）クリ（厳悪）ケンダリ（持香）センダリ（曜黒）マトウギ（凶祝）ジョウグリ（大体）ブロシャニ（順述）アッチ（至有）」

となります。詳しくその意味についてみていくことにしましょう。

「阿伽禰《アキャネ》」とは、「無数」、**「伽禰《キャネ》」**とは「有数」と訳されます。「伽禰」とは数に限りがあることから有数で、それに「阿」という否定の言葉がきますから、無数となります。

その意は理想をいえば数限りない（無数）人々が法華経に帰依すれば良いのでしょうけど、少数（有数）であっても、それらの人々が中心になって信心に努めれば正しい教えは徐々に広がるということなのです。

「瞿利《クリ》」とは、「厳悪」と訳されます。これは非常に悪い者のことをいいます。世の中には、とんでもない悪人がいるようですが、そのよう

な人にもひるまず進んで布教しなければならないということなのです。

「乾陀利《ケンダリ》」とは、「持香」と訳されます。香は周りに良いかおりを漂わせるものです。法華経の序品には「栴檀香風《せんだんこうふう》　悦可衆心《えっかしゅうしん》」とあります。素晴らしい香のかおりは、周りの人々の心を悦びの境地へと誘うということなのです。それと同じように行いが正しければおのずから周りの人々に良い影響を与えて感化するということなのです。

「栴陀利《センダリ》」とは、「曜黒」と訳されます。これは夜空に輝く星の光のことであります。宇宙の暗黒のなかで輝く星の光のようにお釈迦さまの教えは周囲を感化するというのです。

「摩蹬耆《マトウギ》」とは、「凶祝」と訳されます。凶とは恐れる、憂えるということで、祝とは祈ることであります。従いまして、間違った教えや思想が蔓延することを憂い、滅びるように祈るということなのです。

「常求利《ジョウグリ》」とは、「大体」と訳されます。大体とは、小さな問題ばかりに囚《とら》われ争いばかりをするのではなく、大きな広い視野を持てということです。大切な、大事な問題をしっかりと捉えて布教に励みなさい、ということなのです。

「浮楼莎柅《ブロシャニ》」とは、「順述」と訳されます。順とはお釈迦さまに順じる、ということです。お釈迦さまのお心持ちにしたがって述べる、布教をしなさいということなのです。

「頞底《アッチ》」とは、「至有」と訳されます。有とは、ものの存在という意でありますから、もののなかで最も優れたもの、お釈迦さまの教え、法華経であるということになるのです。

以上、持国天王の九句の神呪をみてきましたが、総じていえることは、尊い法華経を布教する時の心の有様、心構えが示されているといえましょう。

そして、持国天王はさらに次のような言葉を付すのです。

「世尊よ、この陀羅尼神呪は、四十二億の諸仏の説きたまえる所なり。若しこの法師を侵《おか》し毀《そし》る者あらば、則ち為れこの諸仏を侵し毀り已《おわ》れるなり」

この神呪は、数多くの仏さま方が説かれたもので、もし布教する法師に危害を加えるようなことがあるならば、それは説かれた仏さま方に危害を加えるようなものです、と告げたのです。

◆十羅刹女・鬼子母神の神呪

さらに引き続いて、十人の羅刹女・鬼子母神とその子供たちがお釈迦さまのところに詣でて、「法華経を読誦し受持する者を護りたい」と申し出、「もし法華経を布教する者の欠点を誰かが狙うことがあっても、そうはさせません」と誓ったのです。

羅刹とは、人を食らうという悪鬼のことであります。「藍婆《らんば》」「毘藍婆《びらんば》」「曲歯《こくし》」「華歯《けし》」「黒歯《こくし》」「多髪《たほつ》」「無厭足《むえんぞく》」「持瓔珞《じようらく》」「皐諦《こうたい》」「奪一切衆生精気《だついっさいしゅじょうしょうけ》」という十人の羅刹女、名前を聞き想像しただけでも恐ろしくなってしまいます。青黒い色、歯が曲がっていたり、華のように歯が不揃いであったり、黒い歯並びであったり、豊かな緑の黒髪であったりという容姿の十

鬼子母神（東京・雑司が谷法明寺）

羅刹女であったのです。

　鬼子母神につきましては、日蓮宗系の数多くの寺々にお祀りされています。別《わ》けても、お会《え》式《しき》で有名な雑司《ぞうし》が谷《や》鬼子母神法明寺《ほうみょうじ》（東京都豊島区雑司が谷）と、朝顔市で有名な「恐れ入りや（東京都台東区入谷）の鬼子母神」真源寺《しんげんじ》（法華宗本門流）は、東京におけるその双壁といえましょう。

　このように日蓮宗系の寺々に鬼子母神がお祀りされている理由は、日蓮聖人にあるといえるのです。日蓮聖人が認められたお曼荼羅《まんだら》の中には、十羅刹女や鬼子母神の名が存在しますし、御遺文には次のように語られています。

　「鬼子母神十羅刹女、法華経の題目を持つものを守護すべしと見えたり」（『経王殿御返事』定遺七五〇頁）

とありますように、元々人に危害を与えるといわれた鬼子母神・十羅刹女はお釈迦さまに深く帰依するようになり、さらにお題目修行をする者を守護する善神となったという位置付けがなされているのです。

　それでは、本文を見ていきましょう。

　「この十羅刹女は鬼子母並びにその子及び眷属《けんぞく》と倶《とも》に仏の所《みもと》に詣《いた》り、声を同《そろ》えて仏に白《もう》して曰く『世尊よ、われ等も亦、法華経を読誦し、受持する者を擁護《まも》りて、その衰患《わずらい》を除かんと欲す。若し法師の短《あやまち》を伺《うかが》い求むる者ありとも、便《たよ》りを得ざらしめん』と」

前述しましたが、十羅刹女、鬼子母並びにその子供たち、眷属（身内あるいは配下の者）がお釈迦さまのところに来て声をそろえて申しあげるには、「お釈迦さま、私たちも法華経を口に読み、身にたもち、世に布教する者を護り、さまざまな障害の無きよう努めましょう」といって、次の神呪を説いたのです。

「伊提履／伊提泯／伊提履／阿提履／伊提履／泥履／泥履／泥履／泥履／泥履／楼醯／楼醯／楼醯／楼醯／多醯／多醯／多醯／兜醯／㝹醯」

この十九句の神呪は、私たちが御祈祷の時など、「デバイデバイ、デンバラバイ…得無生法《とくむしょうぼう》忍《にん》」と略し、勢いよく唱える有名な神呪でもあります。

それでは、この文字をカタカナで綴り、その意を（　）の中に記してみますと、

「イデビ（是れに於いて）イデビン（斯《ここ》に於いて）イデビ（なんじに於いて）アデビ（民に於いて）イデビ（なんじに於いて）デビ（無我）デビ（無我）デビ（無我）デビ（無我）デビ（無我）ロケ（已興　すでに興《お》これり）ロケ（已興）ロケ（已興）ロケ（已興）タケ（而立　而《しこう》して立つ）タケ（而立）タケ（而立）トケ（無加害）トケ（無加害）」

となりますが、その意味について詳しく見ていくことにしましょう。

皆さんも気が付かれたと思いますが、「イデビ」が三回、「デビ」が五回、「ロケ」が四回、「タケ」が三回、「トケ」が二回繰り返されています。それは何故かと申しますと、繰り返しによってその意を強調すると理解できるのです。

「伊提履《イデビ》」とは、「是れに於いて」「なんじに於いて」、「伊提泯《イデビン》」とは、「斯《ここ》に於いて」と訳されます。「伊提履」の訳の「なんじ」とは私たち凡夫《ぼんぶ》のことをいい、法華経は娑婆（忍土）に住む私たちを対象として説かれたということなのです。

「阿提履《アデビ》」とは、「民に於いて」と訳されます。「伊提履」と同じような意で、法華経は一切衆生を救うために説かれたということなのです。

「泥履《デビ》」とは、「無我」と訳されます。我をなくすこと、自身を捨てるというのではなく、自己に囚われることをなくすということなのです。これが五回も繰り返されているということは、特にこの無我ということに配慮しなければならないということなのです。

「楼醯《ロケ》」とは、「已興」と訳されます。法華経を布教しようとするならば、自身の心の中にその機運がすでに興っていなければならないということであります。それが四回繰り返されるのもそのことがとても大事であると強調したかったからでありましょう。

「多醯《タケ》」とは、「而立」と訳されます。而して立つということですが、その意は、物事というものははじめから旨くいくことは稀であります。いろんな困難や曲折を経て成功するものであります。「而」とは困難・曲折をいい、それを通り抜けて初めて真の教えが立つということなのです。

「兜醯《トケ》」「兠醯《トケ》」とは同じ意で、「無加害」と訳されます。害を加うるなしという意で、刀や槍などで仮令、危害を加えられても、誠の信仰心までは危害を加えることはできないということなのです。心の中まで立ち入ることはできないというのです。

以上で神呪の解説は終わりますが、総じて五番の神呪についていえることは、法華経布教の者の心構えというものが示されているといってよいでありましょう。

さらに十羅刹女は鬼子母らはどうか悪世においてこの法華経を布教する人を悩ますことのなきよう、またさまざまな悪鬼が、さまざまな容姿の者たちが悩まし危害を加えることなきようにする、と説くのです。

この言葉に対し、お釈迦さまは次のように返されているのです。

「仏は諸の羅刹女に告げたもう『善い哉《かな》、善い哉。汝等《なんだち》よ、但《ただ》、能く法華の名《みな》を受持する者を擁護《まも》るすら福は量るべからず。何《いか》に況《いわ》んや、具足して受持し、経巻に華・香・瓔珞《ようらく》・抹香・塗《ず》香・焼香・幡《はた》・蓋《きぬがさ》・伎楽《ぎがく》を供養し、種種の燈《ともしび》たる蘇燈《そとう》・油燈《ゆとう》・諸の香《こう》油燈・蘇摩那華《そまなけ》油燈・瞻蔔華《せんぼくけ》油燈・婆師迦華《ばしかけ》油燈・優鉢羅華《うばつらけ》油燈を燃《とも》す。かくの如き等の百千種をもって供養する者を擁護《まも》らんをや』」

お釈迦さまは十羅刹女などの申し出に甚《いた》く悦ばれ、この法華経の名を受け持つだけの者を護るのであっても、その福徳は量ることが出来ないぐらい大きい。まして況《いわん》や、法華経の内容をしっかりと理解し、その内容を実践し、さまざまな方法、例えば燈を捧げるなどの供養する者を護る行為の功徳は筆舌に表すことができないほど甚大なものである、と述べられるのです。

この文章から十羅刹女などが護るべき人に二種類あることが窺《うかが》えます。一つは初心の行者、もう一つは熟達した行者であります。いずれにありましても、宗教的感激を周囲の者に伝え感化する布教者、行者は尊い人たちであります。その尊い行為を護るという行いを、同じく尊いとお釈迦さまは説いていらっしゃるのです。

◆全ての者が無生法忍を得る

そして、本章の結びには、

「この陀羅尼品を説きたまえる時、六万八千人は無生法忍《むしょうぼうにん》を得たり」

とあります。ここに「六万八千人」という数字が記されていますが、法華経を布教する者、それを護る者全ての者がという意の数と解することができるのです。その全てが「無生法忍」を得る、「生ずることも、滅することもない」真理を会得することが出来た、と告げられるのです。

この姿勢は法華経全体に貫く、尊くかつ重要な事項と考えるのです。この陀羅尼品では布教する者と護る者、例えば第十二章・提婆達多品では龍女と彼女の成仏をほめたたえる者、を区別するのではなく、総じて、全ての人々に仏への道が示されるという精神が法華経には説かれているのです。

南無妙法蓮華経

妙《みょう》荘《しょう》厳《ごん》王《のう》本《ほん》事《じ》品《ほん》 第二十七

◆子供が父親を教え導く物語

「妙荘厳王本事」というタイトルにありますように、妙荘厳王（サンスクリット語でシュバ・ヴューハ王）の過去の物語（前生譚《ぜんしょうたん》）、過去の実例が説かれます。この物語を通して法華経布教の尊さが訴えられているのが本章です。

第二十七章で主に登場しますのは、前述の妙荘厳王、その妻・浄徳夫人《じょうとくぶにん》、そして二人の子供＝浄蔵《じょうぞう》・浄眼《じょうげん》であります。それは冒頭に次のように示されています。

「その時、仏は諸《もろもろ》の大衆《だいしゅ》に告げたもう『乃往古世《いにしえ》、無量無辺不可思議の阿僧祇《あそうぎ》劫《こう》を過ぎて、仏有《いま》せり。雲雷音宿王華智《うんらいおんしゅくおうけち》多陀阿伽度《ただあかど》・阿羅呵《あらか》・三藐三仏陀《さんみゃくさんぶっだ》と名づけたてまつる。国を光明荘厳《こうみょうしょうごん》と名づけ、劫を喜見と名づく。彼の仏の法の中に、王有り。妙荘厳と名づけ、その王の夫人の名を浄徳と曰《い》う。二《ふたり》の子有り。一を浄蔵と名づけ、二を浄眼と名づく。この二《ふたり》の子に大神力・福徳・智慧ありて、久しく菩薩の所行の道を修せり』」

とありますように、昔、昔その昔。雲雷音宿王華智仏の時代（国の名を光明荘厳、その時代を喜見といいました）に、妙荘厳という王さまとその夫人、そして二人の子供（王子）がありました。

この二人の子供はそれぞれ浄蔵（心の中に清浄な気持ちが満ちているという意）と浄眼（一切の物事を清浄な眼でみることができるという意）といい、神通力・福徳・智慧を兼ね備えた者でもあり、菩薩としての修行を積んでいました。この二人の子供と妻が父親、妙荘厳王を仏さまの教えに導くという物語がはじまるのです。殊に両親と子供の関係に触れながら法華経布教の在り方を問う、というあらすじになっているのです。

第四章の信解品《しんげほん》におきましても「長者窮子《ちょうじゃぐうじ》の譬《たとえ》」ということで親子の在り方を問うていましたが、今章では、家庭の在り方、絆《きずな》について問うている、と私は捉《とら》えているのです。ここに、社会性ばかりでなく、親子、家族の在り方まで問う法華経の素晴らしさ、偉大さを実感するのです。

後ほどご紹介しますが、日蓮聖人もこの二人の子供が父親を真実の道へと導き入れたことを譬えとして引用されているご遺文があるのです。

◆父のために神変を示す

ある時、雲雷音宿王華智仏は外道（バラモン）の教えに帰依している妙荘厳王と多くの人々を救うために法華経を説こうとされました。これを受けて、二人の子供は母親のところに行って法華経の教えを聴きにいこうと誘うのですが、母は「そうするのだったら、折角だからお父さんも一緒に連れて行こう！」と告げます。

この母の思いには、私たち、国民の全ての人々が法華経という真実の教えに帰依したとしても、最高の実力者、為政者である父国王が帰依しなければ、国は治まらないというものがあったに違いないと察せられるのです。

そこで、浄蔵と浄眼は十指を合わせて母に次のようにいうのです。

「私たちは国王の子供です。それと同じように、仏さまの子供でもあります。ところが、困りましたことに私たちは今、邪見《じゃけん》（間違った考え）の家に生まれています。何とかならないものでしょうか」

と伝えたのです。そうしますと、母は、

「嘆いてばかりではどうしようもありません。何とかしてお父さんを是非真実の教えへと協力して導きいれましょう。それにはいくら口であなた方がお父さんにいっても聞き入れてくれないでしょう。妙案があります。それはあなた方がもっている神通力、他の人ができない神変《じんぺん》（奇跡）を現すより手だてはないでしょう」

と提案し、勧めたのでした。そうしますと、二人の子供は父のことを思うがために、さまざまな神変を見せたのでした。

まず、多羅樹《たらじゅ》というとても大きい樹木の七倍ほどの高さに舞い上がり、不思議なショーを繰り広げたのです。大空に坐ったり、歩いたり、臥《ふ》したり、身の上から水を出したり、身の下から火を出したり、身の上から火を出したり、あるいは身の下から水を出したり、あるいは身体が急に大きくなって大空を覆《おお》ったり、その身が忽然《こつぜん》と消えてしまったり、突然地に現れたり、地面を水中のように泳いだり、というような神変を示したのでした。

　このような神変をどのように受け止めれば良いのでしょうか。もちろん、これらのことは人間のなせる業《わざ》ではありません。常人ができない譬えであると理解すれば良いと私は考えるのです。つまり、困難なことに立ち向かう時、心を一にすれば何事もできる、「火事場の馬鹿力」といいますが、そのようにうけとめればいいいと思うのです。

　このような神変を目の当《ま》たりにした父・妙荘厳王は、

「時に父は子の神力《じんりき》のかくの如くなるを見て、心大いに歓喜し未曾有《みぞうう》なることを得、合掌して子に向いて言わく『汝等《なんだち》の師はこれ誰となすや。誰の弟子なりや』と」

と述べたのです。多分、王さまは二人の王子のことを子供だと馬鹿にしていたのでしょう。ところが、目前に不思議な神変を見せられ、大いに喜んで「合掌して子に向い」とありますように、尊敬の念を抱き手を合わせて子供たちに接するのです。そして、さらに父は

「このような不思議な行為を一体誰に教わったのか、誰かに教えてもらわなければこれほどのことは出来ない。君たちの師匠は誰なのか。誰の弟子なのか」

と問うたのであります。

　ここに神変を現した効果が出ることになるのです。父である王さまが、どんな偉い人が君たちを教示されたのかと尋ねることは、それまでと心持ちが全く違うという表れであるのです。

さらに進んで自分もその師から教えを請うてみようとなるのです。

子供たちは非常に喜び、私たちの師は雲雷音宿王華智仏であり、その仏から法華経という教えを受けたと述べたのです。そして、今もなお、雲雷音宿王華智仏は美しい菩提樹の木の下に坐して法を説いていらっしゃることを告げたのです。そうしますと、妙荘厳王は、

「父は子に語りて言わく『われも今亦、汝等の師を見たてまつらんと欲す。共倶《とも》に往くべし』と」

このように語り、私も君たちの師匠に是非会いたいものだ、今から一緒に行こうと呼びかけるのです。実に大した心の変わりようではありませんか。

父の言葉を聞いた子供たちは、大空より降りて母の所に行き、「お母さんのご教示によって、お父さんは仏の教え、法華経の教えを聴いてみたいという心持ちとなりました。これはとても大切なことで、私たちはお父さんのために既に仏事をなしたのです」と述べたのです。

ここにあります「仏事をなす」とは、法事などをするというのではなく、父の目を覚まさせて真実の教えに導く、人の救護・救済をするという意であるのです。

◆池上兄弟と妙荘厳王の教え

日蓮聖人は、武蔵国に住した有力檀越《だんのつ》・池上兄弟に宛てられたお手紙（『兄弟抄』）には、本章に説かれた妙荘厳王と二人の子供（浄蔵と浄眼）の関わりに擬《なぞら》えて、教示を与えられています。

池上といいますと、日蓮聖人の終焉《しゅうえん》（弘安五年十月十三日、六十一歳で霊山往詣《りょうぜんおうけい》される）の地、大本山本門寺（東京都大田区池上）がある所として有名であります。毎年、十月十二日のお逮夜《たいや》には百基を超す万灯練《ね》りがあり、数十万の人出で賑わいます。

この地を領した豪族が池上氏であり、父・池上康光と長男・宗仲夫妻、次男・宗長夫妻がありました。康光は鎌倉幕府の作事奉行を務め、鎌倉・極楽寺の良観房忍性《りょうかんぼうにんしょう》と深い関わりがあったといわれています。

文永十二年（一二七五）の春、日蓮聖人に帰依していた兄弟と父との信仰上の対立が激しくなり、遂に康光は宗仲を勘当することになってしまいます。日蓮聖人は早速、書状『兄弟抄』を認め、兄弟に法華信仰を堅持することを勧め励まされたのでした。その文中に池上兄弟のことを、

「法華経の妙荘厳王本事品に説かれてある浄蔵・浄眼の二人の太子が生まれ変わったのであろうか。ひいては薬王菩薩・薬上菩薩の生まれ変わりであろうか」（定遺九二九頁　取意）

と、妙荘厳王本事品にある浄蔵・浄眼、薬王菩薩・薬上菩薩の生まれ変わりに擬《なぞら》える表現をされているのです。

池上父子の対立は数年続き、宗仲は法華信仰をとがめられて二度勘当されてしまいます。しかし、宗仲・宗長兄弟は力を合わせて父をいさめ、慰諭《いゆ》に努めた結果、父・康光はついに勘当を許すばかりでなく、自分もまた法華信仰に入ったといいます。正しく浄蔵・浄眼の兄弟が

妙荘厳王を真実の教えに導き入れたが如く、池上兄弟が父を法華信仰へと導くことを予見されたものと解せるのです。

◆雲雷音宿王華智仏の記別

二人の王子、浄蔵・浄眼は空中より下りた後、母は出家を許します。その時、二人の王子は父母に次のように告げるのです。

「善い哉、父母よ、願わくは時に雲雷音宿王華智仏の所《みもと》に往詣《いた》り、親く観えて供養したまえ。所以《ゆえ》は何《いか》ん。仏に値《あ》いたてまつることを得ること難きこと、優曇波羅《うどんばら》の華の如く、又、一眼《いちげん》の亀の、浮木《うきき》の孔《あな》に値うが如ければなり」

三千年に一度咲くといわれる優曇波羅の華。あるいは大海を漂う浮き木の穴に一眼の亀の首が入るが如く、仏には値い難いのだよと語るのです。

この「一眼の亀」の話を確率計算で出された方がいらっしゃいます。財団法人・法華会《ほっけかい》の理事長を務められ、月例会の講師を担当された春日屋伸昌先生であります。

春日屋先生は首相を務めた宮澤喜一さんと中学・高校（私立武蔵）の同級生で、東京帝国大学工学部を卒業後、中央大学で教鞭《きょうべん》を執られ、立正大学でも数学を教えられた方です。専門は「流量測定」ということで、私はいくらお伺いしてもその計算式が判らないのですが、先生はこの妙荘厳王本事品の一眼の亀について確率計算ができるのだとしばしばおっしゃっていました。海亀の数、浮き木の数と海の流れを計算すれば、数億年に一度はそれが必ず起こる、架空の話ではないと力説されていました。それほど仏さま、真実の教え、法華経に値うことは稀なんだよと。

父・妙荘厳王、母・浄徳夫人、二人の王子は侍者・眷属《けんぞく》を連れて共に雲雷音宿王華智仏に詣で、仏の周りを三回廻って礼拝し坐したのでした。そうしますと、雲雷音宿王華智仏は法を説き、王は大いなる喜びを得たのでした。そして、雲雷音宿王華智仏は次のように告げらるのです。

「汝等よ、この妙荘厳王の、わが前において合掌して立てるを見るや、不《いな》や。この王はわが法の中において、比丘と作り、仏道を助くる法を精勤《しょうごん》し修習《しゅじゅう》して、当《まさ》に仏と作《な》ることを得べし。娑羅樹王《しゃらじゅおう》と号《な》づけ、国をば大光《だいこう》と名づけ、劫《こう》をば大高王《だいこうおう》と名づけん。その娑羅樹王仏には無量の菩薩衆及び無量の声聞ありて、その国は平正ならん。功徳はかくの如し」

とありますように、記別《きべつ》（将来の成仏の保証）が与えられるのです。仏の名前を娑羅樹王仏。娑羅樹とはインドで他に類を見ないような大きく美しい木であり、お釈迦さまが亡くなった場所にはその木が二本（双樹）あったといわれています。従いまして大きく気品のある王さまのような仏という意になります。

国名は大光。仏の大きな光に照らされて皆が幸せになり、安穏に暮らすという国という意でありましょう。その時代を大高王。仏の徳が非常に勝れていると釈されますので、大変栄える時代という意になります。そして、その国には障害が全く無く土地は平らかであると仰るのです。

以前にも記しましたように、記別をあたえられるには条件があるのです。「比丘と作《な》り、仏道を助くる法を精勤し修習して」とありますように、出家して比丘となり、一生懸命になって菩薩として修行を重ねに重ねていくことによって必ず仏と成るということなのです。途中で「やめた」と、諦めては記別を授けられないということになるのです。

◆明らかになる前世

このことを聴きました妙荘厳王はいたく感激し、出家して修行に入り、(当たり前のことですが)王自身は世間の関係から離れるため王位を弟に譲るのです。さらに母と二人の子供、そして眷属の人々と共に八千四百歳の間法華経を修行して、「一切浄功徳荘厳三昧《いっさいじょうくどくしょうごんざんまい》」を得たのでした。

ここにあります一切浄功徳荘厳三昧とは、本当に清らかな心を持ち、救うことを心の悦びとし決してその報いを求めない、人々に認められることを求めない、心に飾りが全く無く定まって動かないということなのです。

そこで、妙荘厳王は大空に舞い上がり仏に次のように申しあげたのです。

「わが二人の子供は、神通力をもって私を導き、雲雷音宿王華智仏に面奉《めんぶ》する機会を与えた善知識《ぜんちしき》であります。私を正しい教えに導き入れるためにわが家に生まれてきたのです」

と。

わが子が私自身の目を開かせるためにこの世

に生まれ落ちたと受けとる、わが子は私を教育するためにこの世に生を享けたのだ、そのように解釈することがとても大事である、と思うのです。例えば、子供を授かった時、大きな力が私を親として試そうとしているんだ、よし頑張っていこうと感じることがとても大切なことと思うのです。

妙荘厳王の言葉に対し、雲雷音宿王華智仏は「その通りである、二人の王子は過去に六十五百千万那由佗《なゆた》恒河沙《ごうがしゃ》の仏を供養し、法華経を受け持ち、人々を正見に入らしめたのである」と告げられるのです。

そうしますと、妙荘厳王は大空より降りて雲雷音宿王華智仏をほめたたえ、今日より邪見・憍慢《きょうまん》・瞋恚《しんに》・諸悪という心は起こしませんと誓ったのです。雲雷音宿王華智仏はさらに集った人々に向かい、

「妙荘厳王は、豈《あに》、異人ならんや。今の華《け》徳《とく》菩薩これなり。その浄徳夫人は今の前の光照荘厳相《こうしょうしょうごんそう》菩薩これなり。妙荘厳王及び諸の眷属を哀愍《あいみん》するが故に、彼の中において生れたり。その二子は、今の薬王《やくおう》菩薩・薬上《やくじょう》菩薩これなり」

と、四人の前生について示されるのです。つまり、前世において

・妙荘厳王…華徳菩薩
・浄徳夫人…光照荘厳相菩薩
・浄蔵…薬王菩薩
・浄眼…薬上菩薩

であることが明かされるのです。

◆真理の普遍性

第二十七章では、子が親を真実の教えに導くという私たちの住む世界ではあまりあり得ないことが説かれています。それはお釈迦さまの教えの真実性を示すため如何なる方法を取ろうとも真理は真理である、教えには普遍性があるのだと訴えているものと受け取れましょう。

また、母がじっと静かに見守る姿勢も見逃せない在り方といえます。

普《ふ》賢《げん》菩《ぼ》薩《さつ》勧《かん》発《ぼっ》品《ぽん》 第二十八

◆普賢菩薩とは

いよいよ法華経の最終章である普賢菩薩勧発品第二十八へとやってまいりました。

この章名のサンスクリット原語を直訳すると「サマンタ・バドラの鼓舞《こぶ》」となります。サマンタ・バドラとは普賢菩薩のことで「普く賢い者」という意であり、「鼓舞」とは「士気を鼓舞する」といいますように、大いに励まし奮い立たせるという意であります。従いまして、普賢菩薩が法華経を布教する者を大いに励ます章ということになりましょうか。

普賢菩薩ととても縁のある方に文殊《もんじゅ》（師利《しり》）菩薩があり、このお二方はしばしば一対の菩薩として登場されます。普賢菩薩は六牙《ろくげ》の白象に乗り、文殊菩薩は獅子に乗った像として表現され、お釈迦さまに仕《つか》える脇侍《わきじ》、釈迦三尊の菩薩として著名な菩薩でもあります。また、文殊菩薩は智慧を、普賢菩薩は理知・慈悲をつかさどるといわれています。

今日では原子力発電の名称として「ふげん」「もんじゅ」が使われています。さぞや普賢菩薩・文殊菩薩は、「何故、私の名が…」と驚いていらっしゃるのではないでしょうか。

日蓮聖人は普賢菩薩について幾度も触れられていますが、弘安元年（一二七八）六月二十五日に認《したた》められた『日女御前御返事《にちにょごぜんごへんじ》』（定遺一五一四頁）には面白い表現を見ることができます。それを現代文に訳してみますと、次のようになるのです。

普賢菩薩

「お釈迦さまのお弟子には数多くの僧がいらっしゃったのですが、その中に迦葉《かしょう》と阿難《あなん》は、ちょうど王さまの左右にある大臣のような存在でありました。しかし、これは小乗教の時のものでありました。また、普賢と文殊という菩薩は、数多い菩薩方の中でも、先ほどと同じようにお釈迦さまの左右の大臣のような存在であります。しかしながらお釈迦さま一代の教法の中で特に優れた法華経の八年間の説法の座に、十方の諸仏・諸菩薩らが大地の微塵《みじん》の数よりも多く集まっていらっしゃったのに、左右の大臣に相当する普賢菩薩がその場になかったのは不思議なことであります。ところが、お釈迦さまが第二十七章の妙荘厳王品をお説きになられ、さてこれでおわりにしようとしたところへ、東方の宝威徳浄《ほういとくじょう》王《おう》仏の国から、音楽を奏《かな》で、数えきれないほどの天人や龍王などを引率して、遅ればせながらようやく到着されました。

　大事な説法の場に遅刻されたので、お釈迦さまのご機嫌がわるくなっていることだと思ったのでありましょう。顔色をかえて『末代に法華経の行者を守護いたします』とねんごろに申し上げたので、お釈迦さまは大変に喜びほめられたのでありました」

と、日蓮聖人は普賢菩薩勧発品の様相に触れながら、普賢菩薩の登場を実にユニークな表現で記されているのです。

◆娑婆世界へのこだわり

第二十八章は法華経の締めくくりの章でありますが、日蓮聖人が指摘されたように、お釈迦さまの滅後、悪世に法華経修行の行者を護るという誓いが普賢菩薩によって明かされているのであります。

　その冒頭部には、

「その時、普賢菩薩は自在なる神通力と威徳と名聞《みょうもん》とを以《もち》いて、大菩薩の無量無辺の不可称数《ふかしょうしゅ》なるとともに東方より来《きた》れり。経《へ》たる所の諸国は、普《ふ》く皆震動し、宝の蓮華を雨らし、無量百千万億の種種の伎《ぎ》楽《がく》を作《な》せり。又、無数の諸の天・龍・夜《や》叉《しゃ》・乾闥婆《けんだつば》・阿修羅《あしゅら》・迦楼羅《かるら》・緊那羅《きんなら》・摩《ま》睺羅伽《ごらが》・人《にん》・非人《ひにん》等の大衆の囲遶《いにょう》せるとともに、各、威徳と神通の力とを現して、娑婆《しゃば》世界の耆闍崛山《ぎしゃくっせん》の中に到り、頭面に釈迦牟尼仏を礼し、右に遶《めぐ》ること七帀《そう》し」

と東方の世界より普賢菩薩が数え切れない無数の菩薩方とともに、お釈迦さまが法華経を説かれている**「娑婆世界」**の耆闍崛山（霊鷲山《りょうじゅせん》）へと姿を現されたのでした。そして、娑婆世界へ至る途中の国々では、大地が震動したり、宝蓮華を降らしたり、さまざまな舞踊と音楽が奏《かな》でられたのです。

皆さん、このような光景を覚えていらっしゃいませんか。そうなのです。法華経の序章（序品）においてもこのような光景が説かれていました。何故、序章と最期の章で同じような風景が展開されたのでしょうか。それは偉大なる教えの始め（これから素晴らしい法が説かれるという前触れ）と終わり（カーテンコールのような賛辞）、偉大なるお釈迦さまを讃えるという意の光景と解することができましょう。

しかしながら、序章の光景とは違う語句が足されていることに注目したいのです。それは「威徳と神通の力とを現し」ということにあるのです。

序章ではただ仏・菩薩・諸天、その他さまざまな方々が列記されているのですが、第二十八章では姿を現したというのではなく、感化する力、不思議な力を有してと記されているのです。だからこそ、私たちの住む娑婆世界（忍土）に来たる必要性がある、娑婆世界に住する人々を充分に救済する能力を持ってということになるのです。

そして、この娑婆世界ということもとても大事なことであるのです。お釈迦さま有縁《うえん》の国土娑婆世界、法華経第七章において三千塵点劫《じんでんごう》というとてつもなく遠い昔に地球という忍土《にんど》へと派遣されました。爾来《じらい》、此土《しど》の主はお釈迦さまなのです。

最後の章でお釈迦さまのところへと至り、そして、慇懃《いんぎん》な態度で敬い挨拶をされる、この儀式がとても大切であるのです。

法華経は最終章に至るまで娑婆世界に固執し、こだわることで娑婆世界中心主義を貫こうとしたと解せるのです。

◆四法成就

普賢菩薩は他方の国土から娑婆世界へといらっしゃったのですが、お釈迦さまに次のように話されるのです。

「われは宝威徳上王仏の国において、遥かにこの娑婆世界に法華経を説きたまえるを聞き、無量無辺百千万億の諸の菩薩衆と共に来りて聴受す。唯、願わくは、世尊よ。当に為めに之を説きたもうべし、若し善男子・善女人あらば、如来の滅後において、云何にして能くこの法華経を得るや」

私が住む宝威徳上王仏国といいますのは、大なる徳があって周りの人々を救う力を備えていらっしゃる王さまが住む仏の国であります。はるかに遠い世界である娑婆世界でお釈迦さまが法華経を説かれることを知りました、それで、数多くの菩薩方と共にやってまいりました。

お釈迦さまがご存命のうちはまだ良いのですが、お釈迦さまが入滅された後、どうすれば経王といわれる法華経の教えを聴聞することができるのでしょうかと、どうしたら法華経の精神を理解してそれを実行することができるのでしょうか、と問うたのです。

この問いに対し、お釈迦さまは「四法成就《しほうじょうじゅ》」という末法における法華経布教の心構えを四項目にわたって教示されるのです。

その四項目とは、

①諸仏護念《しょぶつごねん》…必ず仏さまが護ってくださるという自信を持つ。

②植諸徳本《じきしょとくほん》…諸の徳本を植える。多くの徳を得る根本義は仏に帰依することにある。

③入正定聚《にっしょうじょうじゅ》…正定聚に入ること。正しい方向に定まった人の仲間にはいる、仏になることが決定した人の仲間にはいる。

④発救一切衆生之心《はっくいっさいしゅじょうししん》…全ての人々を救済しなければならない、と発心を起こす。

法華経では、第十章の「衣《え》・座《ざ》・室《しつ》の三軌《さんき》」、第十三章の「三類の怨敵《おんてき》」、第二十章の常不軽菩薩の「但行礼拝《たんぎょうらいはい》」などということで布教者の心構え・行法について示されています。この最終章においても、念を押されるかのように布教者の在り方について記されていることに注視しなければならないと思うのです。

◆三つの力（陀羅尼）

「四法成就」の後の文章から見ていきましょう。お釈迦さまが布教に対しての心構えを示されますと、普賢菩薩は次のような返答をされます。

「その時、普賢菩薩は仏に白《もう》して言わく、『世尊よ、後の五百歳の濁悪《じょくあく》の世の中において、それこの経典を受持する者あらば、われは当に守護してその衰患《わずらい》を除き、安穏なることを得せしめて、伺い求むるにその便《たより》を得る者なからしむべし』」

仏教では、お釈迦さまが滅せられてから五百年毎に時代が悪くなり仏法の奥義に到達することが困難になるということが予見されていま す。つまり、

①最初の五百年…解脱堅固《げだつけんご》
②第二の五百年…禅定堅固《ぜんじょう》
③第三の五百年…多聞堅固《たもん》
④第四の五百年…造塔堅固《ぞうとう》
⑤第五の五百年…闘諍堅固《とうじょう》

という五つの時代区分ですが、殊に二千年を過ぎ、闘諍堅固といわれる末法の世となりますと、戒《かい》・定《じょう》・慧《え》という仏教の根本義「三学《さんがく》」がすたれ、人心が険悪となると説かれます。そのような時にあってこそ、法華経を受持し悪世に布教しようとする者があれば、その人を守護してわずらいを除き、安穏となることを得せしめましょう、と普賢菩薩は告げたのでした。

そして、悪魔の一族・悪魔にとりつかれて心が顚倒《てんどう》し世の中の妨げをするような人々、あるいは夜叉や羅刹というような鬼神や悪鬼なども便りを得ないように護りましょう、ともいわれるのです。

さらに、法華経を読誦したり、思惟したりする者があれば、普賢菩薩は数多くの菩薩方とともに六牙の白象に乗って姿を現し、守護し心を安んずる、と続けられるのです。

法華経を布教する者が、威風堂々の普賢菩薩の姿を見ますと大いに喜び、勇気付けられると

いうのでしょうか、益々自分の信仰は間違っていなかったとまっしぐらに励んでいくものであります。そうしますと、心が全く乱れない三昧、他人に善い行為を勧め悪事をさせない力（陀羅尼）も得られるのです。それを具体的に記しますと、

・旋《せん》陀羅尼…「旋」とは「めぐらす」ことで、自身が知っている全てのことを他人の心に譲り、同じような心持ちになってもらう。

・百千万億《ひゃくせんまんのく》陀羅尼…深い信仰心を自分が持つと、他にも影響を及ぼします。影響を受けた人がさらに信仰に励みますと、またさらに周りの人に影響を及ぼしていくものです。これが際限なく続いていきますと百千万億という数になるのです。

・法音方便《ほうおんほうべん》陀羅尼…法音とは、お釈迦さまの教えを世の中に伝えていくことをいいます。そのためには相手に応じて適切な方法を採らなければなりません。それが方便で、お釈迦さまの教えを適切な手段を講じていく力のことをいうのです。

以上の、三つの力を得ることになるというのです。

◆普賢菩薩の神呪

この後も普賢菩薩は、末法悪世の守護について繰り返し念を押すようにお釈迦さまに次のように告げるのです。

「世尊よ、若し後の世の後の五百歳の濁悪の世の中に、比丘・比丘尼・優婆塞・優

婆夷の求索《くしゃく》せん者、受持せん者、読誦せん者、書写せん者ありて、この法華経を修習せんと欲せば、三七日《さんしちにち》の中において、応《まさ》に一心に精進すべし。三七日を満《みた》しおわらば、われは当に六牙の白象《びゃくぞう》に乗りて、無量の菩薩のしかも自ら囲遶《いにょう》せるとともに、一切衆生の見んと喜《ねが》う所の身を以って、その人の前に現われて、為《た》めに法を説きて、示し教え利し喜ばしむ。亦復《また》、それに陀羅尼呪《だらにしゅ》を与えん」

お釈迦さま入滅の後の世、末法において法華経の修行する者を擁護することが述べられるのですが、ここにおいては「三七日の中において、応に一心に精進すべし」と、三×七＝二十一日間という期間が区切られていることと、陀羅尼呪を与えるということが前記の守護するという文章とは違うのです。

「三七日の中…」という表現は、ただのんべんだらりと精進するのではなく、目的・期間を設けて修行しなさい、と受けとれましょう。日蓮宗の修行機関でいえば、信行《しんぎょう》道場が三十五日間、大荒行が寒壱百日間（自行三十五日間）となっていますが、その日数（特に大荒行の自行期間）にしたのには理由があり、それぞれ日々の課業が決められ、その日その日に遂行する修行が決められているのです。そうすることによって目標が定まり、懈怠《けだい》の心が生ずることなく良き修行ができるのです。

その精進が果たせた者の眼前には、普賢菩薩が六牙の白象に乗り、無量の菩薩方に取り囲まれて現わして法華経を説き、教えの喜びを与え、自身を惑乱から護る陀羅尼呪を与える、と説かれます。

この陀羅尼呪とは、「普賢呪」といわれるもので、私たち僧侶が御祈祷する時にしばしば誦《じゅ》す神呪でもあります。

第二十六章・陀羅尼品でも五番神呪《じんしゅ》について解説しましたが、ある高名な仏教学の先生から「神呪は真言《しんごん》であるからその中味について触れないほうが良いのではないか」とのご指摘を受けましたが、私自身、意味をもう一度吟味《ぎんみ》してみたいという希《のぞ》みから記すことにしました。

普賢呪は全部で二十句あります。陀羅尼品と同じように一つ一つを見ていくことにしましょう。

「阿檀地／檀陀婆地／檀陀婆帝／檀陀鳩賖隷／檀陀修陀隷／修陀隷／修陀羅婆底／仏駄波羶禰／薩婆陀羅尼阿婆多尼／薩婆婆沙阿婆多尼／修阿婆多尼／僧伽婆履叉尼／僧伽涅伽陀尼／阿僧祇／僧伽婆伽地／帝隷阿惰僧伽兜略阿羅帝波羅帝／薩婆僧伽三摩地伽蘭地／薩婆達磨修波利刹帝／薩婆薩埵楼駄憍舎略阿㝹伽地／辛阿毗吉利地帝」

これらの神呪をカタカナで綴り、その意を（　）の中に記してみますと次のようになります。

「アタンダイ（無我）タンダハダイ（除我）タンダハテイ（方便）タンダクシャレ（仁和）タンダシュダレ（甚柔軟）シュダレ（柔弱）シュダラハチ（句見）ボッダハセンネ（諸仏廻）サルバダラニ・アバタニ（諸総持）サルババシャ・アバタニ（行衆諸説）シュアバタニ（蓋廻転）ソウギャハビシャ

ニ（尽集会）ソギャネ・キャダニ（除衆趣）アソウギ（無央数）ソウギャハギャダイ（計諸句）テレアダソウギャトリャ・アラテ・ハラテ（三世数等）サルバソウギャ・サンマジ・キャランダイ（越有為）サルバダルマ・シュハリセッテ（学諸法）サルバサッタ・ロダキョウシャリヤ・アトギャダイ（暁衆生音）シンナビキリダイテ（師子娯楽）」の二十の神呪になります。さらに詳しくその意味について見ていきますと、次のようになります。

「阿檀地《アタンダイ》」とは、「無我」と訳されます。無我とは、自分だけの利害損得を考えないということです。利害損得を忘れて一心に他のために尽くす心持ちになることをいいます。

「檀陀婆地《タンダハダイ》」とは、「除我」と訳されます。除我とは、無我と同じような意ですが、自分を除く、自分に執着することなく人々が幸福になることを主にして考えることをいいます。

「檀陀婆帝《タンダハテイ》」とは、「方便」と訳されます。方便とは、自分というものを捨てて相手に適切な教えを与える、我を除いた後に方便を用いなければならないのです。

「檀陀鳩賒隷《タンダクシャレ》」とは、「仁和」と訳されます。仁和とは、人が和合するために己を捨てて他の人の幸せを図るということです。因みに京都の古刹・仁和寺《にんなじ》はこの意の寺名であるのです。

「檀陀修陀隷《タンダシュダレ》」とは、「甚柔軟」と訳されます。甚柔軟とは「はなはだ柔軟」、お釈迦さまの尊い教えを世に弘める布教者は柔軟な心を持たなければならないということです。

「修陀隷《シュダレ》」とは、「柔弱」と訳されます。柔弱とは、お釈迦さまの尊い教えを世に弘める布教者は自分のわがままを押し通さず、他人と争わない行いをするということです。

「修陀羅婆底《シュダラハチ》」とは、「句見」と訳されます。句見とは、チョットしたところが見える、法華経の修行を積んでいきますとお釈迦さまの教えの心持ちが次第次第少しずつ判ってくるということです。

「仏駄波羶禰《ボッダハセンネ》」とは、「諸仏廻」と訳されます。諸仏廻とは、さまざまな仏さまが覚りを開いた智慧を私たちに譲り与えていただくということです。

「薩婆陀羅尼阿婆多尼《サルバダラニアバタニ》」は「諸総持」と訳されます。あらゆる良いことをたもって悪事を止めるという実践を為す者は、他の人にも良い影響や利益を及ぼす、ということです。

「薩婆婆沙阿婆多尼《サルババシャアバタニ》」は「行衆諸説」（衆に行じて諸を説く）と訳されます。人々が感心するような良い行いを積み、その上で教えを説くことによって初めて布教者の説得力が生まれるものです。ただ口先だけで説いても効果は少ないということです。

「修阿婆多尼《シュアバタニ》」は「蓋廻転」と訳されます。一人が良いことをすれば、その善事は次々に巡り巡って、一人に止まらず連鎖的に良い影響をもたらし、大きな利益を生むことになるということです。

「僧伽婆履叉尼《ソウギャハビシャニ》」は「尽集会」（尽く集会する）と訳されます。紆余曲折があっても、結局は一つところに集まるという意です。絶対の真理というものは一つしかなく、全てのものが最終的にはその一点に帰結するということです。

「僧伽涅伽陀尼《ソギャネキャダニ》」は「除衆趣」（衆趣を除く）と訳されます。趣とは「おもむくところ」という意で、衆生が趣く悪い代表格が地獄・餓鬼・畜生という三悪趣であります。そこに行かせないようにする、その可能性を除くということなのです。

「阿僧祇《アソウギ》」は「無央数」と訳されます。これはその字の通り数限りないという意で、一人の者が仏道修行を真剣にしていますと、周囲に影響していく、その数は限りないということなのです。

「僧伽婆伽地《ソウギャハギャダイ》」は「計諸句」（諸句を計す）と訳されます。諸句とはお釈迦さまがいわれた言葉の一つ一つのことをいい、計とはそのことを能く調べて納得するということです。

「帝隷阿憜僧伽兒略阿羅帝波羅帝《テレアダソウギャトリャアラテハラテ》」は「三世数等」（三世の数等し）と訳されます。三世とは過去・現在・未来のことであり、数は人の進むべき道です。それが等しいというのですから、どんなに時代が変遷し人の生活様式が変わっても、人間の本質的な部分は遠い過去から未来に至るまで何も変わることがない、ということです。

「薩婆僧伽三摩地伽蘭地《サルバソウギャサンマジキャランダイ》」は「越有為《うい》」（有為を越える）と訳されます。有為は、いろは歌で使われた「有為の奥山　京越えて」の有為です。原語では「サンスクリタ」といい、直訳すると「作られたもの」すなわち因縁によって生滅するこの現象世界すべてを指します。その世界を超越することをいいます。

「薩婆達磨修波利刹帝《サルバダルマシュハリセッテ》」は「学諸法」（諸法を学す）と訳されます。諸法とは、あらゆる一般的・現世的事柄をいいます。それを学ばねばならないというのですから、有為を超えた上でその時代を見極め、皆さんに理解していただくための表現方法を模索する必要がある、ということです。

「薩《サル》婆《バ》薩《サッ》埵《タ》楼《ロ》駄《ダ》憍《キョウ》舎《シャ》略《リヤ》阿《ア》㝹《ト》伽《ギャ》地《ダイ》」は「暁衆生音」（衆生の音を暁る）と訳されます。人の求めていることに常に気を配り、必要な時にすぐに力添えできるよう準備しておかなければならないということです。

「辛《シン》阿《ナ》毗《ビ》吉《キ》利《リ》地《ダイ》帝《テ》」は「師子娯楽」と訳されます。師子は百獣の王のことで、ここでは仏の譬えです。仏の教えは最勝ですから、その教えを理解して行動に移すことは喜びであり、また楽しみでもあるということです。

以上、普賢菩薩はこのような神呪を説いて布教者が心して考え行動することを望んだのです。

神呪にはそれぞれにいろんな意味がありますが。総じていえることは、法華経の教えをこの世に弘めるためにはさまざまな難儀や邪魔があり、それらに対しどのような心持ちを持てば良いのかを説いているとみて良いのでしょう。

◆普賢菩薩は法華経の行者を守護する

二十句の神呪の後に、お釈迦さまは、

「世尊よ、若し菩薩ありて、この陀羅尼を聞くことを得ば」

といわれます。「聞く」とありますが、これはただ聞くというのではなく、良くこれを理解し、信解して決心することをいうのです。そして、決心した者は必ず普賢菩薩の神通力によって護られると告げられるのです。
　また、次のように語られています。法華経を心にたもち、読誦し、正しく考え、その内容を深く理解した上で菩薩行を修する者は、さまざまな功徳や利益を受けることができる、その尊い教えの流布のために普賢菩薩が守護してくださるというのです。
　さらにお釈迦さまは、布教者の心意気をほめたたえ、
「普賢よ、若しこの法華経を受持し読誦し
　正しく憶念し、修習し書写する者有らば、
　当に知るべし、この人は則ち釈迦牟尼仏に
　見えて仏の口よりこの経典を聞くが如し」
　法華経を受持・読誦・憶念などの修行をする者は、「釈迦牟尼仏に見え《まみ》」「この経典を聞く」といわれます。
　ここでいう「見え」「聞く」とは、物理的に目で見たり、耳で聞いたりするのではなく、心で見たり聞いたりすることなのです。心でお釈迦さまを見る、聞くとは、仏とともに生きているという実感を得るということなのです。こんなに心強いことはありません。
　日蓮聖人が佐渡の配所にあって認《したた》められた『顕仏未来記』（文永十年＝一二七三年五月十一日）には、次のように語られています。
「幸なるかな、一生の内に無始の謗法《ほうぼう》を消
　滅せんことよ。悦ばしいかな、いまだ見聞
　せざる教主釈尊に待り奉らんことよ」
　生涯一番の難儀にあったからこそ、日蓮聖人は身近にお釈迦さまを実感されたに違いないのです。
　このような実感を手に入れた人は、世間の楽

を求めたりしません。また貪《とん》・瞋《じん》・痴《ち》の三毒や嫉妬・我慢（自己中心的な驕《おご》り）・邪慢（自分の過ちを認めない驕り）・増上慢（自分はもう悟ったと考える驕り）に悩まされることはなくなります。このような人は「少欲知足《しょうよくちそく》」にして普賢の行を修する、と続きます。この「少欲知足」こそが法華経を流布する菩薩たる条件であるとされるのです。

少欲とは世間の楽・物質的な贅沢《ぜいたく》を求める欲が少ないということで、知足とは足るを知る、すなわち自分の境遇に不満を抱かず感謝する気持ちを忘れないということです。

この少欲知足に似た言葉に「吾唯足知」（吾《われ》唯《ただ》足るを知《し》る）があります。京都の観光名所・龍安寺にある蹲踞《つくばい》には「吾唯足知」口の四方にこれらの文字が刻まれています。天下の副将軍・水戸光圀《みつくに》公が『大日本史』を編纂《へんさん》する時、龍安寺から『日本書紀』を借りた返礼にと贈られたものといいます。質素倹約を旨とし、少欲知足の精神を解した光圀公ならではの「吾唯足知」といえましょう。

人は欲望の塊のような生きものです。例えば食欲、持てる国の人々はあらゆる手段を使い全世界から美味なる食材を手にいれようとします。一方、世界人口の約七割の人々は今もなお満足のいく食料の確保はできていないといいます。今後、世界の人口が発展途上国で爆発的に増え続けると予測されています。限りある食料資源をどう分配するか、人類が存続するための精神的キーワードが「少欲知足」「吾唯足知」といえるのではないでしょうか。以前、ハーバード大学神学部世界宗教センター長のドナルド・スェアラー博士が来日し、京都・本山立本寺で講演された時、この「少欲知足」が世界を救うキーワードだとおっしゃっていました。

◆お釈迦さま滅後の法華経受持

「少欲知足」の後には次のように綴られています。

「普賢よ、若し如来の滅後、後の五百歳に、若し人ありて法華経を受持し読誦する者を見れば、応にこの念を作すべし『この人久しからずして、当に道場に詣《いた》り、諸の魔衆を破り、阿耨多羅三藐三菩提を得、法輪を転じ、法の鼓を撃ち、法の螺を吹き、法の雨を雨《ふ》らすべし。当に天・人の大衆の中の師子の法座の上に坐すべし』と。

普賢よ、若し後の世においてこの経典を受持し読誦せば、この人は復、衣服・臥具・飲食・資生の物に貪著せざらん。願う所は虚しからざらん。亦、現世においてもその福の報いを得ん」

と、法華経の教えはお釈迦さまの滅後を目的としていることが今一度強調されます。そして、法華経を受け持ち読誦する者は真の幸福を得ることができる、衣服や食べ物のような、日常生活を送るための物に執着する必要がなく、精神的に満たされた幸福を得ると説かれるのです。

ここにあります**「後の五百歳」**とは、末法のはじめを意味します。大集経《だいじっきょう》という経典には、本書381〜382頁でも触れましたが、お釈迦さま滅後の時代を五つに区分し、仏教の消長、利益の変遷を予言した五項目の五百歳ということが説かれています。

五項目の五百歳を詳しく記しますと、第一番目を解脱堅固（堅固とは、仏の未来記の如く間違いなくそのような時代が実現するという意）といい、お釈迦さま滅後の最初の五百年で、仏法が盛んで智慧を得て悟りを開き解脱する者が多い時。第二番目は禅定堅固といい、禅定を保つ者が多く仏法の持続される時。第三番目を多聞堅固といい、実践が次第に衰え、仏法を熱心に聴聞することを尊ぶ時。第四番目を造塔堅固といい、熱心に寺院建立をなす者が多い時。第五番目を闘諍堅固といい、三学（戒・定・慧）は廃《すた》れ争いが多く、邪見を増す時。この第五、最後の五百年を「後の五百歳」といい、末法のはじめであると見るのです。

このような論調は、第二十三章の薬王菩薩本事品にも「如来滅後、後の五百歳の中」「我が滅度の後。後の五百歳の中」と二度にわたり登場しています。

法華経がそのような時代を正すために説かれた経典であると受け止めることができましょう。日蓮聖人も次のように解釈されているのです。

「迹門十四品、正宗八品、一往これを見るに二乗を以て正となし、菩薩・凡夫を以て傍となす。再往これを勘うれば、凡夫、正・像・末を以て正となす。正・像・末の三時の中にも、末法の始を以て正が中の正となす。…（中略）…本門を以てこれを論ずれば、一向に末法の初を以て正機となす」（定遺七一四〜五頁）

法華経迹門・本門の文章が説かれた意図というのは、対象者（機根）を末法のはじめの人々に置いたからであるとされているのです。そして、日蓮聖人は末法突入年を西暦一〇五二年と見られ、末法の人々を導く導師としての自覚に立たれるのです。

「後五百歳」の後の文章には、法華経受持・読誦の福徳が強調され、法華経の教えを妨害する者には身体的に重大な災いを招き、供養し讃嘆する者には現世に大きな果報があることが示されています。

このようにこの章、普賢菩薩勧発品が説かれた時、ガンジス河の砂の数にも匹敵するような数多くの菩薩が旋陀羅尼（巡り廻って大勢の人たちを感化し、善へと向かわしめる力をいう）を得、三千大千世界の微塵の数ほどの菩薩も普賢菩薩の道を具した、すなわち正しい道を実行し真実の教えをこの世にも弘《ひろ》めていくという心持ちを起こしたというのです。

◆法華経全章の締めくくり

「仏、この経を説きたまいし時、普賢等の諸の菩薩と舎利弗等の諸の声聞と及び諸の天・龍・人・非人等の一切の大会は皆、大いに歓喜し、仏の語を受持して礼を作して去れり」

法華経二十八章を締めくくる言葉です。お釈迦さまが全てを説き終えられた時、この法華経の会座に列した全ての者は「大いに歓喜し」たとあります。喜びをともに分かち合ったというのです。他人の喜びをともにしないのが人間の性《さが》でありましょう。そうではなく、日蓮聖人も「苦をば苦とさとり、楽をば楽とひらき」（『四條金吾女房御書』定遺二八一頁）と「ひらく」、自分のものだけにすることなくともに喜びを分かつということが大切であるといわれています。その表現といえましょう。

法華経は六万九千三百八十四の文字からできているといわれます。それを確かめた先生もいらっしゃると聞きますが、私は文字の解釈ではなく、概要を述べ、日蓮聖人の見解を引きながら筆を進めてまいりました。

日蓮聖人は『守護国家論』に、法華経にはお釈迦さまの姿、魂魄《こんぱく》が宿り、法華経を受け持ち、読誦し、書写することにより私たちはお釈迦さまに面奉することができる、といわれているのです。日蓮聖人が『守護国家論』に指摘されたこのことを、私たちは大切にし、お釈迦さまを実感する法華経の読み方をしなければならない、と思うのです。

日本に仏教が伝えられて以来、法華経は数多《あまた》の人々に最も親しまれた経典であります。平安・鎌倉・室町・戦国・江戸期の人たちにとって一番の写経の対象が法華経でありました。そして、その多くは鎮護国家、懺悔滅罪《さんげめつざい》、追善供養の願いがこめられていたものです。

法華経の文章中しばしば登場する語に**「娑婆《しゃば》世界」**（娑婆国土、私たちが住む地球のこと）があります。全二十八品の中で十三品に見られ、それはお釈迦さまがこの「娑婆」という語句に思いがあってのことではないか、と私は受けとるのです。

「娑婆」とは、サンスクリットの「サハー」の音写で**「忍土」**と訳されます。私たちが住む世界は、さまざまな苦（四苦八苦、第三章「譬喩品」の「火宅の如し、衆苦充満」）に満ちた忍の国土であるということなのです。そして、そこに暮らす人々を救いへと導く師はお釈迦さまであるのです。世の人々の苦を一番理解され、多くの苦を受け止められたからこそお釈迦さまが能忍といわれるのでありましょう。

私たちは苦に満ちた世にあって、お釈迦さまの大慈悲心に抱かれ、面奉していることを実感・体現するためには、第十六章・如来寿量品に示された、

・「質直意《しちじきい》柔軟《にゅうなん》」（素直に）
・「一心欲見仏《いっしんよくけんぶつ》」（真面目に）
・「不自惜身命《ふじしゃくしんみょう》」（真剣に）

の心持ちのもとに、「妙法五字＝お題目・南無妙法蓮華経を受け持《たも》つこと」が肝要といえましょう。

お題目の功徳、娑婆世界での修行の功徳について日蓮聖人は『報恩抄』（定遺一二四八頁）に次のように綴られているのです。

「南無妙法蓮華経は万年の外未来までもながるべし。日本国の一切衆生の盲目をひらける功徳あり。無間《むけん》地獄の道をふさぎぬ。此功徳は伝教天台にも超へ、龍樹《りゅうじゅ》・迦葉《かしょう》にもすぐれたり。極楽百年の修行は穢土《えど》の一日の功に及ばず。正像二千年の弘通は末法一時に劣るか。是はひとへに日蓮が智のかしこきにはあらず。時のしからしむる耳《のみ》」

あとがき

平成二十二年十二月一日より身延山大学学長を拝命して以来、今日に至りますますまで身延山第九十二世法主内野日総猊下には心温まります励ましを日々戴いてまいりましたが、此の度は『法華経・全28章講義――その教えのすべてと信仰の心得』上梓に際し、誠に御懇篤なる巻頭の辞のご執筆を頂戴し、この上ない慶びでございます。

平成十四年の春、身延山とのご縁をいただき、当時身延山布教部長でありました恩師菅野啓淳先生（現本山海長寺貫首）より「みのぶ」誌に法華経の解説を連載してみないか、と勧められました。私は自身の器が、浅学非才、殊に文才がないことを自負しておりましたので、「法華経を解説することなど無理ですよ」と返しますと、「書きながら勉強すれば良い」と再度のお勧めに、内心「読者のみなさんには申し訳ないことになるが」と思いながら、平成十四年七月号から筆を執りまして八十一回、六年九ヶ月にわたります連載となりました。

菅野日彰猊下にはこの機会を与えていただきましたことと時折、温かい励ましの言葉やら適切なアドバイスをいただきましたことに深甚の謝意を申し上げる次第でございます。

成るべくわかり易く、読者目線でということを心掛けてきたつもりであります。法華経二十八章の主要文章をとりあげ、日蓮聖人の解釈を多く記しました。また、日蓮教学者茂田井教亨先生と『法華経大講座全十二巻』（昭和十二年　平凡社刊）を出版された小林一郎先生の見解を参照させていただきました。私の領解、我見我執となった部分も多くあるかも知れません。私も何れあちらへ、霊山《りょうぜん》へ逝くことになりましょうが、あちらで、お釈迦さま、日蓮聖人、そしてお二人の先生からお叱りを受けることを最も危惧しております。

最後になりましたが、全日本仏教会山崎美由紀様には連載した文章をデータ化していただき、大法輪閣編集部佐々木隆友氏にはレイアウト、校正、タイトル等、微に入り細に入りの助言をいただき、このお二人の存在がなければ拙著の刊行はなかったといっても過言ではありません。ここに衷心より篤く御礼を申し上げる次第です。

浜島　典彦

平成二十四年四月八日　釈尊御降誕の聖日

浜島　典彦（はまじま・てんげん）

昭和26年（1951）三重県生まれ。立正大学大学院文学研究科修士課程修了。日蓮宗立熊谷学寮寮監、日蓮宗宗務院伝道部伝道企画課長などを歴任。現在、身延山大学学長。東京都荒川区修性院住職。
著書に『お題目と歩く――近世、近現代法華信仰者の群像』（日蓮宗新聞社）、『日蓮を読み解く80章』（監修、ダイヤモンド社）、『清貧の人 土光敏夫――その信念と家族の絆』（大法輪閣）などがある。

法華経《ほけきょう》・全28章講義 ――その教えのすべてと信仰の心得

平成24年　4月　16日　初版第1刷発行
平成29年　3月　21日　初版第3刷発行

著　者　浜　島　典　彦
発行人　石　原　大　道
印刷・製本　三協美術印刷株式会社
発行所　有限会社 大　法　輪　閣
〒150-0011 東京都渋谷区東2-5-36 大泉ビル2F
TEL　(03) 5466-1401（代表）
振替　00130-8-19番
http://www.daihorin-kaku.com

ISBN978-4-8046-1333-8　C0015